交通环保系列丛书

交通运输部天津水运工程
科学研究院水路交通环境保
护技术交通行业重点实验室

交通工程竣工环境保护验收指南

Jiaotong Gongcheng Jungong Huanjing Baohu Yanshou Zhinan

刘长兵 主 编
吴世红
林 宇 副主编

人民交通出版社

内容提要

本书是在搜集国内大量交通工程竣工环境保护验收实例的基础上，经过分析、总结编写而成。本书内容包括建设项目竣工环境保护验收管理概论，交通工程竣工环保验收监测和验收调查技术方法，水运工程、公路工程、轨道交通工程竣工环保验收技术和4个不同类型的交通建设项目竣工环保验收应用示例，以及交通工程竣工环境保护验收技术文件编写要求。

本书编写注重理论与实践的结合，是交通建设项目竣工环境保护验收的重要文献和工作手册。可作为从事交通工程环保验收调查工作的环评工程师的培训教材，也可作为从事交通行业环境保护科研、设计、评价、施工及管理人员的参考用书，同样对其他生态影响类建设项目竣工环保验收具有借鉴作用。

图书在版编目(CIP)数据

交通工程竣工环境保护验收指南/刘长兵主编. —北京：人民交通出版社，2010.7

ISBN 978-7-114-08344-0

Ⅰ.①交… Ⅱ.①刘… Ⅲ.①交通工程—环境保护—工程验收—指南 Ⅳ.①U491-62②X322-62

中国版本图书馆CIP数据核字(2010)第058028号

书　　名：交通工程竣工环境保护验收指南

著 作 者：刘长兵　吴世红　林　宇

责任编辑：刘永芬

出版发行：人民交通出版社

地　　址：(100011)北京市朝阳区安定门外外馆斜街3号

网　　址：http://www.ccpress.com.cn

销售电话：(010)59757969，59757973

总 经 销：人民交通出版社发行部

经　　销：各地新华书店

印　　刷：北京交通印务实业公司

开　　本：787×1092　1/16

印　　张：18.75

字　　数：468千字

版　　次：2010年7月　第1版

印　　次：2010年7月　第1次印刷

书　　号：ISBN 978-7-114-08344—0

定　　价：45.00元

《交通工程竣工环境保护验收指南》

编 委 会

目　录

Contents

第一篇　交通建设项目竣工环境保护验收管理概论

第一章　建设项目环境保护概述

近年来，我国公路水路交通基础设施建设取得了巨大成就，交通运输服务水平不断提高，公路水路交通有力地支撑了国家社会经济的发展。截至2008年底，全国公路总里程已达373万公里，其中高速公路约6万公里；全国港口拥有生产性码头泊位31 050个，其中万吨级及以上泊位1 400多个；全国内河通航里程已达12万公里，其中等级航道约6万公里。2007年全社会完成公路货运量达192亿吨、公路客运量268亿人次；全国港口完成货物吞吐量约70亿吨，其中沿海港口完成40亿吨，内河港口完成约24亿吨。

在交通运输事业快速发展的同时，我国的交通环保管理和法律法规体系在建设项目环保管理制度的基础上得到了进一步完善，在生态环境保护、污染防治等方面都取得了长足发展。

1. 交通环保管理体系逐步完善

经过30多年的艰苦努力，交通运输行业的环境保护工作从无到有，目前已基本形成了相对完善的行业环保管理和工作体系。调查结果显示，目前全国交通运输行业公路、水路共有环保组织机构100多个，从业人员1万余人，交通运输行业环保工作力度明显加强。

2. 交通环保法规体系基本健全

根据国家环境保护方面的方针、政策和法律法规，交通运输行业相应颁布了一系列的环保规章和管理办法，大力推进交通运输行业节能减排工作；依法颁布了专项规划环评和公路水运建设项目环境监理等指导性文件，率先开展并推广了规划环评和工程项目环境监理工作；制定了环境监测管理办法、环保统计规则以及各种技术性规范等，强化了行业环保管理工作。这些规章、制度的制定，确保了国家环保政策在交通运输行业的贯彻实施。

3. 交通环保投资力度不断加大

根据《交通运输部发中国公路水路交通环境保护状况报告》(2007年度)，2006年，全国公路环保总投资约73.1亿元，占公路总投资的1.84%。从2002年到2006年，公路建设项目平均环保投资比例从1.4%上升到1.8%，呈现明显的增长趋势。水路方面，大部分沿海和内河

港口重视对环保的投入，2006年参与调查的沿海和内河港口环境保护设施投资分别占各类港口年末固定资产原值的2.0%和1.1%，较2002年有大幅增加。例如，日照、大连、湛江港2006年通过环保验收项目的环保投资分别为4734万元、21285万元和4350万元，湖州、宜昌、芜湖港等截至2006年末环保设施固定资产均超过900万元。公路水路交通环保的投资力度在不断加大，交通环保政策的引导作用初步彰显。

4. 自然生态保护力度日益加强

随着行业环保意识的提高，对自然生态的保护已成为当前公路环保工作的重点内容之一。目前全国范围内已经建成多条生态型示范公路，收到了良好效果。水路交通方面，绝大多数港口项目在实施过程中都避让自然保护区和水源地等环境敏感区。沿海和内河港口平均绿化率分别达到5.4%和2.6%，港区绿化水平较以往有明显提高。

5. 污染防治工作成效显著

水路交通行业经历了近几年的快速发展，其污染物排放总量却一直维持在较低水平。根据调查，内河港口平均拥有污水处理设施和设备16套，港口污水排放得到较好控制。全国高速公路污水达标排放率为85.91%，全国交通噪声治理设施数量达1820处，声屏障是使用最普遍的噪声防治措施。

6. 水运行业节能降耗优势明显

水运行业的水耗总量和单位吞吐量水耗均处于较低水平。2006年，规模以上沿海和内河港口每万吨吞吐量的水耗分别为140吨和246吨，耗水总量分别为4775万吨和2881万吨，全国规模以上港口总水耗相当于国内某大型城市当年总水耗的2.2%。港口能耗（不含船舶运输能耗）总量同样维持在较低水平，近年来单位吞吐量能耗呈不断下降趋势。2006年，全国规模以上沿海和内河港口每万吨吞吐量的能耗分别为6.1吨和5.9吨标准煤，总能耗为277.6万吨标准煤，占2006年全国能耗总量的1.1‰。

7. 公路运输企业环保工作不断加强

调查结果显示，多数企业配备了一定数量的环保专业人员。另外，多数公路运输企业的污水直接排入市政管网，统一处理；未能将污水排入市政管网的运输企业，其污水处理设施的正常使用率达到了94.5%；绝大多数企业能够将运输过程中产生的固体废弃物运送到专门的处理场进行处理。近年来公路运输企业的环保工作已经取得较大进展。

第二章　建设项目竣工环境保护验收管理现状

第一节　基本环保制度

环境影响评价制度和污染防治设施必须与主体工程同时设计、同时施工、同时投产使用（简称“三同时”）制度是我国环境保护法规定的对建设项目实行环境保护管理的两项制度，是70年代开始形成和发展起来的。这两项制度在控制新污染，保护生态环境，实现经济建设、城乡建设和环境建设同步规划、同步实施和同步发展，贯彻可持续发展战略方面发挥了不可替代的作用。

1979年《中华人民共和国环境保护法(试行)》把环境影响评价和“三同时”作为强制性制度确定下来，成为我国建设项目环境保护管理的两项制度。1989年12月26日，《中华人民共和国环境保护法》成为正式法律。

在《环境保护法》第十三条中规定：“建设项目的环境影响报告书，经项目主管部门预审并依照规定的程序报环境保护行政主管部门批准后，计划部门方可批准建设项目设计任务书”。

第二十六条规定：“建设项目中防治污染的设施，必须与主体工程同时设计、同时施工、同时投产使用。防治污染的设施必须经原审批环境影响报告书的环境保护行政主管部门验收合格后，该建设项目方可投入生产或者使用”。

1998年11月29日国务院以253号令发布实施了《建设项目环境保护管理条例》，对我国的环境影响评价制度和“三同时”制度进行了更加具体和明确的规定。这是我国建设项目环境保护管理的第一个行政法规。

2005年《国务院关于落实科学发展观加强环境保护的决定》对制度的实施又提出了更高的要求：“严格执行环境影响评价和‘三同时’制度，对超过污染物总量控制指标、生态破坏严重或者尚未完成生态恢复任务的地区，暂停审批新增污染物排放总量和对生态有较大影响的建设项目；建设项目未履行环评审批程序即擅自开工建设或者擅自投产的，责令其停建或者停产，补办环评手续，并追究有关人员的责任”。

第二节　“三同时”制度的发展与执行情况

“三同时”制度的发展历程可以大体分为三个阶段：

第一阶段(1972～1986年)：“三同时”制度逐步建立阶段，1972年，国务院批转的《国家计委、国家建委关于官厅水库污染情况和解决情况及解决意见的报告》中首次提出了环境保护“三同时”的要求，指出“工厂建设和‘三废’综合利用工程要同时设计、同时施工、同时投产”，这是"三同时"制度的雏形。1973年,在国务院《关于保护和改善环境的若干规定》中首次正式提出"三同时"制度:一切新建、扩建、改建的企业必须执行"三同时",正在建设的企业没有采取污染防治措施的,必须补上,各级环保部门要参与审查设计和竣工验收。1979年,《环境保护法(试行)》中以法律形式对"三同时"制度作了明确规定,这一规定提供了法律依据,使这项制度迈出了关键性的一步。但由于当时的有关法律法规只是对"三同时"制度作了原则性的规定,还缺乏一套具体、明确的法律规定,包括管理体制、机构职责和权限以及审批程序,尤其是法律责任等。1981年11月国家计委、国家建委、国家经委和原国务院环境保护领导小组联合颁布了《基本建设项目环境保护管理办法》,对"三同时"制度的内容、管理程序和违反"三同时"的处罚作了较全面、较具体的规定。为"三同时"制度的更好贯彻和执行打下了坚实的基础。

第二阶段(1986~1994年):"三同时"制度不断发展完善阶段,在全面总结实践经验和教训的基础上,1986年由国务院环境保护委员会、国家计委和国家经委联合颁布了《建设项目环境保护管理办法》,具体规定了"三同时"内容。1993年国家环保总局下发了《关于进一步作好建设项目环境保护管理工作的几点建议》,重申了建设项目环境保护管理必须要严格执法,必须要加强环保设施竣工验收,防止污染向我国转移,并提出按污染程度对建设项目实行分类管理和简化审批程序。1991年以后国家环保总局陆续颁发了部门行政规章,地方及行业颁发了条例(规定、办法)等地方法规和行业行政规章等,基本形成了国家、地方和行业相配套的建设项目环境保护行政法规及技术规范的多层次法规体系。此阶段国家对建设项目环境保护设施竣工验收的管理,是以参加项目的主体工程验收为主,在竣工验收会上以国家验收委员的身份签字作为同意验收的一种形式来管理,是一种被动式的管理方式,大部分建设项目尚未正式开展环境保护竣工验收。在建设项目环境保护管理中体现为"重头轻尾",在法规建设方面还缺少一些可操作的指导性文件。

第三阶段(1994~):"三同时"制度渐趋成熟阶段,随着我国改革开放的深入及经济体制的改革,环境保护管理面临着一系列新问题。建设项目的多渠道立项、外资企业的增多、乡镇企业的迅猛发展、第三产业崛起以及开发区建设等,都给我国的环境管理带来了新的冲击和挑战。1994年,国家环境保护总局颁布了《建设项目环境保护设施竣工验收规定》(第14号令),使建设项目环境保护管理工作重点落在环保设施竣工验收的监督检查上,各省也制订了相应的规定,环保设施竣工验收工作逐步规范化。1994年开始,建设项目环境保护验收由环境保护行政主管部门参加工程整体验收转向由环境保护行政主管部门组织单项验收。为加强"三同时"管理,全国普遍加大执法力度,由环境保护部门组织定期检查和重点执法检查相配合,实施分片、分部门的检查,对严重违反"三同时"制度的企业,如四川聚醋、唐山化纤、北京国华热电厂等项目,给予了限期整改直至停产的严厉处罚,在社会上产生了广泛的影响,推动了"三同时"制度的执行。全国"三同时"执行率从1994年的84.0%逐步上升到1996年的90.0%,并保持稳中有升的趋势,基本扭转了建设项目竣工环境保护验收的被动局面。1996年,国家环境保护总局逐步推行了建设项目环境保护台账管理和统计工作,目前已在全国推行,使建设项目环境保护的管理逐步纳入规范化管理的程序。国务院1999年底颁布了《建设项目环境保护管理条例》,标志着建设项目环境保护管理又上了一个新的台阶,在建设项目竣工环境保护验收管理上提出了更高的要求。

目前,国家正在努力加强环保执法监督工作,2003~2006年环境保护部等7部门持续开展了覆盖全国、声势浩大的整治违法排污企业保障群众健康环保专项行动。2006年环境保护部在南京、广州、西安、成都、沈阳五个城市设立了环保督察中心，分别管理华东、华南、西北、西南、东北五大区域。督察中心受环境保护部委托，监督地方对国家环境政策、法规、标准的执行情况，承办重大环境污染与生态破坏案件查办、承办跨省区和流域重点环境纠纷的协调处理、参与重、特大突发环境事件应急响应与处理的督察工作、承办或参与环境执法稽查、承办跨省区和流域环境污染与生态破坏案件的来访投诉受理和协调工作等。根据统计，全国2004～2006年执行“三同时”情况见表1-2-1。全国建设项目“三同时”制度执行合格率在90%以上，国家级的项目执行率基本达到100%，执行情况较好。

全国2004～2006年执行“三同时”情况　　表1-2-1

年　度	项　目	当年建设投产建设项目数（项）	应执行“三同时”项目数（项）	实际执行“三同时”项目数（项）	“三同时”合格项目数（项）	“三同时”合格率（%）	“三同时”执行合格率（%）
2006	总数	129 004	81 988	81 480	74 842	91.9	91.3
	国家项目	224	224	219	219	97.8	97.8
2005	总数	99 083	71 472	70 793	67 677	95.6	94.7
	国家项目	133	133	133	133	100	100
2004	总数	127 580	79 456	78 907	76 038	96.4	95.7
	国家项目	102	102	102	102	100	100

注：根据2003、2004、2005、2006年环境统计年报。

第三章　环保竣工验收法规

第一节　法规体系

建设项目竣工环保验收是环境保护设施与主体工程同时投产并有效运行的最后一道由环境保护行政主管部门把关的关口，从制度上保证了环境影响评价所提出的环境保护对策和措施能够得到有效地落实。我国现行多项环境保护法规如《中华人民共和国环境保护法》、《中华人民共和国水污染防治法》、《中华人民共和国海洋环境保护法》等均对“三同时”内容进行了规定，1998 年颁布的国务院第 253 号令《建设项目环境保护管理条例》中对“三同时”的规定更具体。该制度的实施是环境保护行政主管部门开展竣工环境保护验收的基础。

同时，国家陆续颁布实施了环保验收的规章、办法。1994 年，环境保护部颁布《建设项目环境保护设施竣工验收管理规定》(环境保护部 14 号令)后，一些省也相继颁布了有关规定。1995 年，环境保护部又颁布了《建设项目环境保护竣工验收监测办法》(试行)，试行一段时间后又进行了修订。2000 年环境保护部又发布了《关于建设项目环境保护设施竣工验收监测管理有关问题的通知》(环发[2000]38 号)，具体提出了竣工验收监测的技术规定。针对建设项目环境保护竣工验收出现的许多新问题和面临的新形势，环境保护部及时组织对环境保护部 14 号令进行了修订，于 2001 年 12 月 27 日以环境保护部 13 号令的形式颁发了《建设项目竣工环保验收管理办法》。2003 年交通运输部颁布《交通建设项目环境保护管理办法》，其中第二十条规定：“交通建设项目竣工后，建设单位应当向审批该建设项目环境影响报告书、环境影响报告表或者环境影响登记表的环境行政主管部门申请环境保护设施竣工验收，同时报县级以上人民政府交通主管部门”。

目前，环境保护部已颁布实施《建设项目竣工环境保护验收技术规范　港口》(HJ 436—2008)、《建设项目竣工环境保护验收技术规范　生态影响类》(HJ/T 394—2007)、《建设项目环境保护验收技术规范公路》(HJ 552—2010)、《城市轨道交通建设项目竣工环境保护验收技术规范》(HJ/T 403—2007)等环保验收技术规范。

第二节　相关规定

我国现行的环境保护法律、法规、规章及有关规范性文件中对建设项目的竣工环境保护验收管理作了相关规定的有：

(1)《中华人民共和国环境保护法》第 26 条：“建设项目中防治污染的设施，必须与主体工程同时设计、同时施工、同时投产使用。防治污染的设施必须经原审批环境影响报告书的环境保护行政主管部门验收合格后，该建设项目方可投入生产或者使用。”

(2)《中华人民共和国水污染防治法》第 13 条：“防治水污染的设施必须经过环境保护部门

检验，达不到规定要求的，该建设项目不准投入生产或者使用。”

(3)《中华人民共和国大气污染防治法》第 11 条：“建设项目投入生产或者使用之前，其大气污染防治设施必须经过环境保护行政主管部门验收，达不到国家有关建设项目环境保护管理规定的要求的建设项目，不得投入生产或者使用。”

(4)《中华人民共和国固体废物污染环境防治法》第 14 条：“固体废物污染环境防治设施必须经原审批环境影响评价文件的环境保护行政主管部门验收合格后，该建设项目方可投入生产或者使用。”

(5)《中华人民共和国噪声污染防治法》第 4 条：“建设项目在投入生产或者使用之前，其环境噪声污染防治设施必须经原审批环境影响报告书的环境保护行政主管部门验收，达不到国家规定要求的，该建设项目不得投入生产或者使用。”

(6)《中华人民共和国海洋环境保护法》第 44 条：“环境保护设施未经环境保护行政主管部门检查批准，建设项目不得试运行；环境保护设施未经环境保护行政主管部门验收，或者经验收不合格的，建设项目不得投入生产或者使用。”

(7)《中华人民共和国放射性污染防治法》第 21 条：“放射性污染防治设施应当与主体工程同时验收；验收合格的，主体工程方可投入生产或者使用。”

(8)《建设项目环境保护管理条例》第 20 条：“建设项目竣工后，建设单位应当向审批该建设项目环境影响报告书、环境影响报告表或者环境影响登记表的环境保护行政主管部门，申请该建设项目需要配套建设的环境保护设施竣工验收。环境保护设施竣工验收，应当与主体工程竣工验收同时进行。需要进行试生产的建设项目，建设单位应当自建设项目投入试生产之日起 3 个月内，向审批该建设项目环境影响报告书、环境影响报告表或者环境影响登记表的环境保护行政主管部门，申请该建设项目需要配套建设的环境保护设施竣工验收。”第 21 条：“分期建设、分期投入生产或者使用的建设项目，其相应的环境保护设施应当分期验收”。第 22 条：“建设项目需要配套建设的环境保护设施经验收合格，该建设项目方可正式投入生产或者使用”。

(9)《建设项目竣工环境保护验收管理办法》(国家环境保护总局 13 号令)

①建设项目竣工环境保护验收的含义(第 3 条)

建设项目竣工环境保护验收是指建设项目竣工后，环境保护行政主管部门根据本办法规定，依据环境保护验收监测或调查结果，并通过现场检查等手段，考核该建设项目是否达到环境保护要求的活动。

②建设项目竣工环境保护验收的范围(第 4 条)

建设项目竣工环境保护验收范围包括：

a. 与建设项目有关的各项环境保护设施，包括为防治污染和保护环境所建成或配备的工程、设备、装置和监测手段，各项生态保护设施；

b. 环境影响报告书(表)或者环境影响登记表和有关项目设计文件规定应采取的其他各项环境保护措施。

③建设项目竣工环境保护验收分类管理的规定(第 11 条)

建设单位申请建设项目竣工环境保护验收，应当向有审批权的环境保护行政主管部门提交以下验收材料：

a. 对编制环境影响报告书的建设项目，为建设项目竣工环境保护验收申请报告，并附环境保护验收监测报告或调查报告；

b. 对编制环境影响报告表的建设项目，为建设项目竣工环境保护验收申请表，并附环境保护验收监测表或调查表；

c. 对填报环境影响登记表的建设项目，为建设项目竣工环境保护验收登记卡。

④建设项目竣工环境保护验收的条件(第 16 条)

建设项目竣工环境保护验收条件是：

a. 建设前期环境保护审查、审批手续完备，技术资料与环境保护档案资料齐全；

b. 环境保护设施及其他措施等已按批准的环境影响报告书(表)或者环境影响登记表和设计文件的要求建成或者落实，环境保护设施经负荷试车检测合格，其防治污染能力适应主体工程的需要；

c. 环境保护设施安装质量符合国家和有关部门颁发的专业工程验收规范、规程和检验评定标准；

d. 具备环境保护措施正常运转的条件，包括：经培训合格的操作人员、健全的岗位操作规程及相应的规章制度、原料、动力供应落实等均符合交付使用的其他要求；

e. 污染物排放符合环境影响报告书(表)或者环境影响登记表和设计文件中提出的标准及核定的污染物排放总量控制指标的要求；

f. 各项生态保护措施按环境影响报告书(表)规定的要求落实，建设项目建设过程中受到破坏并可恢复的环境已按规定采取了恢复措施；

g. 环境监测项目、点位、机构设置及人员配备，符合环境影响报告书(表)和有关规定的要求；

h. 环境影响报告书(表)提出需对环境保护敏感点进行环境影响验证，对清洁生产进行指标考核，对施工期环境保护措施落实情况进行工程环境监理的，已按规定要求完成；

i. 环境影响报告书(表)要求建设单位采取措施削减其他设施污染物排放，或要求建设项目所在地地方政府或者有关部门采取“区域削减”措施满足污染物排放总量控制要求的，其相应措施得到落实。

⑤建设单位申请竣工验收的时限及延期验收规定(第 10 条)

进行试生产的建设项目，建设单位应当自试生产之日起 3 个月内，向有审批权的环境保护行政主管部门申请该建设项目竣工环境保护验收。

对试生产 3 个月确不具备环境保护验收条件的建设项目，建设单位应当在试生产的 3 个月内，向有审批权的环境环境保护行政主管部门提出建设项目环境保护延期验收申请，说明延期验收的理由及拟进行验收的时间。经批准后建设单位方可继续进行试生产。

试生产的期限最长不超过一年。核设施建设项目试生产的期限最长不超过两年。

⑥不同环境影响类型的建设项目应提交的验收材料(第 12 条)

对主要固体排放污染物对环境产生污染和危害的建设项目，建设单位应提交环境保护验收监测报告(表)。主要对生态环境产生影响的建设项目，建设单位应提交环境保护验收调查报告(表)。

(10)《交通建设项目环境保护管理办法》(交通运输部)第 20 条规定“交通建设项目竣工后，建设单位应当向审批该建设项目环境影响报告书、环境影响报告表或者环境影响登记表的环境行政主管部门申请环境保护设施竣工验收，同时报县级以上人民政府交通主管部门”。

第四章　建设项目竣工环保管理程序和验收调查工作程序

第一节　环保管理程序

建设项目竣工环境保护验收的管理权限原则与建设项目环境影响评价文件审批权限相同，经有审批权的环境保护行政主管部门授权，下一级环境保护行政主管部门可以代表其上级环境保护行政主管部门对建设项目进行环境保护验收。相关环保管理工作为：

(1)建设项目竣工后，在建设项目试生产或试运行前，建设单位应向有审批权的环境保护行政主管部门提出试生产或试运行申请。对国家环境保护总局审批环境影响报告书(表)或环境影响登记表的非核设施建设项目，由建设项目所在地省、自治区、直辖市人民政府环境保护行政主管部门负责受理其试生产申请，并将其审查意见报总局备案。试生产或试运行申请经有审批权的环境保护行政主管部门同意后，建设单位方可进行试生产或试运行。

(2)进行试生产的建设项目，建设单位应当自试生产或试运行之日起 3 个月内，向有审批权的环境保护行政主管部门申请该建设项目竣工环境保护验收，并委托有资质的技术咨询机构进行建设项目竣工环境保护验收调查工作。

(3)建设单位在规定的期限内，委托有资质的技术咨询机构完成建设项目竣工环境保护验收调查报告(表)的编制，由有审批权的环境保护行政主管部门组织审查，对符合《建设项目竣工环境保护验收管理办法》第 16 条规定的验收条件的建设项目，及时公示。对公示后群众没有重大反对意见或未提出其他重要环境保护问题的，负责验收的环境保护行政主管部门将组成验收组或验收委员会进行现场检查，提出验收意见。

(4)在建设项目竣工环境保护现场检查及验收会议后，由建设单位在规定的期限内填报建设项目竣工环境保护验收申请报告(表)或建设项目竣工环境保护验收登记卡并出具建设项目所在地环境保护行政主管部门及行业主管部门的审查意见，报有审批权的环境保护行政主管部门，环境保护行政主管部门应自收到建设项目竣工环境保护验收申请报告(表)之日起 30 日内，完成验收。具体见图 1-4-1 环境保护部审批的建设项目验收管理流程图、表 1-4-1 工程竣工环保验收的基本程序表。

工程竣工环保验收的基本程序表　　表 1-4-1

序号	阶　段	对应程序及注意事项	主管部门	执行单位
1	申请试生产(主体工程竣工开展试生产前)	向有审批权的环境保护行政主管部门提出试生产申请，以获得批文、回函等合法程序支持	××市环保局、××省环保厅等	建设单位

续上表

序号	阶段		对应程序及注意事项	主管部门	执行单位
2	申请验收(自试生产之日起3个月内完成竣工验收)		向有审批权的环境保护行政主管部门提出该项目进行竣工环境保护验收申请的红头文件(主报环境保护部、抄报交通运输部环境保护办公室、××省环保厅等)	环境保护部	建设单位
3	编制环保验收调查实施方案和调查报告书	验收调查实施方案编制阶段	建设单位需指定专人配合调查单位的整个验收调查工作。验收调查单位首先对现场进行调查,收集有关工程设计、交工汇报资料、项目更改等资料后编写工程竣工环境保护验收调查实施方案	环境保护部、交通运输部环境保护办公室、环境保护部环境工程评估中心	建设单位 验收调查单位 验收监测单位 (委托环保验收调查单位开展验收调查工作;委托环境监测站根据《调查实施方案》进行验收监测)
		验收调查报告编制阶段及验收监测	验收单位编写调查报告书,同时建设单位委托地市级以上的环境监测站根据《实施方案》提出的验收监测方案进行环保验收监测,验收监测报告必须附于《调查报告》中。调查报告编制,可与监测同步		
		调查报告审查	一般由环境保护部委托其评估中心在北京组织审查,出具评估文件		
4	项目整改阶段		报告书审查后,如果项目本身存在不符合环保要求的地方(一般为环评文件要求的个别环保措施没有落实,或存在新的环境问题),建设单位根据审批后的调查报告书中提出的补救措施或建议进行环保工作的改进完善。必要时环境保护部会下达"限期整改通知",整改措施全部落实到位并得到环保部认可后,才组织安排现场检查验收。如果根据环保竣工验收调查情况,项目基本不存在前述重大问题,环境保护部会直接安排日程进入现场验收阶段	环境保护部、交通运输部环境保护办公室等	建设单位 (调查单位协助)
5	项目现场检查及验收阶段		对工程竣工安排环保现场检查、验收。一般检查(抽查)环保档案、主要环保设施(措施)和管理水平等。会前,建设单位应提前编制本项目《环保执行报告》(调查单位可协助编写),会上由单位或项目负责人汇报。环境保护部主持、交通运输部环保办公室、省市环保局、建设单位、验收调查单位、验收监测单位、工程设计单位、环境评价单位等单位参加	环境保护部、交通运输部环境保护办公室、地方环保局等	建设单位 (调查单位协助)
6	项目公示及批复阶段		现场会议形成验收意见;建设单位可以会后提交本项目《环保验收申请报告》(总局有格式文本,一式六份,调查单位可协助编写),国家环保总部首先在网上对项目进行公示(30天);然后,部汇总各方面(交通运输部环保办公室、地方环保局等)意见,最后对工程竣工环保验收给出批复	环境保护部、交通运输部环境保护办公室、地方环保局等	建设单位 (调查单位协助)

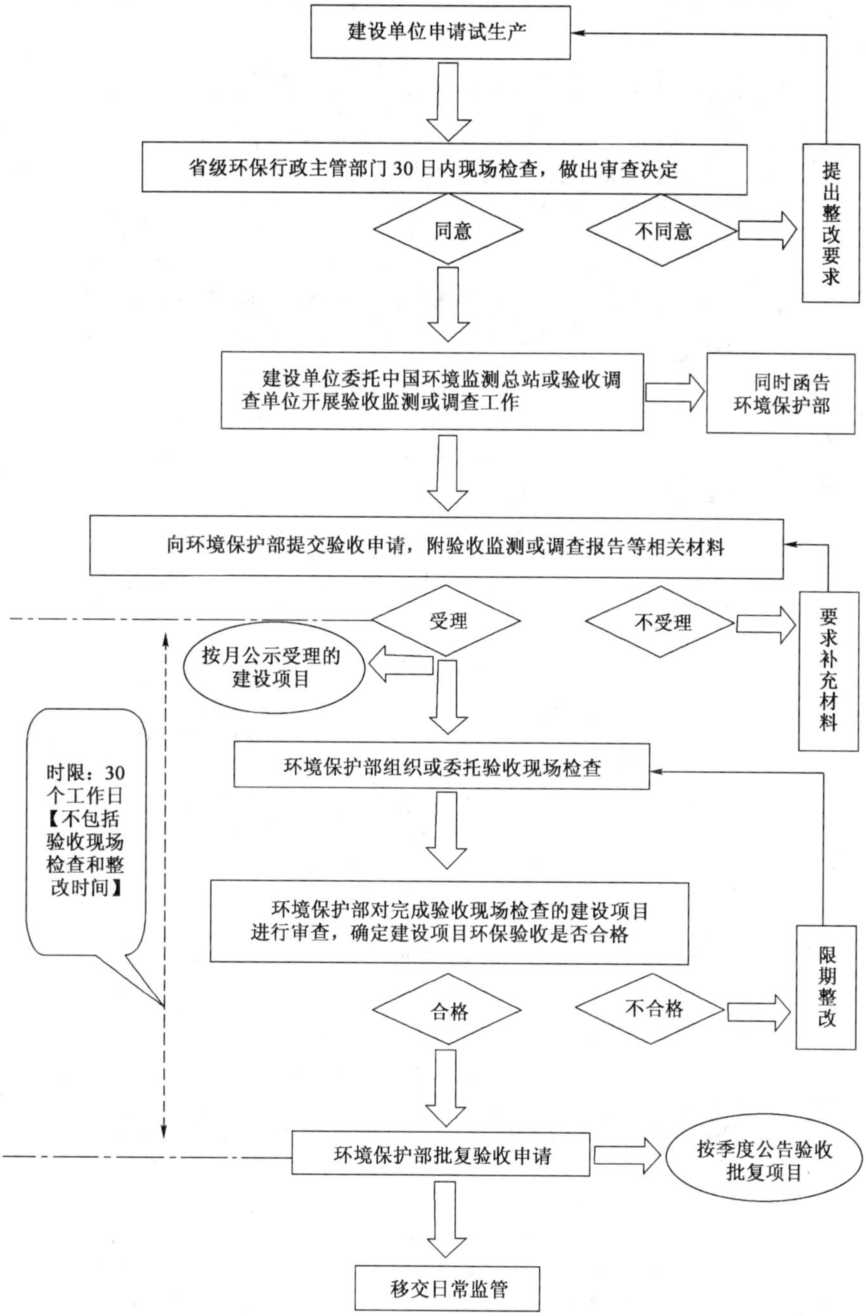

建设单位申请试生产

省级环保行政主管部门30日内现场检查，做出审查决定

同意

不同意

提出整改要求

建设单位委托中国环境监测总站或验收调查单位开展验收监测或调查工作

同时函告环境保护部

向环境保护部提交验收申请，附验收监测或调查报告等相关材料

受理

不受理

要求补充材料

按月公示受理的建设项目

时限：30个工作日【不包括验收现场检查和整改时间】

环境保护部组织或委托验收现场检查

环境保护部对完成验收现场检查的建设项目进行审查，确定建设项目环保验收是否合格

合格

不合格

限期整改

环境保护部批复验收申请

按季度公告验收批复项目

移交日常监管

图 1-4-1　环境保护部审批的建设项目验收管理流程图

第二节　验收调查工作程序

根据验收调查工作的具体情况，可将其工作程序分为准备、初步调查、编制实施方案、详细调查、编制调查报告五个阶段。验收调查表不需编制实施方案。

准备阶段：主要是收集、分析建设项目有关的文件和资料，了解工程概况和项目建设区域生态基本特征，明确环境影响评价文件及其审批文件有关要求，制订初步调查工作方案。

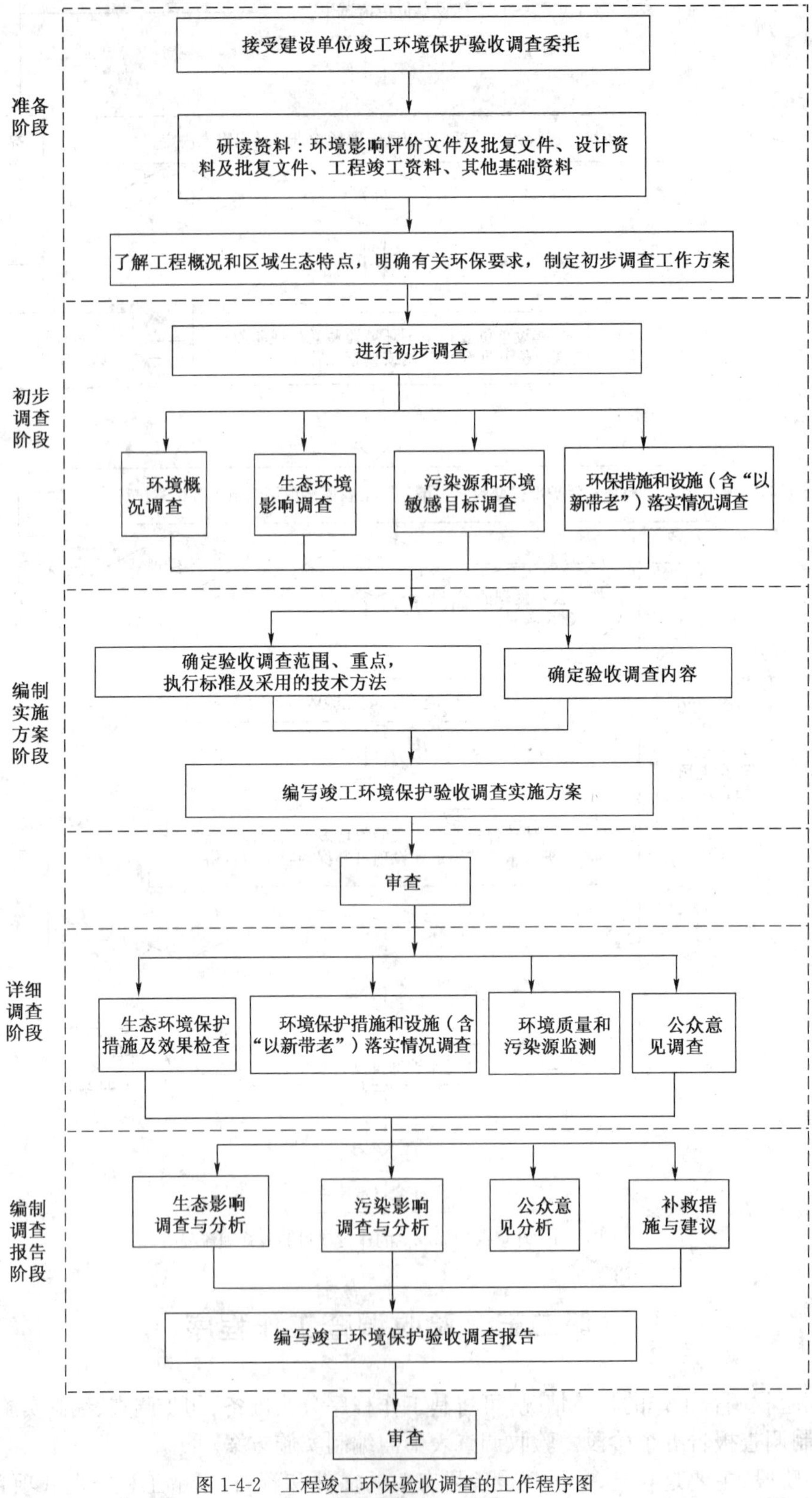

准备阶段

接受建设单位竣工环境保护验收调查委托

研读资料：环境影响评价文件及批复文件、设计资料及批复文件、工程竣工资料、其他基础资料

了解工程概况和区域生态特点，明确有关环保要求，制定初步调查工作方案

初步调查阶段

进行初步调查

环境概况调查

生态环境影响调查

污染源和环境敏感目标调查

环保措施和设施（含“以新带老”）落实情况调查

编制实施方案阶段

确定验收调查范围、重点，执行标准及采用的技术方法

确定验收调查内容

编写竣工环境保护验收调查实施方案

审查

详细调查阶段

生态环境保护措施及效果检查

环境保护措施和设施（含“以新带老”）落实情况调查

环境质量和污染源监测

公众意见调查

编制调查报告阶段

生态影响调查与分析

污染影响调查与分析

公众意见分析

补救措施与建议

编写竣工环境保护验收调查报告

审查

图 1-4-2 工程竣工环保验收调查的工作程序图

初步调查阶段:主要是核查工程实际建设内容、设计和建设变更情况及工程沿线环境敏感目标变化情况,初步掌握环境影响评价文件及其审批文件要求的环境保护措施落实情况、与主体工程配套的污染防治设施完成及运行情况和生态保护措施执行情况,获取相应的影像资料。

编制实施方案阶段:主要是确定验收调查标准、范围、重点、内容及采用的技术方法。

详细调查阶段:主要是调查工程建设期和运行期造成的实际生态影响和其他影响,详细核查环境影响评价文件及初步设计文件提出的生态保护措施和污染防治措施及设施的落实情况、运行情况、有效性和环境影响评价审批文件有关要求的执行情况。

编制调查报告阶段:对项目建设造成的实际生态影响、污染影响、社会影响和各项环境保护措施的落实情况进行论证分析,针对尚未达到竣工环境保护验收要求的环境问题,提出补救措施与建议,明确验收调查结论。

工程竣工环保验收调查的工作程序见图 1-4-2。

第二篇　交通工程竣工环境保护验收监测概述

第一章　验收监测概述

第一节　验收监测形式与要求

根据《建设项目竣工环境保护验收管理办法》,"第 3 条:建设项目竣工环境保护验收是指建设项目竣工后,环境保护行政主管部门根据本办法规定,依据环境保护验收监测或调查结果,并通过现场检查等手段,考核该建设项目是否达到环境保护要求的活动",交通工程建设项目竣工环境保护验收监测,是交通工程建设项目竣工环境保护验收的重要技术依据,是指在建设项目竣工试生产期间,委托有资质的监测单位对交通工程建设项目的环境保护工作进行监测,包括如下内容:

(1)环评中要求的各项环保设施的实际建设、管理、运行状况及各项环保治理措施的落实情况。

(2)对周围生态影响的全面调查,以及建设项目废水、废气、噪声、固体废物等方面污染物排放及达标情况。

(3)治理工程及其设施的处理效果。

(4)建设项目周围环境质量影响的监测。

验收监测的过程一般为:环评文件分析、现场调查——→监测计划设计——→优化布点——→样品采集——→运送保存——→分析测试——→数据处理——→综合评价等。

一、验收监测一般工作程序、结果及结果报告形式

(1)根据建设项目环境管理的分类,编制环境影响报告书的建设项目、因所在地区已进行区域环境影响评价而编写建设项目环境影响报告表或环境影响评价时编写建设项目环境影响报告表,但监测内容较多的建设项目,应通过收集有关的技术资料、现场勘察、编制验收监测方案、进行现场监测,以验收监测报告形式报告监测结果。

(2)根据建设项目环境管理的分类,编写建设项目环境影响报告表并且验收监测内容比较简单的建设项目,通过收集有关的技术资料、现场勘察、进行现场监测、以建设项目环境保护设施竣工验收监测表形式报告监测结果。

(3)填写建设项目环境影响登记表的建设项目,只对有一定污染物排放规模和按要求应设有废水、废气、噪声处理设施的污染源进行监测,以建设项目环境保护设施竣工验收监测表形式报告检查结果。

二、验收监测方案编制的基本要求

验收监测方案应包括以下内容:

(1)简述内容:任务由来、依据,尤其要阐明环境影响报告书(表)结论意见、环保对策、措施及环境影响报告书审批文件的要求。

(2)建设项目工程实施概况:工程基本情况,生产过程污染物产生、治理和排放流程,环保设施建设及其试运行情况。

(3)验收监测执行标准:列出应执行的国家或地方环境质量标准、污染物排放标准的名称、标准编号、标准等级和限值,环境影响报告书(表)批复中的特殊限值要求,《初步设计环保篇》中的环保设施设计指标或要求等。

(4)验收监测的内容:按废水、废气、噪声和固废等分类,全面简要地说明监测因子、频次、断面或点位的布设情况,附示意图;采样、监测分析方法;验收监测的质量控制措施。

三、验收监测报告编制的基本要求

验收监测报告应充分如实地反映现场检查和现场监测的实际情况。对发现的问题,应进行必要和符合实际的分析。对污染物排放浓度、排放速率和总量控制的达标情况和检查情况等给出明确的结论和进行必要的描述。对企业存在的问题,提出相应的整改建议。

验收监测报告除包括监测方案的1～4的内容外,还应包括以下内容:

(1)验收监测进行情况。

(2)监测期间工况。

(3)质量保证和质量控制结果。

(4)出现超标或不符合设计指标要求时的原因分析。

(5)必要的质控数据表,监测数据表和其他有关图表等应作为报告的附录。

第二节　验收监测依据与范围

一、验收监测依据

主要有以下依据:

(1)国家有效的建设项目环境保护管理法规、办法和技术规定:包括《建设项目环境保护条例》(国务院令第253号,1998)、《建设项目竣工环境保护验收管理办法》国家环境保护总局令[2001](第13号文)、《关于建设项目环境保护设施竣工验收监测管理有关问题的通知》国家环保总局[2000](38号文)、《环境监测技术规范》(国家环境保护总局)、国家环境质量标准、国家污染物排放标准、国家环境监测分析方法标准、环境标准样品标准、国家环境保护行业标准、地方环境保护标准、污染物排放总量控制指标等。

(2)与建设项目有关的环保技术文件:包括污染防治设计标准、环保设施设计技术文件、环保设施运行情况自检报告等。

(3)有关建设项目工程环保工作的意见和批复:特别关注有关污染物排放及是否达标情况。

(4)工程建设中有关环保设施设计改动的报批手续和批复文件。

(5)其他有关需要说明问题和情况及其有关资料或文件等。

交通运输行业环境监测应符合国家和交通运输部颁布的规范和标准。

二、验收监测范围

根据《交通运输行业公路水路环境监测管理办法》(交通运输部,2008.06.25),交通运输行业公路水路环境监测的范围包括:

(1)公路、港口、场站、航道建设项目环境监测;污染源管理和交通环境保护设施运行状况调查。

(2)公路、港口、场站、航道等辖区内排放废水、废气、噪声、固体废弃物等污染源监测和陆域、水域生态环境监测。

(3)公路、港口、场站、航道污染事故监测调查。

(4)船舶污染源监测及船舶污染事故应急监测。

(5)交通运输行业公路水路其他环境监测工作。

验收监测的范围主要通过以下步骤确定:

(1)通过资料核查和现场勘察,确定验收项目的工程范围。

(2)根据验收的工程范围,核查验收工程涉及的环保设施和措施。

(3)根据涉及的环保设施和措施以及有关标准、规范和有关的要求确定具体监测范围。

对于一些分期或部分验收监测的建设项目,应特别落实项目整体的范围和将要开展验收监测内容之间的关系,尤其是未建工程设施和环境保护设施之间的关系。

跨两个或跨两个以上建设项目的验收监测工作,在落实工作范围时,首先还应调查清楚所涉及的每一建设项目整体情况、几个建设项目之间的关系,特别是建设的环保设施和采取的环保措施的针对性。调查和落实每一个建设项目整体建设和各个建设项目之间的关系是做好验收监测的基本条件。

第三节　验收监测技术要求

一、验收监测的主要工作内容

验收监测是对建设项目环境保护设施建设、运行及其效果、“三废”处理和综合利用、污染物排放、环境管理等情况的全面检查与测试,主要包括内容:

1.设施建设、运行及管理情况检查

(1)建设项目执行国家的“建设项目环境影响报告制度”的情况。

(2)建设项目建设过程中,对“环境影响评价报告书(表)、登记表”中污染物防治和生态保护要求及环保行政主管部门审批文件中批复内容的实施情况。

(3)环保设施运行情况和效果。

(4)“三废”处理和综合利用情况。

(5)环境保护管理和监测工作情况,包括:环保机构设置、人员配置、监测计划和仪器设备、环保管理规章制度等。

(6)事故风险的环保应急计划,包括配备、防范措施,应急处置等。

(7)环境保护档案管理情况。

(8)周边区域环境概况。

(9)生态保护措施实施效果。

2.设施运行效率测试

对涉及以下领域的环境保护设施或设备均应进行运行效率监测:

(1)各种废水处理设施的处理效率。

(2)各种废气处理设施的处理效率。

(3)工业固(液)体废物处理设备的处理效率等。

(4)用于处理其他污染物的处理设施的处理效率。

3.污染物(排放浓度、排放速率和排放总量等)达标排放测试

对涉及以下领域的污染物均应进行达标排放监测:

(1)排放到环境中的废水。

(2)排放到环境中的各种废气。

(3)排放到环境中的各种有毒有害工业固(液)体废物及其浸出液。

(4)厂界噪声(必要时测定噪声源)。

(5)建设项目的无组织排放。

(6)国家规定总量控制污染物的排放总量。

4.设施建设后,排放污染物对环境影响的检测

建设项目环保设施竣工验收监测对环境影响的检测,主要针对“环境影响评价”及其批复中对环境敏感保护目标的要求。检测以建设项目投运后,环境敏感保护目标能否达到相应环境功能区所要求的环境质量标准,主要考虑以下几方面:

(1)环境敏感保护目标的环境地表水、地下水和海水质量。

(2)环境敏感保护目标的环境空气质量。

(3)环境敏感保护目标的声学环境质量。

(4)环境敏感保护目标的环境土壤质量。

(5)环境敏感保护目标的环境振动铅垂向Z振级。

(6)环境敏感保护目标的电磁辐射公众照射导出限值。

(7)具体建设项目的监测内容应根据其所涉及的具体项目进行确定。

二、验收监测污染因子

验收调查时,主要依据环境影响报告书的评价因子来设定监测因子。但是,由于编制年代

和编制目的的不同，通常情况下，报告书设定的因子偏小。调查者应充分注意到这种情况，除参照环境影响报告书外，还应该根据现行的环境保护法规和标准，在全面分析判别工程的生态影响特征和污染特征的基础上补充设定新的监测因子。监测因子确定的原则如下：

(1)“环境影响报告书(表)”和建设项目《初步设计》(环保篇)中确定的需要测定的污染物。

(2)厂界噪声。

(3)生活废水中的污染物及生活用锅炉(包括茶炉)废气中的污染物。

(4)影响环境质量的污染物，包括：《环境影响评价报告书(表)》及其批复意见中，有明确规定或要求考虑的影响环境保护敏感目标环境质量的污染物；试生产中已造成环境污染的污染物；地方环境保护行政主管部门提出的，对当地环境质量已产生影响的污染物；负责验收的环境保护行政主管部门根据当前环境保护管理的要求和规定而确定的对环境质量有影响的污染物。

(5)对“环境影响评价”中涉及有电磁辐射和振动内容的，应将电磁辐射和振动列入应监测的污染因子。

(6)废水、废气和工业固(液)体废物排放总量。

三、验收监测频次

为使验收监测结果全面和真实地反映建设项目污染物排放和环保设施的运行效果，采样频次应充分反映污染物排放和环保设施的运行情况，因此，监测频次一般按以下原则确定：

(1)对有明显生产周期、污染物排放稳定的建设项目，对污染物的采样和测试频次一般为2～3个周期，每个周期3～5次(不应少于执行标准中规定的次数)。

(2)对无明显生产周期、稳定、连续生产的建设项目，废气采样和测试频次一般不少于2天、每天采3个平行样，废水采样和测试频次一般不少于2天，每天4次，厂界噪声测试一般不少于连续2昼夜(无连续监测条件的，需2天，昼夜各2次)，固体废物(液)采样和测试一般不少于6次(堆场采样和分析样品数都不应少于6个)。

(3)对污染物确实稳定排放的建设项目，废水和废气的监测频次可适当减少，废气采样和测试频次不得少于3个平行样，废水采样和测试频次不少于2天，每天3次。

(4)对污染物排放不稳定的建设项目，必须适当增加的采样频次，以便能够反映污染物排放的实际情况。

(5)对型号、功能相同的多个小型环境保护设施效率测试和达标排放检测，可采用随机抽测方法进行。抽测的原则为：随机抽测设施数量比例应不小于同样设施总数量的50%。

(6)若需进行环境质量监测时，水环境质量测试一般为1～3天、每天1～2次；空气质量测试一般不少于3天、采样时间按《环境空气质量标准》(GB 3095—1996)、《环境影响评价技术导测大气环境》(H9202—2008)数据统计的有效性规定执行；环境噪声测试一般不少于2天，测试频次按相关标准执行。

(7)对考核处理效率的测试，可选择主要因子并适当减少监测频次。

(8)若需进行环境生态状况调查，工作内容、采样和测试频次按负责审批该建设项目环境影响报告书(表)的环境保护行政主管部门的要求进行。

四、验收监测点位布设

通常建设项目不仅排放一种污染物，也不仅是对一个环境要素或敏感点产生影响。为了提高工作效率，一般依据环境影响报告书及其审批要求，并在查清污染源和环境影响的基础上，采用抽样监测的方法。抽样时，遵循与环境影响报告书及其审批要求相符合的原则和代表性原则：

(1)验收监测点位尽量与环境影响报告书中的监测点位相一致。

(2)环境影响报告书中预测环境影响超标的敏感点一般应设置环境质量监测点(或选择能代表其环境质量的监测点位)。

(3)污染防治措施和环境影响减缓设施未按照环境影响报告书及其批复要求建设或发生变更的，在排放口或环境保护目标和敏感点处需设置验收监测点。

(4)对照环境影响报告书，工程与环境保护目标和敏感点距离发生变化的，需设置环境质量监测点。

(5)环境影响评价文件未涉及、调查中发现存在严重影响的，需在环境保护目标和敏感点处设置环境质量监测点。

(6)初步勘察中发现运行期间有公众投诉的敏感点，需设置环境质量监测点位。

(7)工程沿线或周围存在多处敏感点时，应综合考虑距离、高差、垂直分布、地貌等因素，选择有代表性的典型点位进行环境质量监测。公路、城市道路和轨道交通等噪声影响突出的项目，应在有代表性的点段设置昼夜噪声连续监测点和噪声衰减断面监测点。

(8)工程影响范围内的学校、医院、养老院等特殊敏感点一般均应根据工程的影响(污染)特征，设置环境质量监测点。

(9)主要污染物排放口和可能受到污染危害的环境保护目标和敏感点处需设置验收监测点。主要污染物采取无组织方式排放的，需按照标准和法规的有关规定设置验收监测点。

(10)同一制造商、相同处理能力、相同工艺原理、相类似污染源的处理装置可以选择部分设施的排放口进行污染源达标监测。制造商、材质、结构形式、高度相同、所处路段车流量基本相同、所处地貌类似的单侧声屏障，可以选择一部分进行降噪效果监测。

(11)与工程厂界距离相同、所处地貌类似的，可以选择部分环境保护目标和敏感点进行环境质量监测。

(12)调查中发现，项目可能对环境要素、环境保护目标和敏感点产生长期和潜在影响的，应设置便于跟踪监测和长期对照的环境质量监测点。

(13)具有明确厂界的工程应按有关规范要求在厂界进行达标监测。

(14)需针对不同工程的污染特征和特异性环境影响开展有针对性的验收监测。如：港口(航道)项目应进行水环境质量、底泥(质)、海洋生物监测，公路工程等项目需进行噪声监测等。

(15)一般应在污染处理设施的进、出口均设置验收监测点位，以检验新建设施的效能、分析超标原因。

(16)当同一敏感点同时受到多个工程的影响或多个工程的污染源排放同种污染物时，应注意设计专门的监测方案，区分责任、明确验收对象的实际影响或贡献量。需要强调的是，对于验收调查期间工况负荷较低、环境影响尚不显著的项目，仍应按照上述原则和方法开展监测，为后续的分析预测提供基础数据。

五、水环境监测

一般仅进行排放口达标监测，但港口项目须考虑水环境质量监测，水利水电项目还需考虑水温、水文情势、流量、水位过程、氧气过饱气体等的监测。

1. 各类水域布设水质取样断面及取样点的原则与方法

(1)河流

①取样断面的布设原则。在调查范围内参考环境评价的评价范围，对调查范围内重点保护对象附近水域应布设取样断面，一般在拟建成排污口上游500m处应设置一个取样断面。

②取样断面上取样点的布设。当河流面形状为矩形或相近于矩形时，取样垂线可按下列原则布设：

小河：在取样断面的主流线上设一条取样垂线。

大、中河：河宽小于50m者，在取样断面上各距岸边三分之一水面宽处，设一条取样垂线(垂线应设在有较明显水流处)，共设两条取样垂线；河宽大于50m者，在取样断面的主流线上及距两岸不少于0.5m，并有明显水流的地方，各设一条取样垂线即共设三条取样垂线。

特大河(例如长江、黄河、珠江、黑龙江、淮河、松花江、海河等)：由于河流过宽，取样断面上的取样垂线数应适当增加，而且主流线两侧的垂线数目不必相等，拟设置排污口一侧可以多一些。

如断面形状十分不规则时，应结合主流线的位置，适当调整取样垂线的位置和数目。

垂线上取样水深的确定：在一条垂线上，水深大于5m时，在水面下0.5m水深处及在距河底0.5m处，各取样一个；水深为1～5m时，只在水面下0.5m处取一个样；在水深不足1m时，取样点距水面不应小于0.3m，距河底也不应小于0.3m。对于三级评价的小河不论河水深浅，只在一条垂线上一个点取一个样，一般情况下取样点应在水面下0.5m处，距河底不应小于0.3m。

(2)河口

①取样断面的布设原则。当排污口拟建于河口感潮段内时，其上游需设置取样断面的数目与位置，应根据感潮段的实际情况决定，其上游同河流。

②取样断面上取样点的布设。同河流部分。

③水样的对待。同河流部分。

(3)海湾

①取样位置的布设原则、方法和数目。在海湾中布设取样位置时，应尽量覆盖整个调查范围，并且切实反映海湾的水质和水文特点。取样位置可以采用以建设项目的排放口为中心，沿放射线布设的方法或方格网布点的方法。

②取样位置上取样点的确定。一般情况，在水深小于等于10m时，只在海面下0.5m处取一个水样，此点与海底的距离不应小于0.5m；在水深大于10m时，在海面下0.5处和水深10m，并距海底不小于0.5m处分别设取样点。

③水样的对待。每个取样位置一般只有一个水样，即在水深大于10m时，将两个水深所取的水样混合成一个水样，但在上下层水质差距较大时，可不进行混合。

2. 各类水域水质调查取样的次数

一般情况下取样时应择流量稳定、水质变化小、连续晴天、风速不大的时期进行。不同评价等级、各类水域每个水质调查时期取样的次数及每次取样的天数规定如下：

(1)河流

①在所规定的不同规模河流、不同评价等级的调查时期中，每期调查一次，每次调查三四天。

②至少有一天对所有已选取定的水质参数取样分析。

③其他天数根据预测水温时，配合水文测量对拟预测的水质参数取样。

④不预测水温时，只在采样时测水温；在预测水温时，要测日平均水温，一般可采用每隔6h测一次的方法求平均水温。

⑤一般情况，每天每个水质参数只取一个样，在水质变化很大时，应采用每间隔一定时间采样一次的方法。

(2)河口

①在所规定的不同规模河口、不同评价等级的调查时期中，每次调查一次，每次调查两天，一次在小潮期；每个潮期的调查，均应分别采集同一天的高、低潮水样；各监测断面的采样，尽可能同步进行。

②两天调查中，要对已选定的所有水质参数取样。

③在不预测水温时，只在采样时测水温；在预测水温时，要测日平均水温，一般可采用每隔4～6h测一次的方法求平均水温。

(3)海湾

①至少有一天在大潮期，另一天在小潮期，对所有已选定的水质参数取样分析。

②其他天数根据预测需要，配合水文测量对拟预测的水质参数取样。

③所有的水质参数每天在高潮和低潮时各取样一次。

④在不预测水温时，只在采样时测水温；在预测水温时，每间隔2～4h测水温一次。

水样的采集、保存、分析的原则与方法

a.河流、湖泊、水库中水样采集、保存、分析的原则与方法，按《地表水环境质量标准》(GB 3838—2002)执行。GB 3838—2002中未说明者，暂先采用《环境监测分析方法》(国家环境保护总局，2007年)中的规定，待有关标准发布后执行标准。

b.河口水样采集、保存、分析的原则与方法依水样的盐度而不同。水样盐度＜3‰者，按本条a执行；水样盐度≥3‰者，按海水执行。

c.海湾中水样的采集、保存、分析的原则与方法参见HY 003.1～HY/ 003.10和《海洋调查规范》(GB 12763—2007)。

3.现有水质资料的收集整理

现有水质资料主要向当地水质监测部门搜集。搜集的对象是有关的水质监测报表、环境质量报告书及建于附近的建设项目的环境影响报告书等技术文件中的水质资料。按照时间、地点和分析项目排列整理所搜集的资料，并尽量找出其中各水质参数间的关系及水质变化趋势，同时与可能找到的同步的水文资料一起，分析查找地面水环境对各种污染物的净化能力。

六、环境空气监测

一般仅考虑进行有组织排放源和无组织排放源监测，但港口、航运等行业的建设项目必要时需进行废气处理设施效果监测；在环境影响评价文件或环境影响审批文件中有特殊要求的情况下，或工程影响范围内有需特别保护的环境敏感目标、或有工程试运营期引起纠纷的环境敏感目标的情况下，需进行环境空气质量监测。

1.监测项目

监测项目为所有评价因子。

2.监测制度

根据环评的要求和实际调查的需要进行监测，至少应取得有代表性的7天有效数据，采样时间应符合监测资料的统计要求。

对于部分无法进行连续监测的特殊大气污染物，可以监测其一次浓度值，监测时间须满足所用评价标准值的取值时间要求。

3.监测布点

(1)监测点设置数目

应根据评价项目的规模和性质，结合地形复杂性、污染源及敏感目标的布局，综合考虑监测点设置数目。

公路、铁路等线状排放源建设项目，需要监测时可根据道路布局和车流量状况，并结合环境敏感点的分布情况，选择有代表性的监测点数目和布设位置。

(2)监测点位置的周边环境条件

环境空气质量监测点设置位置的周边环境应符合《环境监测技术规范》规定。监测点周围空间应开阔，采样口水平线与周围建筑物的高度夹角小于30°；监测点周围应有270°采样捕集空间，空气流动不受任何影响；避开局地污染源的影响，原则上20m范围内应没有局地排放源；避开树木和吸附力较强的建筑物，一般在15～20m范围内没有绿色乔木、灌木等。

应注意监测点的可到达性和电力保证等。

(3)布点原则

监测点的布设，应尽量全面、客观、真实反映评价区内的环境空气质量。依项目评价等级和污染源布局的不同，按照以下原则进行监测布点：

以监测期间所处季节的主导风向为轴向，取上风向为0°，在约0°、90°、180°、270°等方向上各设置1个监测点，在主导风向下风向距离中心点(或主要排放源)不同距离，加密布设1～3个监测点，也可根据局地地形条件、风频分布特征以及环境功能区、敏感区(点)所在方位做适当调整。各个监测点要有代表性，环境监测值应能反映各环境敏感区域、各环境功能区的环境质量，以及预计受项目影响的高浓度区的环境质量。在主导风向下风向区或预计高浓度区处加密布点；上风向区，可适当减少布点。

同步监测要求：

应同步收集项目位置附近有代表性，且与各环境空气质量现状监测时间相对应的常规地面气象站气象观测资料、探空站气象观测资料。

监测结果统计分析：

监测时间应满足评价标准对数据统计有效性的要求。

根据不同的需要和监测具体情况，统计分析以下内容：

①以列表的方式给出各监测点大气污染物的不同取值时间的浓度变化范围，计算并列表给出各取值时间最大浓度值占相应标准浓度限值的百分比和超标率，并评价达标情况。

②分析大气污染物浓度的日变化规律以及大气污染物浓度与地面风向、风速等气象因素和污染源排放的关系。

七、声环境监测

线性工程(公路、铁路、城市交通)应综合考虑不同路段车流量差别、敏感目标与工程的相对位置关系(高差、距离、垂直分布等)、环境影响评价文件中监测点的预测结果,选择有代表性的典型点位进行环境质量监测(包括敏感点监测、衰减断面监测、昼夜连续监测),并对已采取噪声防治工程措施的敏感点进行降噪效果监测。

机场项目根据飞机飞行架次及飞行程序、机场周围敏感点分布设置噪声敏感监测点,并应考虑与环境影响评价文件中监测点相对应,其中要特别关注预测结果超标的敏感点。

港口等建设项目具有边界(厂界)噪声标准的建设项目按有关标准设置边界(厂界)噪声污染源监测点,并在相关敏感点处设置监测点。

八、其他环境要素监测

1. 振动环境监测

轨道交通项目需在学校、医院、居民区、各类特殊保护区选择有代表性的点位进行环境振动监测。

具有边界振动标准的建设项目振动污染源监测应按有关标准设置监测点。

2. 电磁环境监测

一般输变电项目、电气化铁道和轨道交通项目涉及此项工作内容,涉及的监测因子有工频电场强度、工频磁感应强度、无线电干扰场强、敏感点电视收视信号场强等。

3. 固体废物环境监测

如果采用填埋方式处置危险固废和Ⅱ类一般固体废物,必要时可进行地下水监测。

九、验收监测的质量保证和质量控制

1. 验收监测的工况要求

验收监测时,工况要求分下列几种情况:

(1)验收监测应在工况稳定、生产达到设计生产能力的负荷达75%以上(国家、地方排放标准对生产负荷另有规定的按标准规定执行)的情况下进行。

(2)对无法短期调整工况达到设计生产能力的75%以上负荷的建设项目中,可以调整工况达到设计生产能力的75%以上负荷的部分,验收监测应在满足75%或75%以上负荷或国家及地方标准中所要求的生产负荷的条件下进行。

(3)对无法短期调整工况达到设计生产能力的75%或75%以上负荷的建设项目中,投入运行后确实无法短期调整工况满足设计生产能力75%或75%以上的部分,验收监测应在主体工程运行稳定、应运行的环境保护设施运行正常的条件下进行,对运行的环境保护设施和尚无污染负荷部分的环保设施,验收监测采取注明实际监测工况与检查相结合的方法进行。

2. 采样和测试及其质量保证和质量控制

(1)环保设施竣工验收现场监测,首先应按规定满足相应的工况条件,否则负责验收监测的单位应停止现场采样和测试。

(2)现场采样和测试应严格按《验收监测方案》进行，并对监测期间发生的各种异常情况进行详细记录，对未能按《验收监测方案》进行现场采样和测试的原因应予详细说明。

(3)环保设施竣工验收监测中使用的布点、采样、分析测试方法，应首先选择目前适用的国家和行业标准分析方法、监测技术规范，其次是国家环保总局推荐的统一分析方法或试行分析方法以及有关规定等。

(4)环保设施竣工验收的质量保证和质量控制，按国家有关规定、监测技术规范和有关质量控制手册进行。

(5)参加环保设施竣工验收监测采样和测试的人员，应按国家有关规定持证上岗。

(6)水质监测分析过程中的质量保证和质量控制：采样过程中应采集不少于10%的平行样；实验室分析过程一般应加不少于10%的平行样；对可以得到标准样品或质量控制样品的项目，应在分析的同时做10%质控样品分析；对无标准样品或质量控制样品的项目，且可进行加标回收测试的，应在分析的同时做10%加标回收样品分析。

(7)气体监测分析过程中的质量保证和质量控制：采样器在进现场前应对气体分析、采样器流量计等进行校核。

(8)噪声监测分析过程中的质量保证和质量控制：监测时应使用经计量部门检定、并在有效使用期内的声级计。

3. 采样记录及分析结果

验收监测的采样记录及分析测试结果，按国家标准和监测技术规范有关要求进行数据处理和填报，并按有关规定和要求进行三级审核。

第二章　水运工程竣工环保验收监测

水运工程竣工环保验收一般针对水生生态、水环境、环境空气、声环境进行监测。

第一节　生态调查与监测

一、水生生态

调查区域内存在生态敏感目标、项目环境影响评价阶段进行了生态环境监测、工程建设对生态环境有明显影响的水运工程建设项目，均应进行生态环境监测，具体要求如下：

(1)监测内容。原则上与环境影响评价文件中的生态监测进行对照监测，如果环境影响评价文件未进行监测，则根据项目的主要影响方式确定生态监测内容。

(2)监测点位布设。原则上选择与环境影响评价文件相同的点位，如果环境影响评价文件中未进行监测或工程变更导致影响位置发生变化时，除在影响范围内设点外，还应在非影响区设置对照点进行监测。

(3)监测因子。根据项目建设特点和环境影响调查的需要而设定，原则上与环境影响评价文件选择相同的监测因子。

(4)采样分析方法。常规监测因子(包括叶绿素a、浮游植物、浮游动物、游泳生物、底栖生物和潮间带生物)参照《海洋调查规范》(GB 12763—2007)GB 12763.1和《海洋监测规范》(GB 17378—2007)GB 17378.1～7等相关监测规范执行。

(5)渔业资源和国家珍稀水生生物的调查原则上以现场实测为主，资料收集、文件核查、结合公众意见调查等为辅。

(6)必要时进行海洋生物残毒分析，采样分析方法按照《海洋生物质量》(GB 18421)的要求进行。

(7)环境影响评价及其审批文件中要求进行人工增殖放流等生态补偿措施的，调查人工增殖放流工作实际完成情况。

二、陆域生态

陆域生态环境的调查是通过核查相关资料和文件并结合现场勘察，明确项目陆域永久性或临时性占地的数量、类型，施工对水土保持设施的破坏情况，施工中采取的水土保持措施，调查工程对生态敏感目标的实际影响及保护措施的有效性。

第二节　水环境监测

一、水污染源

1. 水污染源调查

调查分析污水产生环节和水污染源排放情况，列表说明污染源、排放量、排放去向、主要污染物及采取的处理方式，说明污水处理设施与其他公用设施的依托关系，提供污水处理工艺流程图。

港口建设项目营运期污染源包括:港区生活污水和生产污水(含尘污水、集装箱洗箱污水、机修含油污水等)、船舶生活污水和含油污水、港区初期雨污水等。

对于航运枢纽建设项目，污水监测的范围包括与项目配套的各类生产污水(如电站尾水)处理设施、生活污水处理设施以及与外部水环境相沟通的界面。对于新建项目，应监测生产污水、清净下水和生活污水的外排口;污水处理设施的进、出口;对于改扩建项目，不仅包括项目本身产生的生产污水、清净下水和生活污水的外排口，污水处理设施的进、出口，还要根据具体污水流向，对进入已建成的环保设施或与已建成项目的污水混合后排放的外排口进行监测。同时对原有项目的排放情况、污染治理情况进行调查了解。一般航运枢纽建设项目可仅进行排放口达标监测，包括生活污水处理设施排放口和电站尾水。

2. 水污染源监测

(1)监测布点

达标监测点:监测点设在项目的污水排放口。

污水处理设施处理效率监测:污水处理设施的进、出水口设置监测点。

具体布点方法参照《地表水和污水监测技术规范》(HJ/T 91—2002)执行。

(2)监测因子

应与环境影响评价文件中的监测因子一致，当工程变更而增加新的主要污染物时，可适当增加监测因子。

常规监测因子为:pH 值、COD、悬浮物、总磷、氨氮和石油类。

视污水类型(如集装箱洗箱污水)可适当增加特殊监测因子:挥发酚、氰化物、砷、汞、六价铬等。

(3)监测频率、采样与分析方法

按照《地表水和污水监测技术规范》(HJ/T91—2002)、《海洋监测规范》(BG 17378—2007)等国家相关规范和环境质量标准及其他相关要求进行。

(4)给出水污染源监测点位图，注明监测点位与污染源的相对位置关系。

二、水环境质量

1. 布点原则

(1)不同环境功能区划、不同海洋功能区划处分别设点。

(2)水环境敏感目标处必须设点。

(3)污水排放口附近可设点。

(4)水动力条件有明显区别的水域应分别设点。

(5)布点时与环境影响评价文件中确定的点位相一致，尽量利用地方水质控制点位，当以上点位不能满足调查要求时，可根据实际情况选择合适的背景监测点。

2. 监测因子

(1)常规水质监测项目

一般包括水温、pH 值、盐度(河水水质监测为氯离子)、悬浮物(SS)、溶解氧(DO)、生化需

氧量(BOD_5)、高锰酸钾指数(河水水质监测 COD_{Cr})、氨氮(NH_3-N)、无机氮(以 N 计)、活性磷酸盐(以 P 计)、总磷、石油类和阴离子表面活性剂(以 LAS 计)等。必要时进行特征因子的监测。

(2)常规沉积物监测项目

包括有机碳、石油类、烷基汞、铜、铅、六价铬、砷、镉和锌。

应与环境影响评价文件中确定的监测因子一致,当工程变更而增加新的主要污染物时,可适当增加监测因子。

航运枢纽项目除常规监测因子外,还需考虑水温、水文情势、流量、水位过程等,有可能对鱼类产生影响的,还应进行过饱和气体的监测。有可能对地下水造成污染的项目,建设单位应设置地下水水质监测井,以满足验收监测和日常环保管理的需要。

3. 监测频率、采样与分析方法

按照①《海洋监测规范》(GB 17378—2007)、②《地表水和污水监测技术规范》(HJ/T91—2002)③《海洋调查规范》(GB 12763—2007)④《海水水质标准》(GB 3097—1997)⑤《地表水环境质量标准》(GB 3838—2002)⑥《污水综合排放标准》(GB 8578—1996)⑨《海洋沉积物质量》(GB 18668—2002)等国家相关规范和环境质量标准及其他相关要求进行。

4. 提供水环境质量现状监测点位图,注明监测点位与污染源的相对位置关系

第三节　环境空气监测

一、环境空气污染源

1. 环境空气污染源调查

水运工程建设项目环境空气污染源调查一般可分为以下几类:

(1)点源:主要指项目范围内的锅炉烟气排放等情况。

(2)面源:港口建设项目作业区散货码头装卸、堆放贮存粉尘(总悬浮颗粒物和可吸入颗粒物)、原油、化学品码头气体排放(非甲烷总烃、苯系物等)、集装箱码头机械作业尾气(二氧化氮)等。

(3)线源:营运期疏港公路汽车运输废气(二氧化氮)等。

应列表说明环境空气污染源位置、排放量、排放方式(有组织与无组织、间歇与连续排放)、排放去向、主要污染物及采取的处理方式。应提供废气或无组织排放污染物产生工艺(或环节)示意图。

2. 环境空气污染源监测

包括废气处理设施主要污染物的去除效果监测和废气排放达标情况监测,按有组织排放源、无组织排放源和废气处理设施效果监测,分别确定以下内容:

(1)监测布点

①有组织排放源(如港口锅炉)监测点:污染源排放口。

②无组织排放源监测点:按照《大气污染物综合排放标准》(GB 16297—1996)中的要求确定。

③废气处理设施(如港口锅炉除尘脱硫装置)监测效果:对进入处理设施前的废气和处理后的废气分别监测。

④无组织排放源污染治理措施效果监测:分别对照治理设施是否运行进行监测。

(2)监测因子

应与环境影响评价文件中确定的监测因子一致,当工程变更而增加新的主要污染物时,可适当增加监测因子。一般包括以下几类:

①锅炉大气污染物监测:烟气量、二氧化硫、氮氧化物、烟尘。

②散货码头、堆场作业起尘点:总悬浮颗粒物和可吸入颗粒物。

③油品、化工码头:非甲烷总烃、苯系物、挥发酚、甲醛等特征污染物。

应根据港口接卸的具体货种适当增加特征监测因子。

(3)监测频率、采样与分析方法

按照①《锅炉烟尘测定方法》(GB 5468—91)、②《大气污染物综合排放标准》(GB 16297—1996)、③《固定污染源排气中颗粒物测定与气态污染物采样方法》(GB/T 16157—1996)、④《环境空气质量标准》(GB 3095—1996)、⑤《锅炉大气污染物排放标准》(BG 13271—2001)等国家污染物排放标准和环境质量标准等相关要求进行。

(4)给出环境空气污染源监测点位图,注明监测点位与污染源的相对位置关系,监测点标识采用规范用法。

二、环境空气质量

1. 布点原则

在环境影响评价及其审批文件中有特殊要求,或者工程影响范围内有环境敏感目标的项目,应进行环境空气质量监测。

选择环境影响评价文件中确定的点位(环境敏感目标等),或者项目所在地的地方环境空气质量监测点位,当以上点位不能满足调查要求时,可根据实际情况选择合适的监测点。

2. 监测因子

原则上与环境影响评价文件中确定的监测因子一致,当工程变更而增加新的主要污染物时,可适当增加监测因子。还应根据具体货物适当增加特征监测因子。

港口建设项目环境空气质量监测因子推荐选择:可吸入颗粒物、总悬浮颗粒物、二氧化硫、二氧化氮等,如果是油品化工码头等特殊项目,对应增加非甲烷总烃、苯、乙烯等特殊监测因子。

3. 监测频率、采样与分析方法

按照《大气污染物综合排放标准》(GB 16297—1996)、《固定污染源排气中颗粒物的测定与气态污染物采样方法》(GB/T 16157—1996)等相关国家污染物排放标准和环境质量标准中推荐的方法进行。

提供环境空气质量现状监测点位图,注明监测点位与污染源的相对位置关系,监测点标识采用规范用法。

第四节　声环境监测

一、声环境调查

(1)调查范围内的声环境敏感目标(包括与工程配套建设疏港公路沿线的敏感目标)的分布情况,列表说明声环境目标的名称、位置和规模。

(2)港口所在地区的声环境功能区划,对照各环境敏感目标和港区边界应执行的标准与环境影响评价标准有无变化。

(3)调查项目投入营运以来的噪声情况,重点针对作业机械、运输车辆等噪声源,调查内容包括源强种类、声场特征、声级范围等。

(4)调查项目降噪措施的落实情况,并结合环境监测分析其实际降噪效果。

二、声环境监测

1.布点原则

一般选择环境影响评价文件中确定的点位,当其不能满足调查要求时,可根据实际情况选择合适的环境噪声监测点。

2.常规监测点

声环境监测布点分为厂界(港界)、主要进出港/枢纽道路两侧、环境敏感目标和降噪效果的监测。

3.监测频率、采样与分析方法

按照相关国家标准的要求进行:

(1)《工业企业厂界噪声测量方法》(GB 12349—2008)。

(2)《声环境质量标准》(GB 3096—2008)。

(3)《工业企业厂界环境噪声排放标准》(GB 12348—2008)等。

提供声环境监测点位图,注明监测点位与项目的相对位置关系。

第三章　公路等线性交通工程竣工环保验收监测

公路工程竣工环保验收一般针对水环境、环境空气、声环境进行监测，轨道交通等工程项目还需要对环境振动、电磁污染进行监测。

第一节　水环境监测

一般情况下，水环境现状监测的对象是与公路建设项目配套的污水处理设施以及与外部水环境相沟通的界面。公路项目中主要需对服务区的污水进行监测。

(1)对沿线服务区等配套服务设施的污水处理设施运行效果的监测。监测点设在各污水处理设施的进、出口，监测项目为 pH、CODcr、SS、石油类、动植物油、氨氮及流量等，监测频次以 4 次/日、连续监测 3 天为宜。

(2)对沿线河流水质的监测。选择在跨河大中型桥梁下游 200m 处进行水质监测(如果项目没有进行施工期水环境监测，可以在桥梁上游 100m 和下游 1 000m 处设置对比断面进行水质监测)。监测项目为 pH、CODcr、SS、石油类等，监测频次以 4 次/日、连续监测 3 天为宜。

监测方法：按照《环境监测分析方法》中有关规定进行。

第二节　环境空气监测

1. 环境空气污染影响监测

布点原则：

(1)隧道出口 100m 以内的村庄应布设环境空气污染影响监测点位；

(2)特长隧道的竖井的出口处应布设环境空气污染影响监测点位；

(3)绝对车流量较多的路段应布设环境空气污染影响监测点位。

选点原则

在公路线路平直，两侧开阔路段，避开村庄、在村庄的上风向处设置大气监测点位。必要时可设置 2 个监测点位，其一为距离公路中心线 40m 处的污染点位，其一为距离公路中心线 200m 处。

监测项目：

TSP、PM_{10}、NO_2。

监测方法：

按照《空气和废气监测分析方法》等国家污染物排放标准和环境质量标准等相关要求进行。

监测时间以 3～5 天为宜，监测时同时记录风向、风速、气温等常规气象因子。

2. 锅炉废气污染物浓度监测

布点原则

除投产时已经做过达标监测的锅炉外，服务区的锅炉需逐个监测。在有监测条件的情况下，可在除尘器前后各布设 1 个监测点位。

监测项目

SO_2浓度、烟尘排放浓度、林格曼黑度。

监测方法

按照《锅炉烟尘测试方法》、《空气和废气监测分析方法》等中有关规定进行监测。

监测时间以 3～5 天为宜。

第三节　声环境监测

1. 监测布点原则

(1)《环境影响报告书》要求采取降噪措施的敏感点而试运营期未采取措施的敏感点。

(2)《环境影响报告书》要求进行跟踪监测的敏感点。

(3)选择不同路段交通量差别、距离公路中心线 100m 以内的有代表性的居民集中住宅区和 100m 以内的学校、医院、疗养院及敬老院等。

(4)监测点分布尽可能反映不同路段相对高差、路况、车流量等差别给敏感点带来的噪声影响，通常应进行一般噪声敏感点监测、典型路段 24h 连续监测。

2. 监测要求

(1)一般噪声敏感点监测：监测时在临路较近的住宅、教室的窗外 1m 处设测点，每天监测 4 次，每次监测 20 min。

(2)24h 连续监测：监测时，应同步监测每一测点的每小时的等效连续 A 声级，连续 24h，连续监测 2 天。

(3)声屏障降噪效果监测测点设在声屏障中部屏后 10m 和 20m、声屏障边缘及敏感点窗前 1m，并在同路段无屏障开阔地带同等距离设置对照点。

(4)设置噪声衰减断面监测宜选择线路平直，与弯段、桥梁距离大于 200μ，纵坡坡度小于 1%，运营车辆能够正常行驶，公路两侧开阔无屏障，监测点与高速公路的高差较小的地段，监测时，当车道数≤4 时，布点于距离路中心线 20m、40m、60m、80m、120m 处，当公路车道数＞4 时，布点于距离路肩 20m、40m、60m、80m、120m 处。

第四节　振动环境监测

1. 布点原则

(1)结合环境影响报告书中的噪声监测布点，重点关注环评报告中预测结果超标、拟采取环保措施以及实际情况变化较大的敏感点。

(2)选择临近路旁户数集中居民点以及 60m 范围内可能受影响的学校、医院等重点敏感目标。

(3)监测点分布尽可能反映不同路段由于路况、运行指标、车辆速度、高差以及房屋结构等差别给敏感目标带来的振动影响。

2.点位布设

有关资料表明，受交通振动影响的建筑物内Z振级与建筑物外地面的Z振级相比，有较大幅度的衰减，衰减的大小与房屋的基础和结构、质量有密切的关系，框架结构的高层建筑和多层砖混结构建筑物振动衰减较大，而对于三层以下楼房、平房、临时房屋属于衰减性能不好的房屋。

在现场踏勘的基础上，综合考虑工程沿线敏感目标与线路相对位置的差别、以及初步踏勘后对环评报告敏感点的核实结果等因素，并考虑建筑物类型、楼层和线路水平距离等因素，从目前工程沿线振动环境保护目标中筛选进行环境振动监测。

3.监测内容、方法与频次

现状振动测试的物理量为建筑物外地面的铅垂向Z振级(VLzmax)，采用《城市区域环境振动测量方法》(GB 10071—1988)中的“铁路振动”测量方法进行，即读取每次列车通过过程中的最大示数，每个测点连续测量20次列车，以20次读值的算术平均值为评价量。

地面测点位于建筑物室外0.5m的振动敏感处，室内测点置于建筑物室内地面中央。拾振器平稳的安放在平坦、坚实的地面上。避免置于如地毯、草地、砂地等松软的地面上。

4.监测仪器

YE5930公害振级计、AWA6218B环境振动分析仪、HS5933A环境振动测量仪。

所有参加测量的仪器在使用前均在每年一度的计量检定中由计量检定部门鉴定合格。

第五节 电磁监测

1.列车运行所产生的电磁污染影响

(1)布点原则

着重以点线结合，以点为主，突出重点的原则，根据距线路距离和居民密度，重点关注电视收看敏感小区。

(2)监测内容

①电视信号场强。

②列车通过时电磁辐射场强值。

(3)监测频率

①电视信号场强测量各电视频道的图像载频。

②电磁辐射场强在各电视频道有用信号频带附近在列车通过时选一频点进行测量。

(4)监测仪表与方法

①监测仪表：ESI26/ESIB40(德国R/S公司)；测试频率范围20Hz～26GHz/40GHz(实测200～100MHz)；接收机带宽120kHz；测量误差±1dB扫描最小测量时间0.1ms

②监测方法：由于国际国内均无对快速移动的电磁辐射骚扰源进行测试的方法，因而参照GB4824－2004标准进行现场测量，由于车速在60～80km/h内，机车运行中1s内移动约17～

22m,设置接收机带宽 120kHz,最小测量时间 0.1s,接收机选用了最大保持的峰值检波输出,以确保在有效测量区内的机车骚扰得到测量。

由于车行间隔长(10～20min 间隔一次),难以完全按照国家标准进行天线高度不同的测量,因而采用测点居民使用的室外电视天线普遍高度。在测试电视信号场强时,采用水平极化调整天线测量最大值,在测试轻轨电牵引机车电磁辐射骚扰时,经测试确认,天线垂直极化测量值较大,故测量环境辐射场强和电牵引机车电磁辐射骚扰时均采用垂直极化,且垂直指向轻轨。

2.主变电所产生的电磁污染影响

(1)监测内容与使用仪表

①监测内容:工频电场强度、工频磁感应强度、无线电干扰场强;

②监测仪器:工频场强仪、电磁干扰测量接收机。

(2)测点位置与监测方法

①电磁辐射场强监测

在变压器高压端一侧,对距变电站围墙 0m、5m 处地面和 1.5m 高处的电磁场强进行监测。监测在白天进行,每个测点连续测 5 次,每次测量时间不小于 15s,并取稳定状态的最大值。

②无线电干扰场强

对距变电站围墙 1m、20m 处的无线电干扰场强进行测量,监测在白天进行,每个测点连续测 5 次,每次测量时间不小于 15s,并取稳定状态的最大值。

第三篇　交通工程竣工环境保护验收调查技术方法

第一章　交通工程竣工环保验收调查概述

第一节　交通工程竣工环保验收调查基本原则

(1)认真贯彻执行包括《中华人民共和国环境保护法》、《中华人民共和国环境影响评价法》、《建设项目环境保护管理条例》、《建设项目竣工环境保护验收管理办法》等在内的国家与地方环境保护法律、法规及有关规定。

(2)坚持生态保护与污染防治并重的原则。

(3)建设项目竣工环境保护验收分类和分级管理原则。

(4)坚持客观、公正、科学、实用的原则。

(5)坚持充分利用已有资料与实地踏勘、现场调研、现状监测相结合的原则。

(6)坚持对工程建设前期、施工期、运行期环境影响进行全过程分析的原则。

(7)加强项目的“三同时”管理,规范交通工程竣工环境保护验收工作。

第二节　交通工程竣工环保验收调查分类管理要求

根据国家建设项目环境保护分类管理的规定,编制环境影响报告书的建设项目应编制建设项目竣工环境保护验收调查报告;编制环境影响报告表的建设项目应编制建设项目环境保护验收调查表;填报环境影响登记表的建设项目,需填写建设项目竣工环境保护验收登记卡。

第三节　适 用 范 围

本书所列技术方法等主要是适用于交通运输(公路、铁路、城市道路和轨道交通、港口和航运、机场、管道运输等)工程的竣工环境保护验收调查工作。

第四节　验收调查时段和范围

一、验收调查时段

根据工程建设过程，验收调查时段一般分为工程前期、施工期、试运行期三个时段。

二、验收调查范围

验收调查范围原则上与环境影响评价文件的评价范围一致；当工程实际建设内容发生变更或环境影响评价文件未能全面反映出项目建设的实际生态影响和其他环境影响时，根据工程实际变更和实际环境影响情况，结合现场踏勘对调查范围进行适当调整。

第五节　验收调查标准和指标

原则上采用建设项目环境影响评价阶段经环境保护部门确认的环境保护标准与环境保护设施工艺指标进行验收，对已修订新颁布的环境保护标准应提出验收后按新标准进行达标考核的建议。

一、确定标准及指标的原则

(1)环境影响评价文件和环境影响评价审批文件中有明确规定的按其规定作为验收标准。

(2)环境影响评价文件和环境影响评价审批文件中没有明确规定的可适当参考行业标准、国内相关标准或发达国家指标。

(3)现阶段暂时还没有环境保护标准的可按实际调查情况给出结果。

二、标准及指标的来源

(1)国家、行业和地方已颁布的与环境保护相关的法律、法规、标准及法规性文件。

(2)生态背景或本底值。以项目所在地及区域生态背景值或本底值作为参照标准，如土壤背景值、植被覆盖率与生物量、水土流失本底值等。

三、标准及指标的内容

1.生态验收调查指标

(1)建设项目涉及的指标：工程基本特征、占地(永久占地和临时占地)数量、土石方量、防护工程量、绿化工程量等。

(2)建设项目环境影响指标：对于不同行业的生态影响类建设项目的环境影响之间的差异，指标可针对项目的具体影响对象筛选，也可按照环境影响评价文件、环境影响评价审批文件及设计文件中提出的指标开展调查工作。

①具体的生态指标：野生动植物生境现状、种类、分布、数量、优势物种、国家或地方重点保护物种和地方特有物种的种类与分布等；土壤类型、理化性质、性状与质量、受外环境影响(淋溶、侵蚀)状况、污染水平及水土流失状况等；水资源量与水资源的分配(包括生态用水量)、水

生生态因子；生态保护、恢复、补偿、重建措施等。

②生态敏感目标：指调查范围内的生态敏感目标，包括：

a. 在环境影响评价文件中规定的保护目标和审批文件中要求的保护目标；

b. 由于建设项目实际工程情况发生变更或环境影响评价文件未能全面反映出的建设项目实际影响或新增的生态敏感保护对象，参见表 3-1-1。

生态敏感目标一览表 表 3-1-1

环境敏感目标	主 要 内 容
需特殊保护地区	国家法律、法规、行政规章及规划确定的或经县级以上人民政府批准的需要特殊保护的地区，如饮用水水源保护区、自然保护区、风景名胜区、生态功能保护区、基本农田保护区、水土流失重点防治区、森林公园、地质公园、世界遗产地、国家重点文物保护单位、历史文化保护地等
生态敏感与脆弱区	沙尘暴源区、荒漠中的绿洲、严重缺水地区、珍稀动物栖息地或特殊生态系统、天然林、热带雨林、红树林、珊瑚礁、鱼虾产卵场、重要湿地和天然渔场等
社会关注区	具有历史、文化、科学、民族意义的保护地等

2. 污染物排放标准

包括国家污染物排放标准、地方污染物排放标准和行业污染物排放标准。

采用环境影响评价文件和环境影响评价审批文件中确认的污染物排放标准，对已修订新颁布的环境标准则采用替代后的新标准进行校核。

3. 环境质量标准

包括国家环境质量标准和地方环境质量标准。

采用环境影响评价文件和环境影响评价审批文件中确认的环境质量标准，对已修订新颁布的环境标准则采用替代后的新标准进行校核。

第六节 验收调查工程运行工况要求

(1)对于公路、铁路、轨道交通等线性工程以及机场、港口项目，验收调查应在工况稳定、生产负荷达到近期预测生产能力(或交通量)75%以上的情况下进行；如果短期内生产能力(或交通量)确实无法达到设计能力 75%或以上的，验收调查应在主体工程运行稳定、环境保护设施运行正常的条件下进行，注明实际调查工况，并按环境影响评价文件近期的设计能力(或交通量)对主要环境要素进行影响分析。

(2)生产能力达不到设计能力 75%时，可以通过调整工况达到设计能力 75%以上再进行验收调查。

(3)国家、地方、行业排放标准对生产负荷另有规定的按相应标准规定执行。

(4)对于水利水电项目、输变电工程、油气开发工程(含集输管线)、矿山采选可按其行业特征执行，在不影响主体工程正常运行和效益发挥的工程完工后即可开展验收调查工作。

(5)对分期建设、分期投入生产的建设项目应分阶段开展验收调查，如水利、水电项目分期蓄水、发电，应分阶段进行环境保护验收工作。

第七节　验收调查重点

(1)核查实际工程内容及方案设计变更情况。

(2)环境敏感保护目标基本情况及变更情况。

(3)实际工程内容及方案设计变更造成的环境影响变化情况。

(4)环境影响评价制度及其他环境保护规章制度执行情况。

(5)环境影响评价文件及环境影响评价审批文件中提出的主要环境影响。

(6)环境质量和主要污染因子达标情况。

(7)环境保护设计文件、环境影响评价文件及环境影响评价审批文件中提出的环境保护措施落实情况及其效果、污染物排放总量控制要求落实情况、环境风险防范与应急措施落实情况及有效性。

(8)工程施工期和试运行期实际存在的及公众反映强烈的环境问题。

(9)验证环境影响评价文件对污染因子达标情况的预测结果。

(10)详细列出工程环境保护投资情况。

第八节　资 料 收 集

根据国家建设项目竣工环境保护验收的相关规定，有针对性地收集所有有关的资料。如：

1. 环境影响评价文件及环境影响评价审批文件

(1)建设项目环境影响评价文件。

(2)环境保护行政主管部门对建设项目环境影响评价文件的审批意见。

(3)行业主管部门或国家级总公司对建设项目环境影响评价文件的预审意见。

(4)建设项目所在地环境保护行政主管部门对环境影响评价文件的审查意见。

2. 工程资料及审批文件

(1)建设项目初步设计及其环境保护篇章。

(2)建设项目施工设计。

(3)建设项目竣工统计资料。

(4)施工总结报告(涉及环境保护部分)。

(5)工程交工报告、工程监理总结报告(含环境监理)。

(6)项目有关合同协议，如农田补偿协议、生态恢复工程合同、委托处理废水、废气、噪声的相关文件、合同等。

(7)有关部门管理要求，如水土保持方案报告、有关规划等。

(8)建设项目的工程情况，如工程建设内容、规模、生产工艺、原辅材料、工艺流程，实际建设过程中环境保护设施和措施的工艺、流程图等。

3. 其他基础资料和各类审批文件

立项批复、初步设计批复、准许开工文件、水保方案等批复文件；项目区域的地方志；环境功能区划；风景区、自然保护区、文物古迹等各类保护区、保护区的级别(国家级、省级、市级)及相应管理部门允许穿越的许可文件；各类相应图件；建设项目运行期环境保护设施的操作规程和相应的规章制度；建设项目设计和施工中的变更情况及其相应的报批手续和批文；建设过程中，建设单位生产和环境保护设施的工艺或规模发生变更的情况说明、请示及有关环境保护行政主管部门的审批文件等。

第九节　现场踏勘

一、现场踏勘的目的

通过研阅已有资料与现场调研，对建设项目主体工程和与其配套建设的环境保护设施以及生态保护措施进行逐项实地核查，并结合调查工作重点有针对性的制定验收调查和监测方案。

二、现场踏勘工作内容

(1)在收集、研阅资料的基础上，针对建设项目的建设内容、环境保护设施及措施情况进行现场调查。

(2)核实工程技术文件、资料的准确性，包括主体工程的完成及变更情况。

(3)逐一核实环境影响评价文件及环境影响评价审批文件要求的环境保护设施和措施的落实情况。

(4)调查工程影响区域内环境保护敏感目标情况，包括规模、与工程的位置关系、受影响情况等。

(5)核查工程实际环境影响情况及环境保护设施和措施的完成、运行情况。

(6)工程所在区域环境状况调查。

(7)环境保护管理机构和监测机构设置、人员配置及有关环境保护规章制度和档案建立情况。

第十节　主要调查内容

(1)建设项目立项情况、工程建设及其变更情况。

(2)环境影响评价及其审批文件主要内容及其在设计、施工、运营等阶段落实情况。

(3)生态影响，包括迹地恢复等在内的生态防护与恢复措施及其效果。

(4)污染物排放达标情况；污染防治设施建设及其运行状况和效果；污染物排放总量；环境质量现状。

(5)环境敏感目标数量、类型、分布、影响、变更情况；相关保护措施及其效果。

(6)社会影响(包括公众意见、文物影响、征地拆迁环境影响等)。

(7)环境管理状况、清洁生产水平调查；总量控制目标可达性。

(8)风险事故防范、应急措施及其有效性等。

(9)项目环境保护投资情况。

第二章　交通工程竣工环保验收调查工作程序

交通工程的竣工环境保护验收调查技术同样可分为准备、初步调查、编制实施方案、详细调查、编制调查报告五个阶段。

第三章　交通工程竣工环保验收调查技术方法

第一节　资料收集

验收调查中的资料收集工作应紧紧围绕调查重点和调查文件要求的编制内容进行。实施方案和调查报告的目的和作用决定了资料收集的内容和深度。通常，资料收集工作也相应地分为两个层次(阶段)进行；条件具备时，资料收集工作也可以一次完成。

与建设项目有关的资料由调查单位向建设单位收集，一般由调查单位提出“资料收集清单”，建设单位按照清单进行准备(涉及保密的项目和大量的施工图纸通常需要在建设单位现场研阅资料)。

区域内重要环境保护目标和环境资料、公众反映强烈的环境问题、环境风险防范资料等一般向地方环保部门、保护目标管理机构、其他政府部门、有关科研单位收集。

资料收集是一个不断联络、沟通的繁琐过程，往往贯穿于调查工作的全部过程。

一、实施方案编制阶段所需资料

根据验收调查实施方案编制内容和审查要求，在编制方案前，一般需要收集以下资料：

1.建设项目资料

(1)工程图件

工程地理位置图、线型工程(如公路、铁路等)的实际走向图和横纵断面图、局地工程(如煤矿、水库等)的平面布置图等；图件中应包括尽可能多的地理信息(如行政区界、城镇、公路、铁路、河流、环境保护敏感目标等)及工程位置参数(如线性工程里程、局地工程长宽、高程、平面坐标等)。

如可能，应收集包含影响区域内环境保护目标和敏感目标的详图。

穿越或邻近自然保护区、风景名胜区、文物古迹等环境保护目标的，需收集其与工程的相对位置关系图(或示意图)。

针对不同行业的建设项目，可能需收集工程专用图纸，如煤矿，应收集井上井下对照图、首采区图、井田范围图等。

(2)工程建设内容和指标

应包括全部主体和辅助工程的位置参数、主要经济技术指标、工程量指标(主体工程和附属设施工程数量、土石方量等)、项目建设的原材料消耗等。

调查单位在收集以上指标时，应注意与环境影响报告书中的相应指标进行对照，注意其变化情况。由于指标的变化往往导致环境影响的变化，因此，当某些与环境影响密切相关的指标变化较大时，应调查发生变化的原因、并收集相关资料。

(3)永久占地情况(主体和辅助设施)

项目占用土地用途、面积(可按行政区统计各分区面积和总面积)、土地原有性质(即农田、果园、林地、草原、荒漠、荒地、荒山等)。

(4)工程临时用地的情况

临时用地一般包括取土、采石、弃土、弃渣、拌和、预制、防腐、营地、材料设备存放、施工周转等场地。可按用途分类收集其占地面积、土地性质、恢复措施等相关资料。

(5)主体工程及各辅助设施人数

应包括职工定员和通常情况下的流动人员(如旅客等)数量。

(6)辅助设施的具体功能

指与污染物排放相关的功能和设施,如公路服务区,需注意其是否具备加油、汽车维修、清洗、食宿等功能。

(7)工程的总投资(概算或实际值)和环境保护投资总额

(8)工程在验收调查阶段的工况负荷

工况,即工程主体设施和污染控制设施等的运行状况;负荷,指实际生产能力和设计生产能力的比值;生产能力,指公路交通量、煤矿出煤量等。

如负荷很低,应注意收集反映负荷偏低原因的资料。

(9)工程总结及单项验收资料

交工报告、施工总结、监理总结、水土保持总结、水土保持(单项)验收报告、特殊敏感地段(如重要河流穿越段、自然保护区段)的施工方案和总结等。

2.区域内重要环境保护目标和环境资料

(1)自然保护区、饮用水源保护区、风景名胜区、世界遗产地、国家重点文物保护单位、历史文化保护地等重要环境保护目标的基本资料(面积、级别、所在行政区、管理机构情况、保护对象、被保护功能、相关科学考察报告、设立时间、分区及其他基本情况等,饮用水源保护区需收集取水口位置、水源供给的城镇和人口数等资料)。

(2)各环境要素的功能区划资料和现状环境质量资料。

(3)水系和水体分布资料、基本地形地貌资料、长年水文和气象资料等。

(4)主要生态类型和主要生态问题等区域背景资料。

(5)野生动植物、特别是保护物种的分布资料(长年统计)和现状资料。

(6)植被类型、数量、覆盖率及近期变化等情况的资料。

(7)主要污染物、总量控制和重点控制目标资料。

(8)环境公报、统计公报、统计年鉴、林业公报、地方志等资料。

3.环境保护目标的分布资料

(1)工程影响区域及邻近地区内的自然保护区、生态功能保护区、饮用水源保护区、基本农田保护区、风景名胜区、水土流失重点防治区、森林公园、地质公园、世界遗产地、国家重点文物保护单位、历史文化保护地、生态脆弱区等与工程的空间位置关系(距离、高差、方位、工程位置参数等)。

(2)工程与其他敏感项目(如南水北调)的建设时序和空间位置关系(交叉点的位置参数和交叉情况、距离和高差等)。

(3)特殊敏感点(如学校、医院)和一般敏感点与工程的空间位置关系(距离、高差、方位、工程位置参数等)。

通常情况下,建设单位不能完整提供上述重要的环境保护目标和敏感点的分布资料,或者调查单位不能确定其所提供的相关资料的准确性。因此,调查单位务必通过实地勘察和走访,对环境保护目标逐一进行认真的调查和核实。

4. 污染源和环保设施

(1)工程产生污(废)水、废气、噪声、振动、电磁辐射、固体废物、危险废物等污染源的位置(工程位置参数、坐标)、数量、排放方式、排放强度等。

(2)对应于工程污染源的污染防治设施的名称、型号、数量、制造商、设计参数、工艺(原理)、处理能力、运行方式、处置方式等。

(3)经处理后的污染物排放(处置)去向,最终的受纳环境等。

5. 环境影响评价文件、初步设计、审批文件和相关许可文件

(1)环境影响评价文件,即环境影响报告书(表)。

(2)各级环境保护行政主管部门对环境影响评价文件的审核、预审意见和批复(机关和文号)。

(3)初步设计和施工图设计总说明和环境保护专章(卷)。

(4)立项批复、初步设计批复、开工准许文件等。

(5)工程试运行申请及环境保护机关的批复。

(6)穿越自然保护区、风景名胜区、文物古迹、重要河流等区域时,主管机关或管理机构的许可文件等。

(7)导致工程环境影响发生较大变化的工程变更(工艺、规模等)的情况说明、相应的报批手续和批文等。

(8)建设项目的环境保护设施发生变更的情况说明、请示、批复、环境保护行政主管部门的有关审批或回复文件等。

所有批复和许可文件应为复印件或影印件,批复日期、文号、机关印章等应清晰。

6. 其他资料

(1)工程施工期和试运行期实际存在的和公众反映强烈的环境问题(可向当地环保部门了解,也可以收集网络和媒体的相关报道进行分析判别)。

(2)环境污染事故风险的资料(如公路通行的危险品种类等)。

(3)验收调查委托书。

二、调查报告编制阶段需收集的资料

根据验收调查报告的编制内容和审查要求,在实施方案阶段工作的基础上,资料收集工作需进一步深化。

(1)单项工程汇总表(如桥梁、隧道、车站等),应包括各单项工程的主要指标(工程位置参数、长度、面积、所在行政区名称、功能、污染源和治理设施等)。

(2)各污染源治理设备的产品说明书,含设计指标、原理或工艺、处理能力和处理效果证明。

(3)主体和辅助设施永久占地情况,需具体到分项工程的各个地块,每个地块的所在行政区名称(村、街道等)和工程位置参数、占用地块原来的土地类型和面积、设计和实际采取的恢复措施等。

(4)工程临时用地的情况,需具体到每个地块,明确所在行政区名称(村、街道)和工程位置参数、工程中地块的用途、占用地块原来的土地类型和面积、设计和实际采取的恢复措施等。

(5)运行期间总体和单项工程的能耗和物耗指标。

(6)工程的环境保护投资的构成情况,应根据"建设项目竣工环境保护'三同时'验收登记表"的要求,按照"废水、废气、噪声、固体废物、绿化和生态、其他"六项分别统计。

(7)工程土石方统计表(取土量、采石量、填土量、弃土量、弃渣量等,土石方应基本平衡,线型工程还应说明纵向调运情况)。

(8)绿化、护坡、排水工程的数量、实施位置(工程位置参数)等。

(9)协议和施工合同。因工程环境影响导致搬迁或补偿的协议、基本农田开垦或补偿协议、施工期间固体废物和危险废物委托处置协议、含环保内容(条款)的施工承包合同、含环保内容(条款)的监理合同、与当地基层政府(村、镇)或部门(水利、环保)签订的含环保或生态恢复内容的包工协议;委托当地基层政府进行生态恢复或绿化的协议;租用地方房屋作为施工营地、仓库的协议;施工期间建设的营地房屋、施工便道移交地方继续使用协议、生活垃圾及危险废物委托处置协议等。

(10)工程建设的有利于野生动物保护和迁徙的设施的情况和相关资料。

(11)环境保护管理机构的情况和相关管理制度。施工期间的环境保护管理机构设置情况和管理制度(如设置临时沉淀池、洒水抑尘、限制车辆在非作业区行驶等),运行期间的环境保护管理机构设置情况和管理制度(如限制鸣笛等)。

(12)工程运行期间各污染源防治设施的操作规程和相关规章制度。

(13)施工期监测和监理资料。施工期进行的环境监测情况及监测数据,工程环境监理(或具备环保职能的工程监理)办法、手册,监理指令、整改指令、监理月报、监理段总结等。

(14)环境风险事故防范资料。风险防范设施的设计、建设情况及相关资料,风险防范器材的设置情况和相关制度,风险防范应急预案以及与区域内相关部门建立的联动应急预案,事故应急培训计划、教材和具体实施情况的资料等。

(15)其他资料。包括各级环保部门在施工过程中对工程进行检查、要求整改、完工前进行预验收的情况和相关资料,工程试运行后继续实施的生态恢复、补偿、绿化等计划,工程试运行后继续实施的移民搬迁计划(水库、煤矿);施工和运行期间进行环境保护培训(教育)情况及相关资料,反映施工和运行期间环境保护工作的影像资料,施工期间与环境保护有关的获奖情况和相关资料,危险废物受托处置单位的相关资质证明等。

第二节　现场勘查

现场勘察是验收调查工作的核心。现场勘察中获得的第一手资料是编制验收调查文件并最终确定调查结论的基础。

现场勘察一般也分为初步勘察和详细勘察两阶段,在各阶段中,视项目的具体情况和调查文件编制的实际需要,勘察可能分多次进行。

一、初步勘察

初步勘察主要是为实施方案的编制奠定基础，围绕实施方案的编制内容和审查要求，重点解决以下四个方面的问题：了解工程的实际建设和运行情况；全面核实环境影响报告书和各级环保部门批复要求的落实情况；基本查清工程的实际环境影响；结合调查工作重点，有针对性地拟定验收调查方案（含监测方案）。

1. 准备工作

初步分析收集的资料，依据环境影响报告书和各级环保部门审批文件要求，编制初步现场勘察计划。计划中应包括日程安排和所有需要调查的内容，如工程情况、污染治理设施、周围环境状况和和环境保护目标分析、走访保护区管理机构和地方环保局等。

初步现场勘察计划应与建设单位共同协商制订，使建设单位了解全部工作计划与内容，以便更好地配合勘察工作。

2. 交流与计划修订

在进行现场勘察前，可先就资料阅读当中的疑问、主要环保措施要求的落实情况、工程的主要变更、工况负荷等情况与建设单位进行交流与沟通，以便现场勘察工作的顺利开展。

3. 走访地方环保局和重要环境保护目标管理机构

进行现场勘察前首先应对地方环保局和重要环保目标管理机构进行走访。

建设项目的环境影响较大或影响要素较多、区域环境敏感、人口稠密或存在其他特殊原因时，调查中需深入走访至县级环保局；项目的环境影响较小、区域人口密度较小时，可走访至地区（或地级市）环保局。通过对其的走访，主要了解：当地的环境特征、主要污染类型和污染物种类、环境功能区划、总量控制要求、工程所在区域饮用水源情况（保护区划分、取水口分布、水源供给人口等）、施工期的监督管理情况、工程施工期间和试运行以来公众的环境保护投诉等情况，还应着重听取各级环保机关对验收调查工作的指导意见。

走访重要环保目标管理机构（如自然保护区管理局）时，主要了解或核实保护目标基本情况（如保护对象、分区、边界等）、工程与保护目标的位置关系、工程与保护目标的协调（开工许可）情况、管理机构提出的工程施工和运行期间的保护要求及其落实情况、工程对保护目标的实际影响、存在问题、需改进的意见和建议等。

在走访地方环保局和重要环境保护目标管理机构时，还应尽可能收集相关的法规（地方法规）、文件、图纸和基础资料（如环保公报、年鉴、保护区图、保护区基本情况资料、科考报告等）。

4. 修改完善初步现场勘察计划

根据走访环保局和管理机构的结果，以及与建设单位交流和现场研阅资料的情况，对勘察计划进行修改和补充。

5. 实地勘察

勘察时，应要求建设单位安排熟悉工程建设情况和熟悉工程影响区域内社会、环境情况的人员（如征迁人员、监理等）引导。

(1)工程建设情况勘察

在收集资料、全面了解工程建设内容和变更情况的基础上，对全部工程（包括辅助工程，如配套建设的公路、专用铁路等)进行实地勘察。

勘察中,应注意确认工程边界,重点勘察产生主要环境影响部位(局域、单元设备、车间、工段等);还应特别注意核对资料和实际工程的异同、重点勘察工程变更部分、现场辨识因工程变更导致的环境影响的变化。

需拍摄反映工程情况、变更情况、工程与周围环境、工程与周围保护目标和敏感点关系的影像资料;进行必要的测量(长度、高程、经纬度)、做好记录,必要时绘制草图。

(2)工程污染源、环境保护措施和设施勘察

工程污染源、环境保护措施和设施勘察可与工程完成情况勘察相结合。对照收集的资料,核实工程污染源排放状况、环境保护措施和污染防治设施的建设和运行情况;需特别注意勘察外排污染物的排放方式和最终去向、判断其影响范围和程度;视污染物的性质和源强,拟定监测方案、初步确定监测因子和监测点位;监测因子和点位应尽量与环境影响报告书相一致。

拍摄反映污染源情况、污染处理设施情况(工艺、单元设备、运行情况、操作规程等)、排放口及其周围环境、受影响区域和敏感点、拟进行监测的点位等的影像资料;进行必要的测量(如烟囱高度)、做好记录,绘制监测方案草图。

(3)环境保护目标勘察

环境保护目标主要是指:自然保护区、饮用水水源保护区、风景名胜区、生态功能保护区、III类及III类以上水域、基本农田保护区、水土流失重点防治区、森林公园、地质公园、世界遗产地、国家重点文物保护单位、历史文化保护地等国家法律、法规、行政规章及规划确定的、或经县级以上人民政府批准的需要特殊保护的地区;沙尘暴源区、荒漠中的绿洲、严重缺水地区、珍稀动物栖息地或特殊生态系统、天然林、热带雨林、红树林、珊瑚礁、鱼虾产卵场、重要湿地和天然渔场等生态敏感和脆弱的区域;具有历史、文化、科学、民族意义的保护地等受到全社会特别关注的区域等。

环境保护目标勘察中需完成以下工作:

①仔细观察、记录环境保护目标和工程实施区域的具体状况,拍摄反映环境保护目标总体状况、典型情况、具体保护对象情况、工程影响情况、工程影响区域恢复状况等的影像资料。

②占用或穿越环境保护目标的,了解占用面积、穿越长度或施工作业带宽度,并与已收集的资料相对比;测定工程边界各拐点的坐标(经、纬度),确定环境保护目标的空间位置关系。

邻近环境保护目标的,测量特殊保护地区边界与工程边界的距离和两地的高度差;测定两地最近点或最邻近段的坐标(经、纬度)和对应的工程位置参数(如里程等)。

拍摄反映工程与环境保护目标位置关系的影像资料,记录距离、高差、坐标等数据,绘制反映位置关系和其他必要情况的草图。

③初步核实环境影响报告书及其审批文件中提出的主要保护措施和要求的落实情况,做好记录,拍摄相关影像资料。

④工程影响情况

a.直接影响。观察环境保护目标区域内是否存在取弃土场、临时营地(一般不应设立)等临时性工程占地。存在临时性工程占地的,需仔细勘察其恢复情况,判断这些施工占地对环境保护目标及保护对象的影响;另外,还应注意观察生活和建筑垃圾、临时厕所、污水沉淀池等施工遗迹的清理和恢复情况,注意核实是否有施工人员砍伐、狩猎等破坏行为的痕迹。

拍摄反映工程直接影响的影像资料、收集样品、做好记录。

b. 潜在影响

根据环境保护目标和保护对象的性质，从物质和能量流动[如空气对流、地下水、河流、地表径流、热污染（如温排水）、噪声、振动、电磁干扰等]、物种扩散（包括生物体及其繁殖体扩散）、污染物扩散（水、气、固废等）、局部小气候变化、外来物种引入、工程对动物迁徙的阻隔效应等多角度进行观察，分析、判断工程对环境保护目标及保护对象的长期和潜在影响；还应注意判断工程工况负荷变化时的影响情况。

拍摄反映这些潜在影响的影像资料，初步采集反映影响的标本或样品，做好原始记录。

⑤初步确定开展进一步调查和监测的样地和对照样地，如植被样方、土壤监测采样点等（开展调查和监测的点位和因子应尽量与环境影响报告书相一致）。

拍摄样地影像资料、测量样地的坐标（经、纬度）、绘制草图、记录土壤类型、主要植物种类等情况；必要时，初步采集样品。

需要开展遥感调查的，应测量调查段或调查区域边界各拐点的坐标（经、纬度）并绘制调查区域草图。

在编制实施方案时，应根据工程的实际影响，制订有针对性调查和监测方案。

(4)生态环境及其保护情况勘察

区域生态环境和保护情况的勘察应在收集和充分研究资料的基础上进行。勘察的重点是工程影响区域内的生态特征和总体情况、环境影响报告书及其审批文件中提出的生态保护措施和要求的落实情况，以及工程施工过程中产生生态影响的主要部位（较大规模的取弃土场、营地、施工便道等主要的扰动区域）的状况，尤其需特别注意工程可能导致的长期或潜在的生态影响（如隧道造成地下水泄漏对山体植被的影响、矿井排水对荒漠植被的影响等）。

具体做法是：

①对照观察工程影响区域特别是施工过程的扰动区域和相邻原始区域的生态状况，拍摄影像资料、做好记录。

②核实环境影响报告书及其审批文件中提出的主要生态保护措施、要求的落实情况，拍摄反映落实情况的影像资料、做好记录。

③在现场初步确定开展进一步调查和监测的方案，选择调查样地（如植被样方、土壤监测采样点等，含水生生态影响调查区域）和对照样地；拍摄样地的影像资料、测量样地或水生生态影响调查区域边界的坐标（经、纬度）、记录对应的工程位置参数、绘制草图、记录土壤类型、主要植物种类等情况；必要时，初步采集样品。

注意，生态调查和监测方案应尽量保持与环境影响报告书阶段的调查监测方案相一致。

④拍摄反映水土保持、工程防护（如边坡）、绿化情况的照片，并做相关记录。

需要开展遥感调查的，应测量调查段或调查区域边界各拐点的坐标（经、纬度）并绘制调查区域草图。

(5)敏感点勘察

本节所称敏感点是指调查范围内的集中居住生活区、学校、医院、疗养院、养老院等，可分为一般敏感点和特殊敏感点。

一般敏感点是指城镇居民区和农村的住宅集中区（即村庄）；特殊敏感点是指学校、幼儿园、医院、疗养院、养老院等需要加以特别保护的区域或建筑物。

在进行敏感点勘察的过程中，应注意根据建设项目的污染特征、主要环境影响、敏感点情况和环保措施要求的落实情况等拟定对敏感点各环境要素的监测方案、初步确定监测因子和监测点位(应尽量与环境影响报告书相一致)。

对公路、铁路等声环境影响严重的项目还应注意选择24h、衰减断面、声屏障效果对照点等监测点位。

需要特别强调的是,在编制验收调查实施方案以前(即初步勘查阶段),需查清调查范围内的全部敏感点。

①一般敏感点勘察

a. 城乡居民区和村庄的名称和所属行政区名称(县、街道、乡、镇等)。

b. 敏感点与工程边界或规定参照点(如铁路外轨中心线、公路路肩、输电线投影等)的距离,可采用卷尺或测距仪进行测量。

c. 敏感点地面与工程地面或规定参照面(如铁路外轨平面、公路路面、输电线弧垂最低点等)的高度差(通常简称"高差"),可采用卷尺或测高仪进行测量。

d. 工程对应于敏感点的位置参数(如公路和管道的桩号、铁路的里程等),敏感点较大(长)时,应记录工程对应于敏感点的起止点的位置参数。

工程没有位置参数时,应测定敏感点和工程对应位置的坐标(经、纬度)。

e. 居住区或村庄的总户数及常住人口数。

f. 暴露于工程对面的住宅数(以"户"为单位)、分别记录不同朝向的住宅数。

g. 各暴露房屋的层数及建筑结构类型。

h. 各暴露房屋的落成时间。

i. 工程与敏感点之间分布的地上物的情况,如:之间为田地、分布有乔灌木等。

j. 敏感点所在局域的地貌特征,如:丘陵区、山谷等。

k. 逐项对照核实环境影响报告书及其审批文件中提出的保护措施和要求的落实情况。

l. 勘察中注意实地体察和感受工程对一般敏感点的各类影响。

m. 结合勘察工作,直接听取公众对工程环境保护工作的意见和建议。

拍摄反映上述情况的影像资料,绘制反映工程与一般敏感点位置关系的平立面和其他必要情况的草图,做好记录。

②特殊敏感点勘察

a. 特殊敏感点的名称、所属行业或上级主管(兴办)单位名称、所在行政区名称(县、街道、乡、镇等)。

b. 敏感点各建筑物与工程厂界或规定参照点(如铁路外轨中心线、公路路肩、输电线投影等)的距离;可采用卷尺或测距仪进行测量。

c. 敏感点地面与工程地面或规定参照面(如铁路外轨平面、公路路面、输电线弧垂最低点等)的高差;可采用卷尺或测高仪进行测量。

d. 工程对应于敏感点的位置参数(如公路和管道的桩号、铁路的里程等),敏感点较大(长)时,应记录工程对应于敏感点的起止点的位置参数。

工程没有位置参数时,应测定敏感点和工程对应位置的坐标(经、纬度)。

e. 特殊敏感点的规模:医院的等级和病床数、疗养院的休养员年龄和人数、学校的学生和教师人数等;学校还应调查住校师生的人数。

f. 暴露于工程对面的建筑物的功能,如:病房、诊室、教室、宿舍、图书馆、寝室、棋牌室等。

g. 各暴露房屋的层数及建筑结构类型。

h. 特殊敏感点和各暴露房屋的设立和落成时间。

i. 工程与特殊敏感点之间分布的地上物的情况，如：之间为田地、分布有乔灌木等。

j. 特殊敏感点所在局域的地貌特征，如：丘陵区、山谷等。

k. 逐项对照核实环境影响报告书及其批复中提出的保护措施和要求的落实情况。

l. 勘察中注意实地体察和感受工程对特殊敏感点的各类影响。

m. 结合勘察工作，直接听取公众对工程环境保护工作的意见和建议。

拍摄反映上述情况的影像资料，绘制反映工程与特殊敏感点位置关系的平立面和其他必要情况的草图，做好记录。

(6)环境管理情况和风险防范措施勘察

①环境管理

初步了解工程施工期和试运行期间的环境管理状况（建设项目的环境管理机构、制度，环境监理机构和文件等），做好记录。

②环境风险防范和应对措施

a. 对照收集的资料，核实、观察工程试运行期的实际情况（如道路车辆运载货物的性质和对运输危险品车辆上路的限制措施等），分析可能存在的环境风险因素；在实地踏勘和走访相关管理机关（如位于工程下游的取水口并测量距离、走访水务局了解取水口位置、供给人口等）的基础上，分析工程导致的环境污染事故的影响范围和程度。

b. 初步核实工程落实环境影响报告书及其审批文件中风险防范和应对措施要求的情况。

c. 勘察中应注意探寻和发现事前预计不足或未考虑到的环境风险因素。

根据上述调查结果，对事故风险进行谨慎评估。

拍摄反映事故风险及防范（应对）措施的影像资料，做好记录。

二、详细勘察

详细勘察是对初步勘察的深化和补充，以便为各环境要素的分项调查结论和调查报告总结论提供翔实和充分的论据。勘察时，仍须由熟悉工程建设情况和熟悉工程影响区域内社会、环境情况的人员（如征迁人员、监理等）引导。

通常，详细勘察与验收调查的相关监测工作同时进行。

在初步调查的基础上、详细勘察阶段一般需开展以下工作：

1. 按实施方案审查要求进行补充勘察

在实施方案的审查过程中，环境保护管理机关和技术审查专家会对实施方案中不完善的地方提出修改、补充和完善意见，详细勘察阶段需对这些意见逐项核实、对照要求开展进一步的调查工作。具体勘察方法和要求与初步勘察阶段基本相同。

2. 进一步走访地方环保局和重要环境保护目标管理机构

通常，在初步勘察中会发现一些事先没有考虑到的问题或收到公众投诉，调查单位应就相关情况向地方环保机关和管理机构作进一步的核实，或了解并听取各级环保机关的指导意见。

走访地方环保机关时，还应注意调查施工过程中环保机关对工程施工进行监督检查的情况及结果。

3.补充勘察

(1)生态环境及其保护情况勘察

在初步勘察的基础上,对工程及其影响区域的生态环境和保护措施的实施情况做全面深入的勘察。需要特别强调的是:详细勘察的范围应基本覆盖项目建设所涉及的区域,即:勘察区域与勘察对象应基本能覆盖建设项目所涉及区域的80%以上。对于项目涉及的范围很大、无法全部覆盖的,可按照随机性和典型性相结合的原则,选择有代表性的区域与对象进行重点现场勘察。

勘察中的具体做法是:

①逐项核实环境影响报告书及其批复中提出的生态保护措施、要求的落实情况,拍摄反映落实情况的影像资料、做好记录。

②勘查工程项目产生生态影响的全部区域(各个取弃土场、营地、施工便道等扰动区域)的恢复情况,注意调查生态影响区域原来的土地类型、施工中的用途以及对照观察相邻原始区域的生态状况。

③利用遥感手段进行调查的项目,在详细勘察时需要对遥感的分类和解译结果进行地面实际验证。

④拍摄反映水土保持、工程防护(如边坡)、绿化情况的照片,并作相关记录。

(2)环境敏感目标影响情况勘察

根据初步勘察中得出的工程对环境敏感目标影响的判断,结合土壤、植被、地下水等的监测,进一步全面、深入地调查工程对环境保护目标的直接影响和潜在影响。

拍摄反映这些影响的影像资料、收集样品、做好记录。

(3)环境保护措施要求落实情况勘察

逐项对照核实环境影响报告书及其批复中提出的保护措施和要求的落实情况,做好记录,拍摄相关影像资料。

(4)工程生态保护措施和污染防治设施整改情况勘察

有时,工程存在对环境影响报告书和审批要求落实不到位、工程变更导致新的环境影响、生态保护措施和污染防治设施不完善等情况,验收调查单位需就该情况及建设单位及时进行沟通与交流,并及时在验收调查期间进行整改或自我完善。详细勘察阶段应对这些情况进行勘察,分析、评估整改或完善情况是否达到验收要求。

(5)环境管理情况调查

全面了解工程施工期和运行期间项目的环境管理状况,如:环境监理体系、制度的设置和实际运作情况;建设、运行单位环境管理机构设立、环境管理措施、制度的执行情况等。现场搜集相关资料并做好记录。

(6)风险防范和应对措施调查

①全面核实工程落实环境影响报告书和批复中风险防范和应对措施要求的情况,如:应急预案制订情况、事故防范设施(蓄毒池、防撞栏、警示标志等)的建设情况、事故扑救器材(围油栏等)的设置情况等。

②对事前预计不足或没有考虑到的风险因素及其防范措施作进一步的勘察。

拍摄反映事故风险及防范(应对)措施的影像资料,做好记录。

三、其他方法和要求

1.3S技术在验收调查中的应用

近年来，3S技术（即遥感RS、全球卫星定位系统GPS和地理信息系统GIS）越来越多的被应用到验收调查工作中来，有效地提高了调查工作的质量和效率。

利用3S技术，可以不受天气、地形和交通条件等的限制，方便地获取任意目标的空间位置参数；也可以在任意范围内、从空中对工程影响区域的土地利用类型、植被类型、植被覆盖度、水土流失情况进行观察、摄影和测量；还可以通过工程建设前后遥感影像变化，分析工程建设对区域生态环境的影响。

工程范围较大、区域生态环境敏感或脆弱、人力勘察较为困难或难以到达的建设项目适于应用3S技术进行调查。

3S技术的应用一般由专业人员和专业机构完成。

本节对3S技术在验收调查中的应用作概要性的介绍。

(1)全球卫星定位技术(GPS)的应用

全球卫星定位系统由信号覆盖全球的多颗卫星和地面接收设备（手持机、车载机等）构成。该系统可在全天候条件下，对大地上的任意目标进行精确定位（坐标、高程等），还可以完成记录航迹、测量距离、计算面积等等任务。

验收调查中，通常使用GPS手持机和车载天线完成以下工作：

①获取敏感点、监测点和生态保护目标等的位置坐标（经、纬度）和高程。

②测量任意两点间的距离，而不受地形和交通条件的限制。

③测量封闭路径包围的面积。

④在空间任意位置做标记（即标注航点）。

⑤记录调查者走过的路径（航迹）。

⑥为使用者导航（直线导航或沿道路导航）。

⑦对测定的数据进行存储。存储的数据可以应用于遥感影像解译、地理信息系统制图等。

在验收调查中，GPS技术可应用在环境保护目标和敏感点进行准确定位、重复踏勘、引导其他人员（如监测人员）自行抵达监测点等许多方面。

(2)遥感技术(RS)的应用

卫星遥感实际上就是利用卫星对地面和物体进行远距离识别，是近年来发展起来一种有效的环境影响调查手段。

目前较为通用的高分辨卫星主要有QUICKBIRD、IKONOS、SPOT-5等。QUICKBIRD卫星能够提供全色波段分辨率为0.61m的影像、IKONOS卫星能够提供分辨率为1m的影像、SPOT-5卫星能够提供分辨率为2.5m和5m的影像。

遥感数据的选择是根据工程性质、规模及地形、地表植被覆盖情况决定的。对于在植被覆盖度较低的干旱、半干旱地区建设的地面大型、突兀的工程，利用中等分辨率的影像（如TM、ETM等）和SPOT-5影像就可以完成不同层次的多目标遥感监测。对于地形起伏较大、植被覆盖度较高、占地较小或隐蔽的工程，则需选择高分辨率卫星的数据（如QUICKBIRD、IKONOS）。对工程占地情况、植被影响、景观影响问题做进一步分析。

(3)地理信息系统(GIS)技术的应用

地理信息系统是一个能够对空间相关数据进行采集、管理、分析和可视化输出的计算机信息系统。

GIS技术可以将经过几何校正的遥感数据、遥感专题图件作为背景图层，再利用现场踏勘中获得坐标将各关注点叠加到背景图层上，通过设置制图符号、颜色和空间数据分层选择等技术处理，可以得到各种专题图像，不仅可以观测工程现状及污染源分布情况，还可以对工程的生态影响进行分析和评价。

利用GIS技术，将不同阶段（如工程建设前和完工后）的遥感调查数据进行叠加，运用数理统计分析等方法，还可以对工程沿线生态环境特征的变化进行定量分析，如景观结构（如土地利用类型）变化、植被影响、土壤侵蚀变化等，为验收调查结论提供客观科学的论据。

(4)综合应用3S技术的方法

①利用RS技术识别工程地物及环境现状，根据项目的具体情况选择适当分辨率的卫星数据，进行数据融合、假彩色合成、辐射校正、几何校正等处理，建立监测目标遥感解译标志。

②对工程影响区域内的调查关注点和解译程度较低的专题（区域）进行现场踏勘和验证，同时应用GPS技术获取关注点和区域的坐标。

③利用GIS技术，对工程的生态影响分专题进行定量分析。

2. 现状监测

在验收调查工作，为了更好的说明工程的环境影响，判别措施或设施的有效性，通常需借助监测的手段，对其加以分析。监测可分为环境影响监测和污染源达标监测两方面，环境影响又分为对各环境要素的影响和对敏感点影响。

现状监测的监测点位应囊括主要的环境敏感点，应具有较强的代表性，对主要的环保设施的运行效果也须布点监测。

监测频次按照《建设项目环境保护设施竣工验收监测技术要求（试行）》（环发[2000]38号）等文件中的具体规定设定。没有具体规定的参照该要求中相类似的环境影响的监测频次设定。

监测因子主要依据环境影响报告书的评价因子来设定，除参照环境影响报告书外，还应该根据现行的环境保护法规和标准、在全面分析判别工程的生态影响特征和污染特征的基础上补充设定新的监测因子。

在验收调查文件中，必须绘制监测点位示意图，并附照片，在图中和照片上应规范标注监测点位；所有监测点应进行编号，在验收调查文件的文字和图表中监测点编号需始终保持一致。

3. 施工期影响调查

在开展工程竣工环境保护验收调查时，建设项目的施工期业已结束，因此其污染影响调查主要依据施工期相关资料收集和分析、走访相关部门和受影响公众进行回顾性调查，具体可从以下几个方面进行：

(1)根据工程施工总结、竣工总结等资料，开展了施工期环境监理的应收集环境监理报告和有关记录，了解施工期间采取的环境保护及污染防治措施，包括对所涉及的敏感目标、区域环境采取的环境保护措施，施工期产生的废水、废气的处理处置设施、效果及最终去向，噪声防护措施及效果，固体废物产生类型、数量、分类处置措施及其合理性、最终去向等；施工期污染防治措施、设施的影象图片等资料的，应一同附具。

(2)收集施工期环境监测数据,定量分析施工期产生的污染影响程度,并分析环境保护和污染防治措施的有效性。注意应说明监测单位、监测点位、监测时间、频次、达标情况,如不能满足相应标准要求施工期采取的补救措施及效果等。

(3)通过公众意见调查、走访地方环境保护管理部门及保护区等敏感区域有关管理部门,了解建设项目施工期间的环境保护情况、主要环境影响和环保投诉情况及其解决方式、解决效果等。

主要依据上述资料与调查结果,与环境影响评价及审批文件的要求进行一一对照,评述施工期间污染防治措施、设施的落实情况,包括已采取措施的有效性、未落实措施带来的污染影响、环境影响评价文件未要求而实际产生的环境影响等,由此分析、评价建设项目施工期产生的污染影响,针对存在的问题提出补救措施和建议。

第三节 工 程 核 查

验收调查单位在接收委托后,编制竣工环境保护验收调查文件之前,需收集和分析工程环境影响评价文件和审批文件、初步设计文件及相关工程资料,并以其为依据开展工程概况调查,通过对建设项目建设过程、建设内容的详细调查,为制定有针对性的调查方案、高质量的完成验收调查工作做好准备。

其主要工作内容有:工程建设过程调查、工程地理位置和环境概况调查、工程建设内容调查、工程运行情况调查、工程环境影响因素调查、环境保护措施调查等。

一、工程建设过程调查

工程建设过程调查是验收调查必须进行的工作。根据《建设项目环境保护管理条例》第九条规定,建设单位应在建设项目可行性研究阶段报批建设项目环境影响报告书、环境影响报告表或环境影响登记表;但铁路等交通项目,经有审批权的环境保护行政主管部门同意,可在初步设计完成前报批环境影响报告书或环境影响报告表。并且,根据《建设项目竣工环境保护验收管理办法》(国家环境保护总局令第 13 号)第十六条第一款的要求,"建设前期环境保护审查、审批手续完备,技术资料与环境保护档案资料齐全"是建设项目竣工环境保护验收条件之一。因此,通过调查工程各阶段工作的批准时间,如实向环境保护行政主管部门反映建设单位遵守"环境影响评价"制度和"三同时"管理制度有关规定的情况,主要有:

(1)项目立项时间和审批部门。

(2)环境影响评价完成时间和编制单位、预审查时间及预审查机关,审批时间及审批机关;"三通一平"环境影响报告书(一般大型水利水电、港口等项目涉及此项工作)编制完成时间、审批时间与审批机关。

(3)初步设计完成及审批时间、设计单位名称。

(4)工程开工建设时间,如工程规模较大或较复杂,可以主体工程开工时间为准。

(5)工程建设竣工及试生产时间。

(6)试生产批准机关及批准时间。

此外,还应明确工程环境保护设施设计单位、施工单位和工程环境监理等单位。同时,根据项目的实际情况可能需调查工程穿越环境敏感目标的施工时间、相关管理部门的批准文件等。

对实施核准制和备案制的建设项目，除调查环境影响评价时间、评价单位、审批时间、审批机关等内容外，还应调查核准时间、核准机关或备案时间、备案机关。

二、地理位置和环境状况调查

明确建设项目归属地及周围环境状况，尤其是法律法规规定的需特别予以关注的环境敏感目标应进行详细、深入调查，但也需对环境变化易于感受且容易引起功能变化、质量变化或社会关注的保护目标予以特别关注，如居民居住区或居民点、各种自然的和人文遗址、珍贵植物(古树名木)等。

对于环境敏感目标或保护目标需详细调查其与工程的相对位置关系、所处环境功能区及保护内容，并注意与环境影响评价阶段相比的变化情况及变化原因。

三、工程建设内容调查

应调查建设项目实际全部建设内容，包括主体工程、配套工程和附属工程，明确建设项目的组成、建设规模、主要工程量及主要经济或技术指标(可列表)、主要生产工艺、采取的环境保护措施等。

1. 工程组成

虽然交通运输、水利水电、石油和天然气开采、矿山采选、输变电等均同属于生态影响类建设项目，但不同行业的建设项目其工程组成需表述的内容不完全一致。基本情况如表3-3-1所示。

生态影响类建设项目工程组成的主要内容　　表3-3-1

建设项目类型	建设规模	主体工程	配套工程或附属工程	主要技术指标
公路、铁路、轨道交通	长度	线路	服务区、收费站/车站、管理区，主、牵变电站、停车场、车辆段等	设计行车速度、最大坡度、路面宽度/轨距、路面材料/道床等
港口/码头	吞吐量	泊位、航道长度	堆场、办公设施、生活基地等	装卸方式、泊位吨级、货物性质等
机场	起降架次	航站楼、站坪、滑行道	停车场、道路、办公设施、生活基地等	机型、滑行道长宽等
输油/气管线	长度	管线、站场	阀室、阴极保护站、管理中心等	管径、防腐材料、输气管线的输送压力、设计输送能力等
石油/天然气开采	采油/气能力	油/气井、净化厂、集输站	输油(气)管道、道路工程、生活基地等	油/气井的设计工作压力、设计工作温度，净化厂和集输站的规模、压力等
矿山采选	开采能力	矿井、选矿厂等	尾矿库/矸石厂、生活基地等	设计规模、矿井长度和宽度、服务年限、开采方式、可采储量、煤质等

续上表

建设项目类型	建设规模	主 体 工 程	配套工程或附属工程	主要技术指标
水利水电	容量/机组	拦河坝、泄水建筑物、引水隧洞、电站等	新建道路、办公生活区等	设计年发电量、蓄水位、洪水位、流量、下泄量、库容、淹没面积等
输变电	长度、电压等级	线路、变电站、换流站、开关站等	管理中心、接地极（直流）等	架线形式、输送功率、设备容量、导线型号、塔型等
林业	面积	造林面积	苗圃等	立地类型和造林树种、造林模式、采伐/更新计划

2. 环境影响调查

环境影响可分为生态影响、污染影响、社会影响三类。其中污染影响包括水、气、声、固体废物、振动、电磁等，社会影响包括拆迁（移民）安置、文物保护等。

工程施工方式、生产方式或运行方式的不同都会对环境产生的影响不同、程度也不同。因此，在环境影响调查时需注意以下问题：

（1）根据项目所处的不同时间（施工期、试运行期）确定工程的环境影响因素。

（2）根据所采取的施工工艺或生产工艺确定工程的环境影响因素。

（3）根据建设项目所处区域环境确定工程的环境影响因素和大小。

（4）需调查污染源、污染因子、污染物排放量、处理方式、排放去向等内容。

图 3-3-1 所示为某煤矿工程的环境影响分析过程。

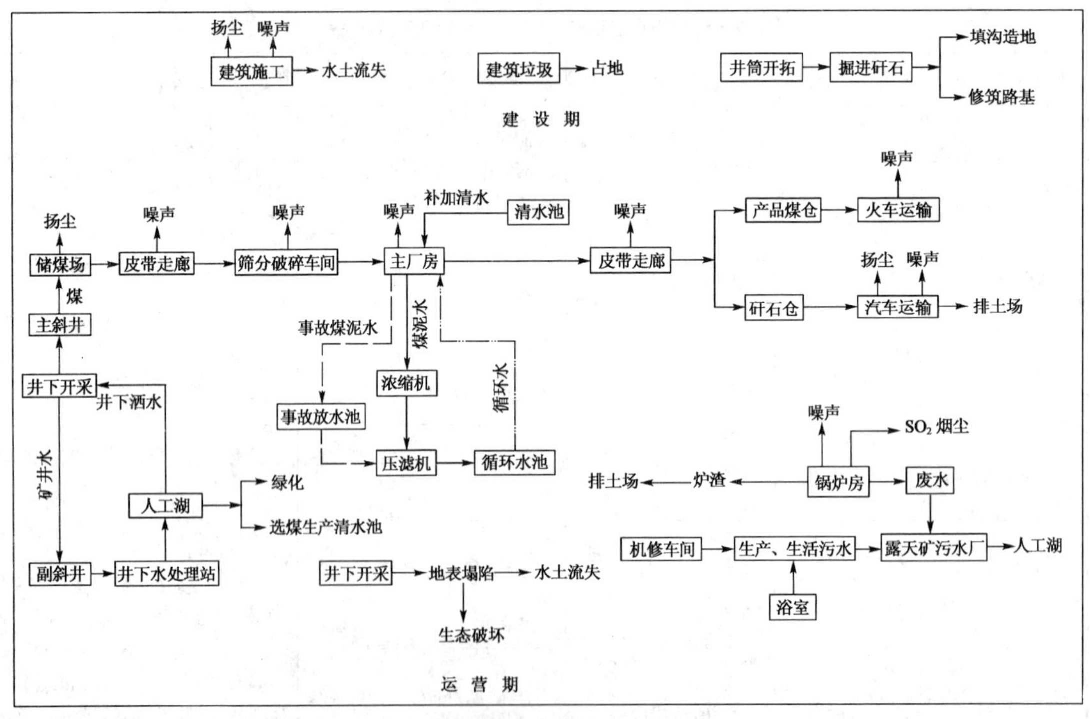

图 3-3-1　某煤矿环境影响因素及污染物排放流程图

3.环境保护措施调查

根据已掌握的工程建设情况及主要环境影响情况，对工程已采取的生态保护和污染治理措施进行全面调查，并需核实环境影响评价文件及审批文件中有关要求的落实情况，措施的实施效果则需借助监测、样方调查、遥感等技术方法进行分析。

(1)生态保护措施

顾名思义，生态影响类建设项目的环境影响是以生态影响为主，并且，其影响始于勘探、选线、设计阶段，重点发生在施工建设期，因此，应通过现场调查，分设计期、施工期和运行期分别对生态保护措施实施情况进行核实。根据建设项目的影响范围、程度和项目类型的不同，其措施可能不尽相同，但一般均会以保护区域生态和生态敏感目标为主，主要有：

①为了避免、防止、降低区域内重要野生动植物的影响所采取的保护、恢复和补偿措施(包括资金补偿、异地重建等)。

②采取的生态管理与规划措施。

(2)污染防治措施

根据工程的污染源排放情况，逐一调查建设项目所采取的污染防治措施，包括处理量、处理工艺、排放去向等。

(3)社会影响减缓措施

验收调查中所说的社会影响一般仅针对移民(拆迁)安置和文物保护而言，需调查为避免移民(拆迁)安置所采取的保护措施(包括为避免安置不当带来的次生环境问题所采取的保护措施)，核实环境影响评价文件要求的文物保护措施的落实情况。

4.工程变更情况调查

按环境影响评价阶段(资料)、初步设计阶段(资料)和实际建设阶段(资料、现场调查)分别调查工程建设内容，环境影响评价阶段和初步设计阶段工程建设内容主要依靠资料研阅获取，实际建设阶段可采取资料核实和现场调查相结合的方法获取。

按照我国环境影响评价法的规定，建设项目的环境影响评价文件经批准后，建设项目的性质、规模、地点、采用的生产工艺或者防治污染、防止生态破坏的措施发生重大变动的，建设单位应重新报批建设项目的环境影响评价文件。竣工环境保护验收调查单位作为技术咨询机构，有责任和义务将工程主要变更情况在调查文件中如实反映，同时须对发生的重大变更说明原因，对工程环境保护措施的实施情况和效果进行深入、细致的调查与分析。

工程建设内容变更带来的最直接的后果就是环境影响的变更、环境保护措施的变更，因此，在进行工程调查时，需特别注意建设项目建设内容的变更。建设项目变更情况的调查主要应包括：

(1)建设项目建设规模和建设方案的变更。

(2)建设项目生产工艺和运行方案的变更。

(3)建设项目环境保护措施或设施的变更。

工程变更情况可用图表的方式表示。

四、工程运行状况调查

根据国家环境保护总局《关于建设项目环境保护设施竣工验收监测管理有关问题的通

知》中第六条的规定："建设单位应保证的验收工况条件为：试生产阶段工况稳定、生产负荷达75%以上（国家、地方排放标准对生产负荷有规定的按标准执行）、环境保护设施运行正常。对在规定的试生产期，生产负荷无法在短期内调整达到75%以上的，应分阶段开展验收检查或监测"。因此在竣工环境保护验收中，应对工程试运行期的生产或运行状况进行调查，通过对工程运行情况的调查，了解工程是否能正常运行，尤其是环境保护设施是否能正常运行，据此判定申请环境保护验收的项目是否处于正常生产状态、是否能满足验收工作对工况的要求。

值得注意的是，不同行业的生态影响类建设项目代表运行状况的指标不是十分相同，不能像工业项目一样完全用产量表示。目前在生态类建设项目竣工环境保护验收中，工程运行状况调查主要需考虑以下几个因素：

（1）主体工程运行是否稳定。

（2）环境保护设施是否运行正常。

（3）工程是否为分期建设、分期投入运行。

如，某高速公路项目试运行期的交通量与预测交通量的对比情况可用表3-3-2表示。一般来说，实际运行负荷是由实际交通量和运行初期预测交通量对比得到的，将其与75%对比判断是否验收标准。

某高速公路试运行期交通量对比情况　　单位：标准小客车辆/日　　表3-3-2

路　段	预测交通量			实际交通量	占预测年份的比例（%）
	初期	中期	远期	2005年	
起点～A段	33 349	44 531	66 165	30 229	90
A段～B段	22 476	33 441	52 697	19 558	87
B段～终点	17 448	26 325	41 628	14 330	82
全线平均	24 424	34 766	53 497	21 372	87

五、环境保护投资情况调查

对建设项目环境保护投资情况的调查，不仅需按照工程环境保护措施和设施的实施情况逐一说明投资情况，还需按环境影响评价文件中要求的投资进行对比，并对投资变化原因加以分析说明。

根据建设项目竣工环境保护"三同时"验收登记表的内容，环境保护投资可按废水治理、废气治理、噪声治理、固废治理、绿化及生态和其他六项分类调查，其他中可根据工程实际环境保护投资使用情况含有施工期监测、环境监理、环境保护培训和宣传等费用。

六、图件要求

在工程调查中，为了更加直观地说明工程的位置、全貌、周围环境状况、环境影响情况等方面的内容，需辅以必要的图件、图片及一些可反映工程现状照片，主要有工程地理位置图、工程平面布置图或线路走向图、生产工艺流程图、水平衡图（物料平衡图）、污染处理设施流程示意图等。

下面简述之各图件的应用。

1. 地理位置图

提供适当比例的工程地理位置图，并需与环境影响评价文件中的地理位置进行对比，核对工程位置的变化。

2. 平面布置示意图或线路走向图

选择合适比例的平面布置示意图或线路走向图，也可结合体现工程的布置及周围环境敏感目标情况。图中应标注主要工程设施名称和位置、主要污染源的位置、环境敏感目标的名称和位置等。如无法获取规范图件，也可用采用示意图，示意图中应标明各主要工程设施与环境敏感目标的方位和距离。

3. 主要生产工艺流程图

生产工艺流程图多用于油气田开发、矿山采选等行业的建设项目中。

4. 污染处理设施流程示意图

污染处理设施流程示意图主要以示意形式介绍某种污染物的处理工艺过程。在调查中，一般应了解主要设施的组成部分和流向，并在处理工艺流程示意图中简洁地表示出来。

从生态影响类建设项目的影响情况来看，污染处理设施流程图多用于水污染处理设施的表示中，尤其在矿山采选项目中，其他行业的生态影响类建设项目因废水来源相对比较单一，因此一般多用于表述生活污水处理方式。

5. 其他图件

有时为了说明工程的一些特定情况，需提供一些必要图件，如水平衡图。

第四节　环保设施建设和环保措施落实情况调查

(1)概括描述工程在设计、施工、运行阶段针对生态影响、污染影响和社会影响所采取的环境保护措施，并对环境影响评价文件及环境影响评价审批文件所提各项环境保护措施的落实情况一一予以核实、说明。

(2)给出环境影响评价、设计和实际采取的生态保护和污染防治措施对照、变化情况，并对变化情况予以必要的说明；对无法全面落实的措施，应说明实际情况并提出后续实施、改进的建议。

(3)生态影响的环境保护措施主要是针对生态敏感目标(水生、陆生)的保护措施，包括植被的保护与恢复措施、水环境保护措施、生态用水泄水建筑物及运行方案、低温水缓解工程措施、鱼类保护过鱼设施与措施、水土流失防治措施、土壤质量保护和占地恢复措施、生态敏感区域(如自然保护区、风景名胜区等)的保护措施、生态监测措施等。

(4)污染影响的环境保护措施主要是指针对水、气、声、固体废物、电磁、振动等各类污染源所采取的保护措施。

(5)社会影响的环境保护措施主要包括移民安置、文物保护等方面所采取的保护措施。

第五节　非污染生态影响调查

一、调查方法

应根据建设项目的特点和影响因子，采取相应的调查方法，主要包括文件资料调查、现场勘察、监测、公众意见调查和遥感调查等方法。

1. 文件资料收集与分析

查阅工程有关协议、合同、总结等文件资料，了解工程施工期产生的生态影响，调查工程建设影响产生的生态影响、要求采取的相应生态保护措施及实际采取的情况。

2. 现场勘察

通过现场勘察核实文件资料的准确性，了解项目所在区域的生态背景，评估生态影响的范围和程度，核查生态保护与恢复措施的落实情况。

勘察范围应覆盖项目建设所涉及的全部区域，勘察对象应基本能覆盖建设项目所涉及区域的80%以上。但对于一些涉及范围较大的建设项目，如水利水电、输油气管线、输变电等，无法全部覆盖的，可根据随机性和典型性的原则，选择有代表性的区域与对象进行重点现场勘察。但需注意，勘察区域与勘察对象应覆盖全部敏感目标、实际工程内容及方案设计变更造成的环境影响变化情况、环境影响评价文件及环境影响评价审批文件中提出的主要环境影响及环境保护措施和设施、工程施工期和试运行期实际存在的及公众反映强烈的环境问题等。

3. 监测

为了定量了解项目建设前后对周围生态所产生的影响，必要时也借助监测手段进行生态影响调查，如植物样方调查、土壤质量监测、水生生态监测等。一般原则上与环境影响评价文件选择一致的调查内容、位置和因子；但若工程变更影响位置发生变化时，除在影响范围内选点进行调查外，还应在未影响区选择对照点进行调查；或若环境影响评价文件未进行此部分调查而工程的影响又较为突出、需定量时，则根据工程实际情况选择调查的位置和因子。

4. 公众意见调查

通过此种方式可以定性的了解建设项目在不同时期存在的环境影响，发现工程前期和施工期曾经存在的及目前可能遗留的环境问题，有助于明确和分析运行期公众关心的环境问题，为改进已有环境保护措施和提出补救措施提供依据。

5. 3S技术

一般适用于涉及范围区域较大、周围有生态敏感目标、人力勘察较为困难或难以到达的建设项目。目前多用于石油和天然气开采、输油气管线和矿山采选项目中。

二、生态影响分析

公路、铁路、城市道路和轨道交通、港口和航运、机场、管道运输、水利水电、石油和天然气开采、矿山采选、农业、林业、牧业、渔业、旅游、输变电线路等行业虽同属生态影响类建设项目，但由于开发方式、建设规模和区域环境的不同，其产生的影响也不尽相同。生态影响类建设项目在开发建设过程中一般存在如表 3-3-3 所示影响，但不限于此。

生态影响类建设项目主要生态影响　　表 3-3-3

序号	建设项目类型	主要生态影响
1	公路、铁路、城市道路和轨道交通	工程建设对野生动植物的阻断影响及其栖息地影响； 占地（临时占地和永久占地）影响； 生态敏感目标（自然保护区、风景名胜区、文物古迹等）影响； 施工产生的水土流失； 农业生产影响（对耕地、灌溉系统的破坏和占用）
2	港口和航运	填海造陆、疏浚对水生生物及其栖息地影响； 陆生生态（临时占地和永久占地）影响； 生态敏感目标影响（自然保护区、风景名胜区、鱼类三场等）
3	机场	工程建设对野生动植物及其栖息地影响； 占地（临时占地和永久占地）影响； 生态敏感目标（自然保护区、风景名胜区、文物古迹等）影响； 施工产生的水土流失； 农业生产影响（对耕地、灌溉系统的破坏和占用）
4	管道运输	工程施工和运行对野生动植物及其栖息地影响； 占地（临时占地和永久占地）影响，包括土地性质的改变、暂时性功能的损失、农业减产等； 生态敏感目标（自然保护区、风景名胜区、文物古迹等）影响； 施工期产生的水土流失
5	水利水电	工程淹没、蓄水、阻隔、水文情势变化对水生生态的影响； 生态敏感目标（自然保护区、鱼类三场等）影响； 土地淹没对农、林、牧等土地资源的影响； 移民安置不当带来的生态影响
6	石油和天然气开采	工程施工和运行对野生动植物及其栖息地影响； 占地（临时占地和永久占地）影响，包括土地性质的改变、暂时性功能的损失、农业减产等； 生态敏感目标（自然保护区、风景名胜区、文物古迹等）影响； 施工期产生的水土流失
7	矿山采选	对地表植被、动物生存、土壤的影响； 破坏地表植被带来水土流失； 地表塌陷影响； 移民安置不当带来的生态影响
8	农、林、牧、渔业	对生物、土壤的影响； 生态环境受破坏可能产生的水土流失
9	旅游	人类活动对自然环境的影响，进而对野生动植物带来不利影响； 资源开发对周围生态环境的影响； 开发活动废物排放对生态环境的影响
10	输变电	工程施工和运行对野生动植物及其栖息地的影响； 占地（临时占地和永久占地）影响，包括土地性质的改变、暂时性功能的损失、农业减产等； 生态敏感目标影响（自然保护区、风景名胜区、文物古迹等），主要是景观、保护动植物的影响； 施工期和运行期产生的水土流失

三、调查内容

生态影响调查内容可根据建设项目和所在区域环境的特点设置，主要包括工程所在区域生态状况调查、敏感目标分布状况调查、工程占地情况调查、水土流失状况及采取措施调查、农业生态影响调查、环境影响评价及批复文件要求措施落实情况调查。具体如下：

(1)工程沿线生态状况调查，如珍稀动植物和水生生物的种类、保护级别和分布状况、鱼类三场分布等。

(2)工程影响区域内自然保护区、风景名胜区、饮用水源保护区等生态敏感目标和人文景观的分布状况，需调查其与工程影响范围的相对位置关系、保护区级别、保护物种及保护范围等，并提供适当比例的保护区位置图，注明工程相对位置、保护区位置和边界等内容。

(3)工程占地情况调查，包括临时占地、永久占地，需列表说明占地位置、用途、类型、面积、取弃土量(取弃土场)及生态恢复情况等，并需与环评阶段的数据进行对比，调查其变化情况。

(4)调查工程影响区域内水土流失现状、成因、类型，所采取的水土保持、绿化及措施的实施效果等。

(5)工程影响区域内水利设施、农业灌溉系统分布状况及工程采取的保护措施。

(6)逐一调查环境影响评价及批复文件要求的环境保护措施的实施情况。

(7)建设项目建设及运行改变周围水系情况时，应做水文情势调查，必要时须进行水生生态调查。

上述调查内容可结合建设项目的实际情况进行适当增减。

四、结果分析

根据实际的调查内容，借助采用的调查方法，对影响进行分析。

1. 自然生态影响调查结果

根据工程建设前后影响区域内重要野生动植物、水生生物生存环境及生物量的变化情况，结合工程采取的保护措施，分析工程建设对动植物生存的影响。

建设项目对自然生态的影响依据建设项目的施工方式、施工强度、施工时间的长短、施工范围的不同其影响程度有很大的差异，在进行影响分析时，需给出如下明确结论：

(1)工程建设是否对区域内重点野生动植物或特有动植物产生影响。

(2)工程采取的生态保护、恢复、补偿措施是否有效。

目前，对陆生动植物的影响分析还多限于定性分析，但一些长、大的输油气管线已逐渐在依据植物样方调查的方法分析对工程影响区域植被的影响；对水生生态影响分析，一般通过选择与环境影响评价阶段相同的点位、因子进行监测，进而定量分析生态影响的大小。

2. 环境敏感目标调查结果

环境敏感目标影响调查是生态影响类建设项目竣工环境保护验收调查的重点。对生态类建设项目来说，由于其建设区域或范围较广，往往会涉及一些生态环境敏感目标，如自然保护区、风景名胜区、生态功能保护区、基本农田保护区、水土流失重点防治区、森林公园、地质公园、世界遗产地、鱼虾产卵场、重要湿地和天然渔场等。在调查中需予以特别关注，必要时可辅以监测手段，分析影响的大小和采取措施的有效性。

需给出如下调查结果：

(1)工程与敏感目标的位置关系，提供相对位置关系图及必要的图片辅助说明调查结果。

(2)工程为避免、降低影响所采取的保护措施，分析措施是否有效。

(3)环境影响评价及批复文件要求的保护措施落实情况。

(4)采用的调查方法如采用监测或遥感方法，需提供监测点位图及遥感分析、解译图。

3.农业生态影响调查结果

工程建设不可避免会占用一些土地和对土地进行扰动，进而对农业生产带来一定影响。重点调查以下两点内容：

(1)与环境影响评价文件对比，说明工程实际占用基本农田和耕地情况及变化情况，明确占地性质、占地位置、占地面积、用途、采取的恢复和补偿措施。

(2)对工程影响区域内水利设施、农业灌溉系统的影响及采取的保护措施。

根据调查情况分析工程占地对区域内农业生产的影响，及采取的工程、植物、节约用地、保护和管理措施的有效性。

4.水土流失影响调查结果

在我国，水土流失是我国土地资源遭受破坏最常见的一种方式。建设项目处于不同的时期，其水土流失的影响程度也不尽相同。对于生态影响类建设项目来说，其施工期的影响要远大于运行期，主要为施工期地表的开挖所造成的，施工结束后遗留裸露地表也会存在水土流失的隐患，因此，调查工程竣工后地表恢复状况和采取的防治措施是必不可少的工作。需给出如下调查结果：

(1)列表说明工程土石方量调运情况，占地位置、原土地类型、采取的生态恢复措施和恢复效果，采取的护坡、排水、防洪、绿化工程等。

(2)调查工程对影响区域内河流、水利设施的影响，包括与工程的相对位置关系、工程施工方式、采取的保护措施。

(3)调查采取工程、植物和管理措施后，保护水土资源的情况。

(4)根据建设项目建设前水土流失原始状况，对工程施工扰动原地貌、损坏土地和植被、弃渣、损坏水土保持设施和造成水土流失地区的分布和危害的情况进行分析。

(5)若开展监测工作，通过与区域背景值、环评时数据的对比，分析变化情况，并说明产生如此变化的原因。

(6)若建设项目水土保持验收工作已结束，可适当参考其验收结果。

(7)辅以照片说明调查情况。

五、措施有效性分析及补救措施与建议

1.措施有效性分析

通过以上生态影响调查与分析，对采取的措施有效性进行分析，可从以下方面进行：

(1)工程产生的生态影响是否在环境影响评价或初步设计预测的范围内。

(2)所采取的措施是否满足环境影响评价及其批复要求。

(3)所采取的措施是否能有效避免、降低、控制工程建设产生的生态影响。

(4)所采取的措施是否符合当地自然环境和社会环境条件，不会带来次生环境问题。

2. 措施变化原因分析

如果措施不能有效落实或者发生变化，需分析其原因和变化所带来的后果。可从以下几方面分析：

(1)工程发生变更带来工程影响范围和环境影响变更，进而带来措施变化或其有效性不能充分发挥。

(2)环境影响评价预测失误，所提措施不完全适当。

(3)项目所在区域环境发生变化，致使措施不能满足现行的环境保护要求。

(4)建设单位环境保护意识差，未完全落实措施与要求，或不予以落实。

3. 补救措施与建议

根据上述分析结果，提出进一步的生态补救措施与建议，以避免、减缓、补偿造成的影响。

(1)避免措施

避免措施是必须优先考虑的生态保护措施。在环境影响评价阶段，避免措施可从选址、选线、控制施工作业时间等角度实施；但在验收阶段，因工程已实际建成，生态影响已经发生，因此考虑的主要是减缓、恢复和补偿措施。

(2)减缓措施

减缓措施是减少和缓和生态影响的措施，尽量减少不可避免的生态影响的程度和范围。如为野生动物修建“动物通道”，下泄生态流量措施、珍稀、濒危动植物保护措施等。

(3)恢复措施

人类的开发建设活动对区域内生态造成的影响，虽然经过的后期的补救措施，可使生态系统的结构或功能得到一定程度的修复，但自然恢复到原来的状况可能很困难或需要很长时间，因此需要采取人工恢复措施，如通过珍稀动植物的人工繁殖可加速其种群的恢复，通过人工绿化措施可使裸露地表植被尽快恢复。

但在提出生态恢复措施时，需注意措施要与当地自然生态条件相结合，措施应以维护和适宜当地生态状况为宗旨，不能单纯的追求某一指标（如干旱少雨地区一定要进行绿化恢复等）而付出巨大的人力与物力。基本原则如下：

①充分考虑项目所在区域自然环境特点，因地制宜采取措施。

②充分利用本土物种进行恢复，避免产生新的环境问题。

③充分考虑景观的协调性，尽量采取植物恢复措施。

(4)补偿措施

当建设单位无力自身完成对受损害的生态系统进行修复时，可以采用补偿的方式，由当地政府或有关部门完成其工作；如当地已经不存在受损害珍稀动植物适宜的生态环境时，建设单位也可以采用补偿方式，进行异地保护。如异地建立珍稀动植物的保护区、耕地资源的异地补偿等等。

(5)生态管理与计划

对于生态影响类建设项目来说，其建设所带来的影响不是在短期内能予以完全消除的，需有一个长期的维护过程，因此生态管理与计划也是一项重要的措施。即在工程竣工环境保护验收后，仍需有一项长期的生态恢复、维护、管理机制，保证项目运行后不会对区域生态产生影响；并且，对于建设项目在短期内难以显现的预期生态影响，也应提出跟踪监测要求及回顾性评价建议，并制订监测计划。

第六节　污染影响调查

一、水环境影响调查

水环境影响调查主要是通过对建设项目所在区域水环境状况、建设项目水污染源及其处理设施的调查，借助实际监测的方法，分析项目（试）运行期污染物排放对区域水环境、水环境敏感目标的影响程度和范围及水环境保护措施的有效性，并针对存在的问题提出切实可行的补救措施与建议。

1.主要调查内容

（1）调查与建设项目有关的国家或地方水污染控制政策、规定和要求，如水环境功能区划、地方水污染物排放标准、水污染物总量控制要求等等，尤其应注意与环境影响评价阶段相比这些政策和要求是否发生变化。

（2）调查建设项目影响范围内地表水的分布情况、水体功能、实际利用情况，以及与本工程的相互关系。重点调查影响范围内河流、湖泊、水库尤其是饮用水水源地等水环境敏感目标与建设项目的相对位置关系，给出水系分布图、水环境功能区划图及其与建设项目相对位置关系图表。涉及影响地下水的建设项目如油气田开发、矿山开采等，则须开展地下水进行调查；水利水电项目必要时需说明项目影响区域内的水文情势。

（3）调查建设项目水污染源及其处理设施情况，需详细调查建设项目污水产生环节、产生量、排放量、主要污染物、污水处理工艺和流程、处理设施型号、处理规模、污水回用情况、污水最终排放去向和受纳水体情况等内容。

（4）调查项目试运行期水环境风险事故防范与应急措施情况。

例如，某高速公路以桥梁形式跨越一水库，应主要调查以下内容：所跨越水库的水环境功能区划、现在的使用功能（是否为饮用水源地或饮用水源保护区）、取水口的具体位置（与桥梁的位置关系，即位于上、下游及距离等）；跨越桥梁的具体位置、跨越长度、桥面排水情况（排水孔的设置或排水收集系统）；工程采取的水环境保护和污染防治措施等；调查该区段是否严格执行危险品运输管理规定、是否设置限速标志、是否制订了切实可行的水环境风险（危险品泄露等）应急预案、应急机构及处理处置设施是否完善等。

2.监测内容

水环境影响调查通常借助监测的方法判定环境影响情况，通常涵盖水环境质量和水污染源两方面的监测。

（1）水环境质量监测

建设项目在试运行期有可能对水环境产生影响或环境影响评价及其批复文件有明确要求的需进行水环境质量监测。监测点位和监测时段应尽可能选择与环评阶段一致，使监测数据有较好的可比性，便于对比分析评价水环境质量的变化及其受影响情况。无法采用原监测点位或环评阶段未进行监测的，可选择不受建设项目影响的适当的监测点作为背景参考点位。

通常水利水电、港口（航道）等行业的建设项目需考虑水环境质量、底泥（质）监测，必要时水利水电项目还需考虑水温、水文情势、过饱气体等的监测；而矿山采选、石油和天然气开采等行业的建设项目必要时还需考虑地下水影响监测。

样品采集和监测的具体要求，应符合《地表水和污水监测技术规范》(HJ/T91—2002)的要求。

(2)水污染源监测

水污染源监测范围包括与建设项目配套的各类生产、生活污水处理设施以及其外排口。一般生态影响类建设项目可仅进行排放口达标排放监测，但如果环境影响评价文件或其审批文件对污水处理设施(包括回用水处理设施)的处理效率有指标要求的，应在该污水处理设施的进、出口均设监测点位，考核处理设施的处理效率，尤其对于石油和天然气开采、矿山采选等项目的生产废水；对于有排放总量控制要求的，应选择考核总量的污染物指标进行监测；值得注意的是，改扩建项目不仅应对改、扩建项目本身产生的生产废水、生活污水进行监测，同时还应对原有项目的排放情况、污染治理情况进行调查或监测，以判断"以新带老"要求的落实情况。

监测点位的布设应在资料收集、分析和现场勘察的基础上进行，在确切了解环评阶段水环境监测点位布设情况和对水污染防治设施的有关要求的基础上，通过对水环境和污水处理、排放情况的实地调查确定验收监测点位。

通常建设项目的污水外排口(除独立的雨水排口外)为必测点位，但需注意的是，《污水综合排放标准》(GB 8978—1996)中规定的第一类污染物的监测点位应布置在其产生车间、装置或单独的处理设施排口，在与其他类型的污水混合前进行监测分析。如果污水经处理后全部回用不外排的，可不设点进行监测，重点调查污水处理设施的运行管理和事故防范措施，如事故情况下向外排放，则须说明外排污水水质和应急处理措施。

因污水中所含污染物的种类会因建设项目类型、工艺路线、污水来源的不同而有所不同，因此验收调查中，应在仔细研阅环境影响报告书和初步设计的基础上，深入现场了解工艺路线和排放污水特征，以确定能够反映不同类型污水特征的因子作为监测因子。

监测频次参照《建设项目环境保护设施竣工验收监测技术要求(试行)》(环发[2000]38号文)和《污水综合排放标准》(GB 8978—1996)有关规定执行。

3. 结果分析

通过对监测数据的统计结果，明确污水处理设施去除率和污水排放达标情况，如超标应分析超标原因；评价建设项目污水排放对水环境敏感目标和受纳水体的影响程度、影响范围，分析能否达到环境功能区管理目标的要求。并在分析中，需注意监测数据的合理性，发现异常数据应及时与监测单位沟通，了解监测现场的实际情况，分析异常数据产生的原因，必要时应重新进行监测。

根据水环境保护与治理措施落实情况调查、水污染源和水环境质量监测结果的分析情况，进行环保措施有效性分析。主要包括以下几个方面：

(1)根据调查、监测结果及达标情况，分析现有环境保护措施和污水处理设施工艺的有效性、先进性、存在的问题及原因。

(2)核查环境保护措施能否满足当地污染物总量控制要求。

(3)针对存在的问题提出切实可行的整改、补救措施。

二、环境空气影响调查

首先应调查与本工程相关的国家与地方大气污染控制的环保政策、规定和要求;调查建设项目相关区域的环境空气功能区划;重点调查大气环境敏感目标、分布及与建设项目的相对位置关系,列表说明敏感目标的名称、位置、规模等。

1. 大气污染源调查

调查应包括大气污染物产生工艺(或环节)和大气污染源排放情况;应调查说明大气污染物来源、排放方式(包括有组织与无组织排放,间歇与连续排放)、排放去向、主要污染物及采取的处理方式。如锅炉大气污染源调查应包括锅炉的型号、台数、运行工况、烟囱高度、燃料类型及质量、除尘脱硫设备型号及其工艺流程等。必要时给出废气或无组织排放污染物产生工艺(或环节)示意图、废气处理工艺流程图。

2. 大气污染源和环境空气质量监测

生态影响类建设项目一般可仅考虑进行有组织排放源监测,但石油和天然气开采、矿山采选、港口等建设项目必要时需进行无组织排放源监测;如在环境影响评价文件中有特殊要求、或工程影响范围内有需特别保护的环境敏感目标的,需进行环境空气质量监测。应给出大气污染源和环境空气质量监测点位图,注明监测点位与污染源的相对位置关系,监测点的标识应规范。

监测时需注意以下问题:

(1)当对固定污染源排放污染物和废气处理设施效果进行监测时,生产设施的运行需满足验收工况要求,处理设施运转正常。

(2)无组织排放监测,应在正常生产工况下,对无组织排放源进行监测;监测期间的主导风向(平均风向)有利于监控点的设置;通常情况下,应选择微风的日期,避开阳光辐射较强烈的中午时段进行监测。

根据《大气污染物综合排放标准》(GB 16297—1996)规定:在对污染源的日常监测中,采样期间的工况应与当时的运行工况相同,排污单位的人员和实施监测的人员都不应任意改变当时的运行工况。

(3)既要进行有组织又要进行无组织排放监测时,应尽可能在满足无组织监测的条件下同期进行。

3. 采样时间和频次

根据《大气污染物综合排放标准》(GB 16297—1996)要求,采样时间和频次内所测试的结果应能代表1h平均值,以便判定1h内排放污染物的平均值是否超过最高允许排放浓度、最高允许排放速率、无组织排放监控点浓度限值。

采样时间和频次按照建设项目竣工环境保护验收监测的有关规定执行。

4. 监测结果分析

对监测结果进行统计并与相关标准进行对比,分析评价环境空气质量状况;明确废气排放达标情况,如超标应分析其原因。必要时按照《大气污染物综合排放标准》(GB 16297—1996)的要求进行等效计算(有效高度与等效排放速率)。如进行了废气处理设施去除效率的监测,需给出去除效率。

根据以上结果，分析评价废气排放对环境敏感目标的影响、对周围环境空气质量影响的程度及范围，能否实现环境功能区管理目标。

5.措施效果分析与建议

环保措施效果分析应在环境空气保护及大气污染源治理措施落实情况调查、大气污染源及环境空气质量监测结果分析的基础上进行。主要包括以下几个方面：

(1)应根据监测结果及超达标情况，分析现有环境保护措施的效果、存在的问题并分析原因。

(2)核查环境保护措施是否能够满足当地污染物总量控制要求。

(3)针对存在的问题及其产生的原因提出切实可行的、有效的整改、补救措施。

三、声环境影响调查

1.声环境调查

首先应调查国家和地方与本工程有关的噪声污染防治政策、规定和要求；调查建设项目所在区域的声环境功能区划、声环境敏感目标以及这些敏感目标与建设项目的相对位置关系。

2.噪声源及声环境敏感目标情况调查

调查建设项目试运营中主要噪声源的名称、数量、运行状况；说明调查范围内声环境敏感目标的功能、规模、与工程的相对位置关系(包括方位、距离、高差)、建设时段(与工程建设的先后)及受影响的人数，列表对比说明环评阶段与实际敏感点的变化情况(偏移、新增、拆迁等)，并附图表或照片加以说明；说明工程采取的降噪措施和实际降噪效果等。

3.声环境质量监测与厂界噪声监测

声环境质量与厂界噪声监测应明确以下内容：监测点名称、与工程相对位置关系、监测点布设位置，并附监测点位示意图，线性工程和机场项目需包括平、剖面示意图和图片；记录监测工程的运行状况，包括铁路的列车对数、公路的车流量、管线工程的输送量等工程负荷情况。

以下根据不同的工程性质分别说明监测点位的布设和监测方法：

(1)线性工程(公路、铁路、城市交通)：应综合考虑不同路段车流量差别、敏感目标与工程的相对位置关系(高差、距离、垂直分布等)、环境影响评价文件中敏感点的预测结果，选择有代表性的典型点位进行声环境质量监测(包括敏感点监测、衰减断面监测、24h连续监测)，并对已采取噪声防治工程措施的敏感点进行降噪效果监测。环境影响评价及其审批文件中预测超标或要求采取降噪措施的声环境敏感点应列为优先考虑的监测点。

①为了掌握公路工程受影响的声环境敏感点，昼、夜的噪声水平能否满足相应的声环境质量标准而开展声环境敏感点监测工作。

验收调查中需进行监测的典型声环境敏感点的选择，应考虑所处路段、区域、敏感点功能、高差、距离等条件。测点应位于敏感点窗前1m，传声器距地面的垂直距离不小于1.2m处，敏感点为楼房时，应增加垂直分布测点。

监测频次：每天监测4次(白天2次6:00-22:00，夜间2次22:00-6:00)，每次监测20min，连续监测2天，具体监测时间依据交通流量特点确定。

②为了解24h内通过该道路的车辆类型结构和车流量的变化以及交通噪声在一天内的时间分布情况开展24h连续监测。24h监测点位原则上宜选择与高速公路路肩水平距离在40m

内的环境敏感点，监测点位应易于监测、无生活和其他外界噪声干扰，以保证监测数据的准确、可靠有效。

监测频次：每天24h连续监测，连续监测两天。

③衰减断面监测。通过衰减断面的监测可了解公路交通噪声随距离增加衰减的情况，以便对未进行监测的声敏感点的噪声达标情况进行分析、判断。

监测点位宜选择代表性路段，距曲线段、桥梁较远，运营车辆能正常行驶，公路两侧开阔无屏障，监测点与高速公路高差较小的地段。车流量有明显变化的路段，应分段设置。分别选择距高速公路路肩20m、40m、60m、80m、120m，高1.2m处点位进行同步监测。

④声屏障降噪效果监测。声屏障降噪效果监测的目的是为评价声屏障的降噪效果。其监测点位应选择位于声屏障中部屏障板后10m、20m处和保护目标窗前1m处，并在无屏障开阔地带与其平行的相同距离处设置对照点位。

监测频次为每天监测4次(时间同敏感点交通噪声监测)，每次监测20min，连续监测2天。

铁路噪声系指各种类型的客、货机车车辆在运行中与轨道摩擦、振动等所产生的噪声。

轨道交通噪声系指城市地下轨道交通(地下隧道内行驶)、城市地面轨道交通(在地面轨道或高架轨道上行驶)车辆运行中所产生的噪声。城市轨道交通的特点是：列车2～8辆编组较铁路客车编组少；列车以座位为主较铁路客车体短而轻；昼间车流密度大，高峰时2～3min一列，低峰时5～10min一列，夜间一般0至4时停止运营。

还有车站、编组站、车辆段及地铁风亭等产生的噪声。

应各选代表其机车车辆运行平均密度的某一小时，用其测量的一小时等效声级和最大声级分别代表昼间、夜间监测值，必要时昼间和夜间分别进行全时段测量。轨道交通夜间可分别测量22:00至停运时段，早出车至6:00时段的等效声级和最大声级。

当线路运行车流量密度较小(平均一小时车流量不足6列)或背景值较高较复杂(例如相邻高速公路或交通干线)时，可采用测量列车通过时的等效声级(同时记录列车通过时时间)和背景声级，根据昼、夜间车流量分布和背景声级来计算昼、夜现状等效声级。

车站、编组站、车辆段及地铁风亭产生的噪声监测，参照《工业企业厂界噪声标准》(GB 12348—2008)和《声环境质量标准》(GB 3096—2008)。

声屏障降噪效果监测，可参照公路工程验收监测中声屏障降噪效果监测方法进行，多次测量(3次以上)列车通过时段不同点位的等效声级平均后进行分析。

(2)城市港口及江河两岸区域环境噪声

城市港口及江河两岸区域环境噪声系指城市海港和内河港港区范围内以及江河两岸邻近地带受港口设施或交通工具噪声影响的住宅、办公室、文教、医院等室外环境的噪声值。

《城市港口及江河两岸区域环境噪声标准》(GB 11339—89)中分为两类区域。“一类区域”指港区内住宅、文教、医院、机关所在地区以及船流量每小时60艘以下的江河两岸地区。“二类区域”指船流量每小时60艘以上的江河两岸地区。港区内的码头作业区、泊位、库场区、辅助区等工作环境，按《工业企业厂界噪声标准》执行。港外与港区相邻的城市各类功能区域，按《声环境质量标准》(GB 3096—2008)执行。

测点位置应选在户外离建筑物1m、高1.2m以上的噪声影响敏感处(如住宅、办公室的窗外1m处)。监测方法参照《声环境质量标准》(GB 3096—2008)执行。

(3)机场

根据飞机飞行架次及飞行程序、机场周围敏感点分布情况设置噪声敏感监测点,并应考虑与环境影响评价文件中监测点相对应,其中应特别关注预测结果超标的敏感点。

飞机噪声监测测点选在户外平坦开阔的地方,传声器高于1.2m、离开其他反射壁面1.0m以上。

监测周期为一周7×24h连续监测,监测一周内每天24h内的所有航班。

(4)具有边界(厂界)的建设项目

边界(厂界)噪声监测应在工程正常生产情况下进行,监测点位于厂界外1m、高度1.2m以上,如厂界有围墙,测点应高于围墙。

测点布置在敏感点一侧的厂界或在所有厂界平均布点,测点数目可根据验收项目规模而确定。总之对厂外声环境敏感点可能会造成影响的地段(厂界外有居民、学校、医院等),应作为监测重点。

根据工况调查中厂界内声源特征,分别采用1min(针对稳态声源)、1个周期(周期性声源)或整个工作时段(针对非稳态非周期性噪声)等效声级测量法,客观地评价厂界各点噪声值。在重点测点建议用数据采集器进行24h连续监测,也可以昼夜进行数次监测,每次监测10min,监测一昼夜以上。

4.噪声监测结果与达标情况分析

将监测结果与执行标准进行对比分析,评价声环境敏感点和厂界(边界)噪声的超达标情况,并明确超标的原因。涉及声环境敏感目标比较多的交通道路工程需根据断面监测和24h连续监测结果,结合车流量分布分析噪声衰减和影响规律,对所有敏感点均应给出环境噪声的监测或测算结果,列表说明超达标情况。

当验收监测时工况未达到验收规定的工况条件时,应按设计能力校核其对环境的影响。

5.声环境保护措施效果分析与建议

根据监测结果,说明声环境保护措施的降噪效果。对不能满足声环境质量标准的声敏感点,应分析原因,提出整改、补救措施与建议。

四、固体废物影响调查

1.污染源调查

调查固体废物处理(处置)相关的政策、规定和要求;核查工程产生的固体废物的种类、属性、主要来源及排放量,并将危险废物、清库、清淤废物列为调查重点;调查各类固体废物的处置方式,尤其应注意调查危险废物的最终处理处置方式、临时贮存场所、运输路线等。委托专业机构进行危险废物安全填埋或处置的,应注意调查该机构的资质。

2.污染监测

监测固体废物可能造成的大气环境、水环境(地下水、地表水)、土壤等的二次污染。给出监测点位图,并注明监测点位与污染源的相对位置关系,监测点的标识应规范。如果采用填埋方式处置危险废物和II类一般固体废物,必须对填埋区域附近的地下水进行监测。

3.措施有效性分析与建议

(1)分析固体废物处置方式是否符合相关规定的要求。

(2)根据调查及监测结果,分析现有环境保护措施的有效性及存在的问题,查找问题的原因。

(3)针对存在的问题提出切实可行的整改、补救措施和建议。

第七节　社会环境影响调查

一、移民(拆迁)影响调查

交通建设项目建设占地带来直接的后果之一就是改变土地功能,因占用土地使用一些居民迁移,水利水电项目称之为"移民",其他项目称之为"拆迁"。一般情况下,移民或拆迁人口由地方政府专门机构负责安置,只拆迁住宅生产资料(耕地)不动的称之为"生活安置",丧失生产资料需要重新分配的称之为"生产安置"。在环境影响评价阶段,对移民或拆迁人口集中安置区的选址和有关的环境保护措施均会提出要求。验收调查中,应重点应对移民(拆迁)集中安置区进行调查,调查内容是:

(1)移民(拆迁)区的分布及环境概况。

(2)移民(拆迁)安置、迁建企业的实际规模、安置方式。

(3)专项设施的影响及复建情况。

(4)移民(拆迁)安置区的环境保护措施情况,是否符合环境影响评价及其批复文件中有关要求。

通常采用现场勘察的调查方式,但有时为了说明安置区环境保护措施或设施的效果必要时也需根据实际环境影响因素开展相应的监测(如污水处理设施监测等)。

根据以上调查结果,明确建设项目对环境影响评价中措施的落实情况,分析移民(拆迁)安置存在或潜在的环境问题,提出整改措施与建议。

二、居民出行影响调查

一些线性工程,如公路、铁路等建设项目,建成因其高路基或封闭往往会对工程两侧居民形成阻隔,对居民的生活、生产、出行带来不便。为了降低其影响,建设项目一般通过设置桥梁、地下通道、(过水)涵洞等方式加以解决,竣工环境保护验收中需调查以下内容:

(1)通道设置的数量、位置、规模、与集中居民区的位置关系。

(2)通道设置是否满足初步设计要求。

以上内容除可借助资料分析加以判断外,还需通过现场勘察和走访受影响公众获取相关信息。

三、文物古迹及重要设施影响调查

文物古迹主要是指县级以上文物保护单位,重要的历史遗迹等,重要设施主要指有可能受到影响的重要公共设施如水文站、广播电视发射台等。

主要调查以下内容:

(1)建设项目施工区、永久占地及调查范围内的具有保护价值的文物古迹,明确保护级别、保护对象、与工程的位置关系;可能受到影响的重要公共设施的名称、与工程的位置关系。

(2)工程建设和试运行过程中采取的发掘与保护措施,其效果应取得文物保护主管部门的认可。

(3)环境影响评价文件及其审批文件中要求的环境保护措施的落实情况。

四、其他影响调查

生态影响类建设项目往往因其涉及的工程范围大、环境类型复杂、施工人员多等情况,因此,其社会影响也很复杂,除上述影响外,还存在着其他方面的影响。

如果环境影响评价文件中对人群健康等方面提出要求,验收调查时应调查项目实施过程中对有关要求的落实情况,并通过走访有关主管部门、公众意见调查等方式,了解工程建设过程中有无传染性或地方性疾病(如血吸虫病)爆发或扩散等的发生,如有发生应调查其影响范围、程度及受影响的人数、建设单位或地方主管部门采取的防治措施和效果等。

矿山开采、长大隧道等建设项目还易产生地下水疏干、地下水位下降等影响,进而影响居民生活用水等,验收中应注意进行影响程度、范围、解决措施及效果调查。

第八节　环境风险影响调查

环境风险事故一般是指偶然发生的环境污染事件,通常是伴随安全或生产事故发生的次生事故。从环境污染事故的危害角度划分,又可以把环境风险事故分为污染型事故和生态影响型事故。

污染型环境风险事故是指污染物突然排放到环境中、导致局部环境质量暂时或永久丧失的事故,如运输化学品车辆翻入河中污染水源等。

生态影响型环境风险事故是指意外发生的导致局部或区域生态发生急剧改变、动植物生境迅速恶化的事故,如:引入外来物种造成本地物种退化或灭绝、水库垮坝造成大范围水土流失等。

近年来,环境风险事故频发,风险防范和事故应对工作引起了党中央、国务院和全社会的高度关注,国家环境保护总局也出台了《关于防范环境风险加强环境影响评价管理的通知》等一系列文件,加大了环境风险事故防范和应对工作的管理力度。

不同的生态类建设项目,发生事故的风险和事故的环境危害是不同的,见表 3-3-4。

验收调查中的环境风险事故防范和应对措施调查主要应包括以下几方面的内容。

一、环境和风险程度

1. 事故的污染特征

调查工程的原辅材料、燃料、产品或输(运)送物料的种类和性质、分析当这些物质发生泄漏时对周围人群或区域生态系统的危害性。

2. 所在区域的环境特征

调查工程所在区域的人口密度、居民集中区和饮用水源分布、生态环境保护目标(自然保护区、珍稀动植物、特殊景观、生态脆弱区等)及其分布情况、水文、气象记录等。

环境污染事故风险行业及事故危害

表 3-3-4

项目类别	事故风险	事故主要危害
公路	运输危险化学品的车辆发生交通事故，危险化学品进入水体或有害气体逸散到空气中	污染水源，影响水源服务区域内的人员用水； 水质恶化，对灌溉和养殖业产生严重影响； 水质变化，对水域生态系统造成急性和长期危害； 气态污染物对人畜产生急性呼吸毒害； 气态污染物被动植物吸入造成损害、被土壤吸附造成污染，对区域陆地生态系统产生一定影响或严重破坏
港口航道油品和化学品码头	船舶自身的燃料、润滑油泄露； 船舶运载的油品或化学危险品泄露；油罐或化学品仓库发生火灾，消防水流入海域	污染事故海域、对海域的生态系统造成急性和长期危害； 事故涉及海域的水生动植物大量死亡；鸟类受到油品沾染、导致其大量死亡； 污损海滩、造成经济损失并产生长期危害； 海产养殖业严重损失
油田输油管线油库	储罐、管道渗漏或破裂	污染土壤、地下水和地表水并产生长期危害； 对区域生态系统产生急性和长期危害； 被污染农田的不能耕作
天然气管线	管道破裂起火	引起森林、草原火灾，造成包括绝大部分动物死亡在内的区域生态系统破坏
煤炭开采和洗选	矿井水或选煤水泄露	污染水体，对水域的局部生态系统造成急性危害； 影响河道景观
其他矿山采选	尾矿库垮坝； 洪水冲走尾矿	对库下区域水、土壤和敏感目标造成影响
水利水电	工程运行期的生产、生活废水事故状态下排入水体； 工程弃渣处理措施的失稳滑坡； 库岸的失稳塌岸	废水排放和弃渣的大量下泄对水质产生不良影响，进而对水域水生态系统造成影响； 大量水体突然下降，对下游水域生态系统造成严重灾害
林业浆纸林基地	外来物种引入； 病虫害暴发； 火灾	乡土物种凋亡、生物多样性降低、生态系统退化改变、珍稀物种灭绝； 引起周围的丛林草原起火，造成包括绝大部分动物死亡在内的区域生态系统破坏

3. 事故风险

调查工程对生产事故的应对措施，分析诱发次生环境污染事件的可能性(如扑救事故的消防水是否直排敏感水体等)；根据区域环境特征、历史水文气象资料等，分析污染事件发生时的最大影响范围、程度和持续时间。

二、防范措施

(1)核实环境影响报告书和批复、设计文件及相关法规等规定的防范措施和要求的执行情况。

(2)调查工程运管单位针对环境风险事故防范的组织机构的设置情况，分析其有效性。

(3)调查有关环境风险事故防范的规章制度的建立情况。

(4)调查有关环境风险事故防范的宣传教育和培训情况。

(5)全面深入地调查环境风险事故防范设施、设备的建设情况。如:邻近敏感水域路段公路的加强防撞护栏和蓄毒池的建设情况、石油站场油罐区事故围堰的建设情况等。

三、应急(应对)措施和预案

(1)核实环境影响报告书和批复、设计文件及相关法规提出的应急措施和要求的落实情况。

(2)调查环境风险事故防范的应急组织机构的设置情况。

(3)调查环境风险事故应急预案的制定情况并分析其有效性。

需要特别强调的是,应急预案不应仅仅局限于工程运行管理单位对事故的扑救和对附近人员的疏散方面,更应该着眼于对事故产生污染物的危害性和扩散特性的鉴别、更大范围的环境监测、下游水厂特别是跨行政区水厂或下风向居民区的紧急通报等;应急预案还必须具备联动机制,对交管、消防、医疗、疾控、环保、水务、安全生产、媒体等部门和单位的组织、协调、配合以及开展工作的次序等也应该作出明确具体的规定。

(4)调查环境风险事故应急演练计划的制订和实施情况。

(5)环境风险事故防范器材、设备的设置情况。

注意:在新的形势下,调查单位应充分重视环境风险事故防范和应急措施的调查工作,对于措施不足、管理欠佳的项目,务必提出补救措施要求和整改意见。

四、改进措施与建议

根据以上调查结果,评述工程现有防范措施与应急预案的有效性,针对存在的问题提出可操作的改进措施与建议。

第九节　环境保护目标影响调查

环境保护目标的调查,主要针对环境影响报告书中提出的环境保护目标逐一进行核实,落实环境保护目标的变化情况,调查清楚是否还存在、与工程距离变化、规模变化、性质变化等。同时给出相对环评阶段新增环境保护目标的详细情况。环境保护目标调查过程中除常规的集中居住区、取水口等敏感目标外,还应注意以下环境敏感目标,如表 3-3-5 所示。

生态环境敏感目标　　表 3-3-5

生态系统类型	特殊生态敏感区	重要生态敏感区
森林生态系统	1. (1)国际公约、议定书、协定保护目标;(2)国家法律、法规、行政规章及规划保护的或监督管理的,如珍稀动物栖息地或特殊生态系统、国际生物圈保护区、国家级自然保护区核心区和缓冲区、江河源头水源保护区等;(3)列入珍稀动植物保护名录的物种的生境,及其他特有种的生境; 2. 重要的天然林和热带雨林; 3. 极具生态价值区,如生物廊道、洪泛区; 4. 沙化、荒漠化、石漠化土地封禁保护区; 5. 其他已经科学判明的区域	1. 国家级自然保护区的实验区、省级自然保护区/风景名胜区/森林公园、一、二级水源涵养区、河流源头区、蓄滞洪区、防洪保护区; 2. 生态脆弱区,如 25 度以上陡坡地、水土流失重点治理区、重点预防保护区、重点监督区; 3. 面积超过 $1hm^2$ 的天然、次生林地或热带雨林地区; 4. 防护林、护路林、实验林、母树林、退耕还林地

续上表

生态系统类型	特殊生态敏感区	重要生态敏感区
草地生态系统	同上"森林生态系统"	1.面积超过 $1hm^2$ 的典型草原/草山/草坡； 2.重要放牧场、割草地、用于畜牧业生产的人工草地、退耕还草以及改良草地、草种基地、科研/教学试验草地
荒漠生态系统	1.同上"森林生态系统"的第1条； 2.极具生态价值区，如胡杨林； 3.沙尘暴源区、荒漠中的绿洲； 4.沙化、荒漠化、石漠化土地封禁保护区	
湿地、河流、湖泊生态系统	1.同上"森林生态系统"的第1条； 2.极具生态价值区，如生物廊道、洪泛区； 3.重要湿地、鱼虾产卵场、天然渔场等	面积超过 $0.5hm^2$ 潮间带滩涂、面积超过 $0.5hm^2$ 淡水或赶潮沼泽、面积超过 $1hm^2$ 湿地、长度超过100m的天然溪流或河道、退田还湖区
海洋生态系统	1.同上"森林生态系统"的第1条； 2.鱼虾产卵场、天然渔场、鱼类洄游通道； 3.典型海洋生态系统(如珊瑚礁、红树林)等	1.省级自然保护区/风景名胜区； 2.人体直接接触海水的海上运动或娱乐区，与人类食用直接有关的工业用水区等； 3.面积超过 $1hm^2$ 的滨海湿地或长度＞500m受干扰的天然海岸
农田生态系统	—	基本农田、鱼塘

第十节　公众意见调查

一、公众意见调查的目的

包括《环境影响评价法》(2003.9)在内的我国相关环境保护法律法规中对竣工环境保护验收调查工作中的公众参与已有明确的规定。2008年5月1日起正式施行《环境信息公开办法(试行)》，是第一部有关环境信息公开的综合性部门规章，它对"政府环境信息"和"企业环境信息"的公开作了详细规定，强制环保部门和污染企业向全社会公开重要环境信息，为公众参与污染减排工作提供平台。

开展公众参与的主要目的就是在于通过广泛听取利害关系人或利害团体的意见和要求，特别是能够充分考虑到生态环境利益，尽量采取有效、可行的措施来减轻和防止环境侵害，即依靠广大公众的力量，更有效全面的做好环境保护工作。公众参与在竣工环境保护验收调查中具有十分重要的作用和意义。具体针对交通工程来说，公众参与的主要目的和意义包括如下几点：

(1)将工程竣工环保验收调查的有关情况通报给公众，积极征求公众关于工程竣工环保验收的意见和要求。

(2)及时将公众意见和建议反馈给项目管理和建设运营单位，并对其中的关键问题向有关主管部门反应，以利于工程产生的、公众普遍关心的、与公众直接相关的重大问题得以事先研究和协商解决，化解建设运营单位与各机构之间及与公众之间的冲突。

(3)加强建设运营单位和公众之间的双向交流，提高其环境效益和社会效益。

(4)发挥公众的力量,协助制定切实有效的环保补救措施。

二、公众意见调查的原则

交通工程竣工环保验收中的公众意见调查应遵循以下工作原则:

1. 全面交流原则

公众参与的内容应包括工程区域环境现状及现阶段存在的主要环境问题、工程建设开发造成的环境影响、公众对工程环境保护工作的意见和要求等。在工程竣工环保验收调查的各个环节中均要体现公众的意见。

2. 双向交流原则

努力实现公众与建设运营单位之间的双向交流,对公众意见给予及时有效的反馈,以促进双向交流的良性循环。

三、公众意见调查的方式和对象

公众参与的方式一般采用发放公众意见调查表、现场民众访问及网上公示、专家咨询等形式。调查应在公众知情的情况下开展,可采用问询、问卷调查、座谈会、媒体公示等方法,较为敏感或知名度较高的项目也可采取听证会的方式。

公众参与的范围应包括工程涉及的直接地区和间接区域,调查的公众主要是调查范围内的各大企事业单位工作人员,农民、渔民等当地群众。专家咨询的范围一般可包括:工程环保主管工作人员、工程所在地环保局有关规划和环境管理人员、工程所在地区包括海洋局、港口管理局、旅游局、大学及科研机构等部门相关专业的学者和专家、交通运输部部环境保护办公室和环境保护部等部门管理人员和专家等。

调查对象应选择工程影响范围内的人群,可从性别、年龄、职业、居住地、受教育程度等方面考虑覆盖社会各阶层的意见,民族地区必须有少数民族的代表。调查样本数量应根据实际受影响人群数量和人群分布特征确定,在满足代表性的前提下确定合理的样本数量。

专家咨询和论证是公众参与工作内容的重点之一。面对相应的环境问题,为了实现工程所在地区的可持续发展,因此需要全面分析工程建设的环境效益和生态影响,广泛征求各方面专家的意见和建议。

四、公众意见调查的内容

公众参与的主要调查内容应包括公众对工程现状及环保工作的了解程度、对工程建设、运营的态度、所关心的环保问题以及环保方面的意见和建议等。了解公众对工程施工期及试运行期环境保护工作的意见,以及工程建设对工程影响范围内的居民工作和生活的影响情况。具体调查内容可根据项目的工程特点和周围环境特征设置,一般包括:

(1)工程施工期是否发生过环境污染事件或扰民事件。

(2)公众对建设项目施工期、试运行期存在的主要环境问题和可能存在的环境影响方式的看法与认识,可按生态、水、气、声、固体废物等环境要素设计问题。

(3)公众对建设项目施工期、试运行期采取的环境保护措施效果的满意度及其他意见。

(4)对涉及环境敏感目标或公众环境利益的建设项目,应针对环境敏感目标或公众环境利益设计调查问题，了解其是否受到影响。

(5)调查公众最关注的环境问题及希望采取的环境保护措施。

(6)调查公众对建设项目环境保护工作的总体评价。

五、公众意见调查的注意事项

1.如何在确保公众参与有效性前提下提高工作效率

充分利用纸质媒体和网络等多种方式发布信息公告，例如在建设项目所在地的公共媒体上发布公告、公开免费发放包含有关公告信息的印刷品、制作相关网页等；收集公众意见也同时采取包括问卷、走访咨询、座谈等多种手段。

2.如何协调保证公众知情权与保守国家机密的关系

在公众参与工作过程中，有可能涉及一定级别的国家机密。虽然目前国内政务公开、透明化程度越来越高，但在牵扯到重要能源、经济命脉等问题时，相关国家机密的保密要求仍然要严格遵守。具体到港口规划，军民两用码头、重大石油化工周转码头的建设等均可能涉及类似问题。确保公众知情权和严格保守国家机密均是建设单位和调查单位要履行的义务，在进行向公众公告工作时如何进行协调是需要周密考虑的问题。

建议在公众公告内容中出现可能泄露国家机密的情况时，将公示的项目建设相关内容简化，重点对建设项目造成影响及相关对策和措施进行公示。毕竟公众最关心的是与其切身利益相关的项目环境影响的情况，对国家的保密要求公众也是可以理解和接受的。在保守国家机密和公众知情权的要求冲突比较严重时，建设单位应上报相关主管部门，按照《保密法》等的要求对公示内容和公示范围进行筛选后，再进行向公众公告，避免因为泄露国家机密造成重大损失。

3.如何保证公众知情权的同时避免影响工程正常环保验收

建议公众参与过程中，注意公示内容的描述方式，对于不涉及环境问题的工程参数尽量回避，比较敏感而确实与公众环境利益相关的工程参数在提供给公众前需要经过建设单位确认。公众最关心的是与其切身利益相关的项目环境影响的情况，不能将工程设计资料中非常详尽的设计数据不加筛选、全部列入公示材料中，确保公众对环境问题的知情权才是公众参与的最终目的。

4.公众参与对象的选择

所谓有的放矢，准确选择公众参与对象和人群，是一次成功的公众参与的前提条件。选出的公众参与对象不具备代表性，就不能准确反映受项目环境影响人群的意愿。公众参与人群的选择，应该是与工程实施有关的利害关系人，包括直接影响人群和间接影响人群，也包括对项目及其环境影响比较了解的专家、建设单位、设计单位、评价单位、环境保护行政主管部门等等，而应重点咨询的公众是直接影响人群和其他各利益相关方。公众参与实际工作中，可确定部分人群作为重点公众代表开展问卷、咨询、座谈会和听证会等调查工作。重点公众代表的职业、年龄、文化程度、民族等的比例组成应与公众参与人群的基本类似，同时形成一定梯度以保证反映不同层面代表的意见，并适当考虑增加受教育程度较高或有相关专业知识背景人员的数量。

六、公众意见调查数据统计与结果分析

公众参与工作完成后，收集上来的资料进行统计分析也是非常重要的工作环节，统计分析的

准确性直接关系到公众参与工作成功与否。公众参与调查资料的统计分析中应注意以下问题：

1.公众参与样本要求和有效性分析

(1)数量的要求

公众代表的数量应根据实际受影响人群数量和人群分布特征确定，原则上不少于80人。公众参与样本数量少于上述最低数量要求时，以实际数量开展调查，但应在调查报告中解释说明。

(2)公众意见的收集

公众参与期间，应设专人负责收集和整理公众反馈材料，并记录有关信息。

公众反馈材料、问询记录和会议纪要等，实施公众参与的单位应存档备案。

(3)公众意见有效性判别

在进行统计分析前，应进行公众意见有效性判别。判别依据一般采用：公众所反馈意见与环境保护工作有关，则视为有效，否则为无效。

(4)有效公众意见统计

对有效公众意见进行分类归纳统计，作为采纳与否的判定依据。统计结果比例里剔除未选择数量；另外，对于选择“不满意”或“其他”选项又无具体原因的或解释原因与环保无关的问卷该题视为无效。

2.调查对象的人员构成情况统计

应对调查对象的人员构成情况进行统计，包括《公众调查表》发放与收回份数、回收率、网上调查人员数量、有效问卷份数和份额、座谈与咨询人员数量等。根据被调查人员的统计结果，最终明确参加调查人员是否能够充分代表公众参与人群的情况。

3.公众意见统计

公众参与的调查结果统计主要在调查内容的基础上进行逐条统计，并做出针对性的分析。调查结果统计中应给出各项内容不同选择人群所占的百分比，并分析具体原因。调查意见统计结果中应明确：

(1)本次调查范围是否合适，接受调查的人群是否有代表性。

(2)接受征询的人员中，表示支持或反对人数的比例。说明社会各界人士对本规划实施的态度。

(3)人们关心该项目对自然和生态环境影响侧重于哪些方面，是否可接受；应加强哪些方面的环保工作。

(4)接受询问的居民对此工程提出的各种要求和建议。

调查报告中应本着侧重考虑直接受影响公众意见和保护弱势群体的原则，在综合分析上述公众意见、工程情况以及社会文化经济条件等因素的基础上，根据国家或地方有关规定和政策，对主要意见采纳与否进行判定，在报告中说明没有采纳意见的理由，并根据采纳意见提出生态和环保补救措施意见与建议。

4.调查结果分析应符合下列规定

(1)给出公众意见调查逐项分类统计结果及各类意向或意见数量和比例。

(2)定量说明公众对建设项目环境保护工作的认同度，分析公众反对建设项目的主要意见和原因。

(3)重点分析建设项目各时期对社会和环境的影响、公众对项目建设的主要意见和合理性及有关环境保护措施有效性。

(4)结合调查结果,提出热点、难点环境问题的解决方案。

第十一节　环保投资、环境管理及监测计划落实情况调查

一、环境保护投资落实情况调查

交通工程环境保护投资落实情况调查主要针对以下两个部分。

1.环境影响报告书中提出的环保投资的落实情况

对于环境影响报告书中提出的环境保护投资,应逐项核实环保设施或措施的落实情况及投资金额,对于未落实的资金应予以说明原因。根据调查结果比对环境影响报告书要求和实际落实的工程环保投资总额和占总投资比例,例表见表3-3-6。

交通工程环保投资落实情况调查样表　　表3-3-6

序号	环保措施	环评概算(万元)	实际投资(万元)	备注
1	环境评价、设计、科研			
2	绿化、生态、景观保护			
3	降噪措施(声屏障、植树、双层窗)			
n	……			
	项目竣工环保投资(不计运营期费用)			
	项目竣工环保投资占总投资比例			
	环保投资合计(计运营期费用)			
	环保投资占总投资比例			

2.工程新增环保投资情况调查

除了环境影响报告书提出环保投资的落实情况调查外,还应调查工程在后续设计和施工过程中补充的环保投资,并列出包含这两部分的工程实际环保投资明细表。补充环保投资中,应特别注意不要遗漏工程环保设计费、涉及环保的专项研究费用、竣工环保验收调查费用等。

另外,在环保投资落实情况调查中,应注意区分筛选专项环保投资和兼顾环保投资,并在实际环保投资明细表中分别列明。

二、环境管理情况调查

工程的环境管理情况调查按施工期和运行期两个阶段分别进行,一般包括以下内容:

(1)调查建设单位环境保护管理机构及规章制度制定、执行情况、环境保护人员专兼职设置情况。

(2)调查建设单位环境保护相关档案资料的齐备情况。

(3)环境影响评价文件和初步设计文件中要求建设的环境保护设施的运行情况。

(4)分析建设单位“三同时”制度的执行情况。

三、环境监测计划落实情况调查

环境影响报告书中一般会提出工程施工期和营运期的环境监测计划，验收调查中要针对该计划逐一核实落实情况，未落实的应说明理由。根据环境监测计划落实情况和各环境要素的环境影响调查结果，对环境影响报告书中提出的营运期监测计划提出调整建议，使之更加符合工程及其所在地区的实际环境情况。

生态影响类建设项目规模大、建设周期长，对工程区域内的环境影响相对较大，因此加强施工期和运行期环境管理是做好环境保护工作的关键。

项目竣工环境保护验收调查中环境管理与监测计划调查内容主要包括：施工期和运营期环境管理情况、施工期和运营期监测计划落实情况、环境监理工作执行情况、运营期日常环境管理工作的建议等内容。

四、工程环境监理执行情况

如果在环境影响评价及其审批文件中提出了施工期进行环境监理的要求，竣工验收工作中应调查建设单位是否落实了这一要求。调查内容包括：与监理单位签订的工作合同、施工期环境监理记录、环境监理总结报告等。说明环境监理效果。

五、运营期环境管理工作建议

根据对建设项目环境管理工作的调查结果，对发现的问题和不足，提出进一步完善和改进的意见。应注意提出的管理措施的有效性和可操作性。

第十二节　环保补救措施与营运期环境管理建议

一、环境保护补救措施的提出

根据前述章节的竣工环境保护验收调查结果，应提出针对该交通工程的环境保护补救措施。补救措施的提出主要针对以下几个方面：

(1)环境影响报告书及其批复中提出的措施或建议没有落实的部分。

(2)竣工环境保护验收调查中发现的新的环境问题。例如公路项目噪声超标的敏感点、港口项目粉尘不能达标排放等。

二、营运期环境管理建议

与环境保护补救措施不同，营运期环境管理建议主要是出于完善交通工程营运部门的环境管理制度、提高环保水平的目的。主要着眼于以下几个方面：

(1)加强对环保设施的运行管理维护工作，保证包括污水处理设施等在内的环保设施能够正常稳定运行。

(2)执行环保管理人员培训制度，保证相关环保工作人员素质稳步提升。

第四篇　水运工程竣工环保验收技术应用

第一章　港口工程竣工环保验收技术应用

第一节　港口工程环境影响特点

进行港口工程竣工环境保护验收工作，首先要了解港口工程的环境影响特点，针对其环境影响情况及特点，进行港口工程竣工环境保护影响调查。

一、港口工程建设的环境影响特点

港口工程建设对环境的影响有以下一些特点：

1. 区域性

由于港口建设规模大，占地广，配套设施多，因而其对环境的影响往往是陆上、海上、空中立体式的，有可能对建港区域甚至一个地区的环境质量造成影响。如大连港大窑湾建港一期工程港池、航道疏浚工程施工由于疏浚泥沙的扩散，曾造成大窑湾小窑湾海域水产养殖的海带、贻贝、鲍鱼大面积死亡，其影响面已超出了建港区域。

2. 层次性

港口开发建设是一项复杂的系统工程，港口本身就是一个大系统。是各具不同功能的单体组成的有机整体。因而其污染源及对环境的影响也具有层次性。开山填海可能对区域生态环境造成影响，而锅炉的噪声只对周围的工作人员有影响，其对环境的影响从宏观到微观具有层次性。

3. 复杂性

港口货种、等级不同，导致污染的形式也不相同。油码头有油污染，化工码头有化学污染，矿石、煤码头则产生粉尘污染等等。

4. 不可逆性

港口泊位接卸某一种类型的货种基本是专业性的。用途是固定的，建成后很难再改变。

因而如规划选扯不当，其造成对环境影响将是长期的，不可逆的。

二、港口工程建设对环境的影响分析

分别从港口工程施工期及与营运期对不同环境因素的影响情况分别分析。

1. 施工期环境影响因素分析

(1)对水环境和生态环境的影响

①港口工程施工一般涉及港池疏浚、陆域吹填，对环境影响因素分析如下：

a. 在挖泥作业中，由于机械的搅动作用，使得泥沙悬浮，造成水体混浊水质下降，并使得疏浚区底栖生物生存环境遭到破坏，对浮游生物也产生影响。主要污染物为SS。

b. 溢流过程对环境的影响：含有悬浮物水体将对围埝附近水域造成水体混浊水质下降，对浮游生物也将产生影响。

c. 吹填区造陆将使该区域底栖及水域生态环境遭到破坏，并对其产生不可逆的影响。

②施工人员集中驻地产生生活污水，若处理不当将对环境造成一定的负面影响。

③施工船舶生活污水、含油污水及船舶垃圾排放对水环境及生态环境的影响。

④港口工程陆域施工对陆生生态的影响

(2)对环境空气的影响

港口工程陆域施工属土建工程，对大气环境主要影响因素是粉尘，主要污染因子是总悬浮颗粒物。主要污染环节是：

①沙石料堆存过程中的风蚀起尘。

②卡车卸料时产生的粉尘污染。

③道路二次扬尘。

④水泥拆包的粉尘污染。

⑤汽车运输沙石对运输线路的粉尘污染。

(3)对声环境的影响

按常规施工方法，施工期对声环境的影响因素主要是施工机械噪声。主要为打桩机、推土机、压路机、混凝土搅拌机等施工机械作业时产生机械噪声，以及运输车辆产生交通噪声。

(4)固体废物

主要为施工人员活动过程中产生的生活垃圾，以及施工过程中丢弃的废弃水泥袋、废钢材等生产垃圾。

2. 营运期环境影响因素分析

(1)对水环境和生态环境的影响

①到港船舶产生的机舱水和生活污水，以及因船舶故障或油水分离器失效需在港排放的含油污水。

②后方辅建区所产生的生产、生活污水和机修含油污水。

③煤炭、矿石等散货在堆存期间因降雨所产生的含尘雨污水、冲洗水以及粉尘落入海域(水域)对水环境产生的影响(散货码头)。

④集装箱洗箱废水对水环境产生的影响(集装箱码头)。

⑤贮罐、输液泵检修或更换储存品种时产生冲洗油污水，以及储罐区地面的初期雨水与泵

房的地面冲洗水(油品化工码头)。

⑥溢油风险事故对水环境产生的影响。

(2)对环境空气的影响

港口工程废气污染源一般包括锅炉烟气、总悬浮颗粒物(散货码头)、油气、化学品气体(油品化工码头)、作业机械尾气(集装箱码头)等产生的废气对环境空气的影响。

(3)声环境影响因素

①铁路、公路集疏运中产生的交通噪声。

②装船机、单斗装载机、流动皮带机等装卸机械所产生的机械噪声。

(4)固体废物

①生产、生活辅建区所产生的生产、生活垃圾。

②船舶所产生的固体废物。

三、环境影响形态

港口工程是一个点状的人工构造建筑物(航道工程属于带状),一般陆上影响以港口为中心的一个点状污染源,水上影响主要为港口工程上下游的一定范围内,主要视工程性质及港口所在位置影响范围大小有所不同。

四、环境影响时效

港口工程建设项目施工期的污染时效与其他建设项目基本相同,污染影响集中在施工期这一短期的时间范围内,随施工强度和施工阶段而发生强弱变化,施工结束后随即消失。只有在施工阶段将应该落实的各类环境保护措施落实到位,到港口建成投入运营后所产生的环境问题才能得到有效地控制。

港口工程营运期的环境影响同样贯穿于营运期始末,根据不同的港口功能,对环境的影响大小有所不同。

第二节　港口工程环保验收技术方法

港口建设项目竣工环境保护验收是国家环境保护总局从2000年开始开展的工作,近几年来国内从事环境保护验收调查的科研单位已经完成了众多的港口建设项目竣工环保验收工作。2008年8月1日起实施《建设项目竣工环境保护验收技术规范 港口(HJ 436—2008)》标志港口建设项目竣工环境保护验收的技术方法已经逐步规范化。航道建设项目环保竣工验收方法可参照港口工程相关内容。

本章节中提出的港口工程环境保护验收技术方法主要参照《建设项目竣工环境保护验收技术规范港口(HJ 436—2008)》。

一、港口工程调查

1.港口工程建设过程调查

同其他交通建设项目相同,核查港口工程的立项文件、可行性研究报告及其批复和程序的完整性、批复单位审批权限与项目投资规模符合性;检查港口工程是否按照国家的有关规定进行了项目审批；检查港口工程在工程可研阶段是否按环境影响评价制度的要求进行了环境影响评价工作。

2. 工程概况调查

(1)基本情况调查

明确港口建设项目的地理位置、性质(新建、扩建、改建)、项目组成、工程规模、工程特性、工程量、主要经济技术指标、主要装卸工艺及流程、辅助配套工程情况、对外集疏运条件、环境保护设施情况、项目总投资决算或概算与实际环境保护投资等。

港口建设项目应提供适当比例的项目地理位置图、工程总平面图、装卸工艺流程图、环境保护设施工艺流程图、环境保护设施的布置图。

对"以新带老"的"改扩建"项目，应充分了解在项目建设前的生产设施、生产辅助设施、环境保护设施及措施，设计中规定拆除、改建或扩建的内容。

(2)工程变更而变化的环保措施调查

①问题及发生原因。因为工程建设内容变更，使对应的环保措施取消或者环保设施发生变化，是环保验收时发现较多的情况之一。根据调查结果，变更后的环保措施常常也能起到与原有环保措施和设施雷同的环保效果，没有因为环保措施和设施的变更造成项目对环境的污染。但是这些措施变更绝大多数没有及时到相应的环保主管部门办理相关合法手续，大多是在申请工程竣工环保验收时一并向主管部门汇报。

②可能导致的不良后果及应对措施。项目环保措施变更后，如果不及时到相应环保主管部门办理有关手续，将造成环保部门对该部分环保内容监管的缺失，从而有可能出现变更措施不能满足环保要求进而造成污染影响和破坏环境的现象。

随着建设项目竣工环保验收的开展，环保主管部门会逐步掌握各个项目环保措施的变更情况，从而再确定应采取的环保整改、补救措施。

因此，在环保验收时要加强对此类项目的关注，并督促建设单位在今后其他项目的建设中能够及时履行各种环保手续，不再把很多问题都放到竣工验收时再解释、说明。督促加强各个建设单位执行各种环保法律法规的意识，使各单位能主动依法办事是解决该问题的最佳办法；同时，地方环保主管部门也应切实加强工程施工期和营运期的日常环保监督、检查力度。

3. 工程核查

对照环境影响评价阶段项目的设计资料，核实工程建设内容，全面反映项目的实际完成情况和运行情况，给出工程设计和实际工程对照、变化情况一览表。项目建设过程中发生变更时，应说明其具体变更内容、原因及有关情况。

对照环境影响评价阶段的工程设计资料，核实工程技术经济指标，全面反映工程的实际建设及运营指标，给出工程设计和实际工程对照、变化情况一览表，工程技术经济指标发生变更时，应重点说明其具体变更内容及有关情况。

工程技术经济指标主要包括码头泊位吨位及个数、岸线及码头长度、堆场面积等。

4. 验收条件或工况

调查港口试运行以来的吞吐量，与设计吞吐量进行对比，说明环保验收时工况情况。

验收应在工况稳定、生产负荷达到近期预测生产能力的75%以上的情况下进行；如果生产能力不能达到设计能力的75%时，可以通过调整工况达到设计能力的75%以上再进行验收;如果短期内确实无法调整生产能力达到设计能力的75%以上的,应在主体工程运行稳定、环境保护设施运行正常的条件下进行验收,注明实际验收工况,并按设计工况进行校核。

二、环境保护目标调查

结合港口项目环境影响评价报告时提到的环境保护目标,对港口周围进行调查,主要将工程附近的环境敏感目标(如自然保护区、风景名胜、水域的饮用水源取水口、鱼类产卵场、养殖区、洄游通道、索饵场、栖息地、捕捞区、盐场等,陆域的居民区、学校、医院、文物古迹等)列为环保验收的环境保护目标。

三、环境影响评价及其审批文件回顾

1.环境影响评价文件

环境影响评价文件的回顾章节中应明确说明主要环境影响要素、环境敏感目标、环境影响预测结果、要求采取的环境保护措施和建议、评价结论等。

2.审批文件

说明环境影响评价文件完成及其审批时间,并简述环境影响评价审批文件中所提出的要求。

四、环境保护措施落实情况调查

对环境影响评价及其审批文件所要求的各项环境保护措施的落实情况予以说明,调查项目在设计、施工、试运营阶段所采取的控制生态影响、污染影响和社会影响所采取的环境保护措施的有效性,根据竣工环境保护调查结果,必要时提出合理可行的环境保护补救措施。环保验收不同阶段(方案阶段及调查报告阶段),对环保措施调查的关注重点及要求不同。

1.验收调查方案阶段环境保护措施落实情况调查

在项目验收调查方案阶段,应通过现场勘察、资料和设计文件查阅并结合公众意见调查,对项目环境保护措施的落实情况进行基本定性描述,并对其效果进行初步概括说明。

2.验收调查报告阶段环境保护措施落实情况调查

在项目验收调查报告阶段,应在验收调查方案初步调查的基础上,对各项环境保护措施的落实情况进行细化。不同阶段的环境保护措施的关注重点不同。

本章节应给出环境影响评价、设计和实际采取的环境保护措施对照、变化情况一览表,并对变化情况予以必要的说明。

不同功能港口的主要环境污染环节不同,因此关注重点不一样。

(1)煤炭、矿石、散粮、散化肥及散装水泥等码头应重点关注是否落实了降尘、喷淋设施、污水处理设施等。

(2)散装化学品、成品油、液化气(LNG、LPG)等码头应重点关注是否落实了环境空气保护设施及风险事故防范应急措施。

(3)集装箱及多用途港口项目应重点关注是否落实了污水处理设备等环境保护设施及压舱水是否进行灭活处理情况的调查。

五、施工期环境影响调查

1.调查方法

(1)调查分析项目的施工过程,核算污染物的实际发生量,分析其对环境的主要影响。

(2)通过走访当地环境保护主管部门、公众意见调查,了解项目施工过程中水、气、声、固体废物的污染情况以及生态环境的干扰和恢复情况,是否发生过污染环境、扰民现象,有无居民的环境保护投诉。

(3)收集利用项目施工期所在地的环境监测资料,与项目施工过程分析、公众意见调查相结合,回顾分析项目施工对所在地区环境质量的影响。

2.施工期生态环境影响调查内容

结合施工期水环境质量分析、水生生物生境变化、公众意见调查结果与水上施工工艺,分析港口建设项目施工期对水生生态和敏感目标的影响。

调查陆域施工中取弃土、施工营地等临时占地的情况、水土保持措施落实和生态恢复措施落实情况等。

3.施工期水环境影响调查内容

(1)调查施工期间用水量、施工人员数量等相关参数,分析施工期生产、生活污水的发生量、处理及排放情况。

(2)调查施工期水上施工工艺,重点关注项目的疏浚量、疏浚物的去向(回填还是外抛、回填外抛的地点与数量、疏浚物倾倒许可情况等)、炸礁的数量及炸礁废物的处理情况等。

(3)利用施工期水环境监测资料并结合公众意见调查结果,重点针对水域环境敏感目标,分析项目施工对水环境的影响以及水环境保护措施的有效性。

(4)施工期重点针对 pH 值、悬浮物、石油类、COD、氨氮等污染物进行水环境影响分析。

4.施工期环境空气影响调查内容

(1)调查施工期扬尘、燃料废气的控制情况。

(2)调查主要施工工艺,重点针对产生扬尘、废气的生产环节。

(3)结合环境空气监测资料及公众意见调查反映的情况,分析项目施工期对环境空气的影响以及环境空气保护措施的有效性。

5.施工期声环境影响调查内容

(1)调查施工期主要噪声污染源及采取的降噪措施的情况。

(2)结合项目施工期声环境监测资料以及公众意见调查反映的情况(注意项目是否有夜间施工等问题),分析项目施工期对声环境的影响以及声环境保护措施的有效性。

(3)施工期声环境影响分析应明确施工场界是否达标。

6.施工期固体废物调查内容

施工期固体废物重点调查生产垃圾(主要是建筑垃圾)、生活垃圾的处置方式和去向是否合理,调查疏浚物堆放防渗、防洪及生态恢复措施落实情况。

六、生态环境影响调查

1.调查内容

(1)自然环境概况

概括描述调查范围内自然环境基本特征,包括气象气候因素、地形、地貌特征、水资源、土壤资源、动植物资源、珍稀濒危动植物的分布和生理生态习性、历史演化情况及发展趋势等;调查范围内施工活动对生态环境的干扰方式和强度,以及生态环境演变的基本特征等;调查范围内的环境敏感目标和人文景观的历史和现状等。

(2)项目占地与征用水域影响调查

列表说明项目永久或临时性占地与征用水域的情况,包括位置、占用面积、用途等。

(3)生态环境敏感目标调查

①原则上以环境影响评价文件所确定的敏感目标为准,应调查包括水源保护区、风景名胜、自然保护区、森林公园等在内的需特殊保护地区,包括水土流失重点治理及重点监督区、天然湿地、珍稀动物栖息地或特殊生境、天然林、热带雨林、红树林、珊瑚礁、鱼虾产卵场、天然渔场、重要湿地等在内的生态敏感与脆弱区,包括人口密集区、文教区等在内的社会关注区。如调查过程中发现有新增的敏感目标,应作出补充说明。

②提供项目与敏感目标的相对位置关系图,必要时提供图片辅助说明项目建设前后敏感目标的变化情况。

③对项目建设前后因相关环境保护规划、功能区划调整而导致敏感目标的位置、范围、敏感程度发生改变的应特别做出说明。

④工程建设内容与设计和环境影响评价不一致,并有可能造成较大生态影响的区域,应重新判定和识别生态环境敏感目标。

(4)项目生态环境影响调查

①对比分析项目建设前后影响区域内生态状况的变化,核查生态环境现状是否符合环境影响评价文件中生态预测结论,是否在其正常变动范围之内,以及是否符合相关环境保护规划和功能区划的要求。结合项目采取的环境保护措施,分析项目建设对生态环境的影响。

②调查项目建设前后生态敏感目标功能完整性的变化情况,结合项目采取的生态减缓、补偿措施的落实情况,分析项目建设对生态敏感目标的影响。

③水土保持影响调查:执行《水土保持综合治理 技术规范》(GB/T 16453.1～6),当港口建设项目对陆域生态环境干扰较大时,如开山取石、取土用于陆域回填等,可根据资料核查的方法,说明施工期施工作业对水土保持设施的破坏情况以及造成水土流失的类型、程度和危害;同时调查项目采取相应措施后水土保持情况,必要时辅以图表进行说明。

④景观影响调查:收集项目建设前的景观情况。调查项目建设对所在地景观的影响。对项目建设前后的所在地景观的变化进行对比分析。

(5)必要时进行植物样方、水生生态、土壤调查,明确调查范围、位置、因子、频次,并提供调查点位图。

上述内容可根据实际情况进行适当增减。

2.调查方法

(1)资料调查

查阅项目有关协议、合同等文件，收集分析施工期监测、监理资料，了解项目施工产生的生态影响，调查项目建设占用土地(耕地、自然保护区、林地、草地等)、水域(海洋、内河、滩涂、养殖区、捕捞区、产卵场、洄游通道、自然保护区等)产生的生态影响及采取的保护与补偿措施。

(2)现场勘察

①通过现场勘察核实文件资料的准确性，了解项目建设区域的生态背景，评估生态影响的范围和程度，核查生态保护与恢复措施的落实情况。

②现场勘察范围：全面覆盖项目建设所涉及的区域，勘察区域与勘察对象应基本能覆盖建设项目所涉及区域的80%以上。对于建设项目涉及的范围较大、无法全部覆盖的，可根据随机性和典型性的原则，选择有代表性的区域与对象进行重点现场勘察。

(3)公众意见调查

可以了解建设项目在不同时期存在的环境影响，发现工程前期和施工期曾经存在的及目前可能遗留的环境问题，有助于明确和分析运行期公众关心的环境问题，为改进已有环境保护措施和提出补救措施提供依据。

(4)水生生态调查与监测

调查区域内存在生态敏感目标、项目环境影响评价阶段进行了生态环境监测、工程建设对生态环境有明显影响的港口建设项目，均应进行生态环境监测，具体要求如下：

①监测内容：原则上与环境影响评价文件中的生态监测进行对照监测，如果环境影响评价文件未进行监测，则根据项目的主要影响方式确定生态监测内容。

②监测点位布设：原则上选择与环境影响评价文件相同的点位，如果环境影响评价文件中未进行监测或工程变更导致影响位置发生变化时，除在影响范围内设点外，还应在非影响区设置对照点进行监测。

③监测因子：根据项目建设特点和环境影响调查的需要而设定，原则上与环境影响评价文件选择相同的监测因子。

④采样分析方法：常规监测因子(包括叶绿素、浮游植物、浮游动物、游泳生物、底栖生物和潮间带生物)参照执行《海洋调查规范》(GB 12763—2007)和《海洋监测规范》(GB 17378—2007)等相关监测规范。

⑤渔业资源和国家珍稀水生生物的调查原则上以现场实测为主，资料收集、文件核查、结合公众意见调查等为辅。

⑥必要时进行海洋生物残毒分析，采样分析方法按照《海洋生物质量标准》(GB 18421—2001)的要求进行。

⑦环境影响评价及其审批文件中要求进行人工增殖放流等生态补偿措施的，调查人工增殖放流工作实际完成情况。

(5)陆域生态环境调查

港口建设项目陆域生态环境的调查是通过核查相关资料和文件并结合现场勘察，明确项目陆域永久性或临时性占地的数量、类型，施工对水土保持设施的破坏情况，施工中采取的水土保持措施，调查工程对生态敏感目标的实际影响及保护措施的有效性。

(6)遥感调查

①适用于涉及范围区域较大、人力勘察较为困难或难以到达的建设项目。

②遥感调查应包括以下内容：卫星遥感资料、地形图等基础资料，通过卫星遥感技术或

GPS定位等技术获取专题数据;数据处理与分析;成果生成。

③对于影响范围较大的港口建设项目,可使用GIS技术进行生态制图反映项目建设前后海岸线和用地类型的变化、生态分布的情况等,必要情况下作为生态分析的辅助手段。GIS技术必须配合必要的勘察验证。

3.调查结果分析

分析生态环境变化情况,包括调查区域重要生态功能区功能变化、生物量变化、生境变化、物种增减量等,以及发生变化的原因,评估项目建设对所在地生态环境(含敏感目标)的影响程度。

评述项目已采取的生态保护措施的效果。针对存在的生态问题,提出生态环境补救措施和建议。对短期内难以显现的预期生态影响,应制定跟踪监测计划。

七、水环境影响调查

1.调查内容

(1)调查与本项目相关的国家、地方水污染控制政策、规定和要求。

(2)调查项目所在水域的环境功能区划、海洋功能区划;项目所在地的河流、水库、水源地等水体情况(与项目相对位置关系、联系等)。

(3)明确调查范围内水环境敏感目标分布的情况、与项目相关水体的环境功能区划。

(4)调查项目所在海域或水域的环境水文特征(潮汐与潮流、丰枯水期的水文资料等)。

(5)调查项目的用水情况、用水量、循环水量、排放水量、污水处理、回用及排放情况。

(6)应给出以下图表:调查区域的近岸海域、河流等水体水系分布图,调查范围内水体(包括项目污水受纳水体)的环境功能区划图、海洋功能区划图,项目与海水浴场、养殖区、水库、水源地等敏感水域相对位置关系图等。

2.水污染源调查与监测

(1)水污染源调查

调查分析污水产生环节和水污染源排放情况,列表说明污染源、排放量、排放去向、主要污染物及采取的处理方式,说明污水处理设施与其他公用设施的依托关系,提供污水处理工艺流程图。港口建设项目营运期污染源包括:港区生活污水和生产污水(含尘污水、集装箱洗箱污水、机修含油污水等)、船舶生活污水和含油污水、港区初期雨污水等。

(2)水污染源监测

①监测布点。达标监测点:监测点设在项目的污水排放口。

污水处理设施处理效率监测:污水处理设施的进、出水口设置监测点。

具体布点方法参照执行《地表水和污水监测技术规范》(HJ/T91—2002)。

②监测因子。应与环境影响评价文件中的监测因子一致,当工程变更而增加新的主要污染物时,可适当增加监测因子。

常规监测因子为:pH值、COD、悬浮物、总磷、氨氮和石油类。

视污水类型(如集装箱洗箱污水)可适当增加特殊监测因子:挥发酚、氰化物、砷、汞、六价铬等。

③监测频率、采样与分析方法。按照《地表水和污水监测技术规范》(HJ/T91—2002)、《海

洋监测规范》(GB 17378—2007)等国家相关规范和环境质量标准及其他相关要求进行。

④给出水污染源监测点位图，注明监测点位与污染源的相对位置关系。

3. 水环境质量监测

(1)布点原则

①不同环境功能区划、不同海洋功能区划处分别设点。

②水环境敏感目标处必须设点。

③污水排放口附近可设点。

④水动力条件有明显区别的水域应分别设点。

⑤布点时与环境影响评价文件中确定的点位相一致，尽量利用地方水质控制点位，当以上点位不能满足调查要求时，可根据实际情况选择合适的背景监测点。

(2)监测因子

①常规水质监测项目。一般包括水温、pH 值、盐度(河水水质监测为氯离子)、悬浮物(SS)、溶解氧(DO)、生化需氧量(BOD_5)、高锰酸钾指数(河水水质监测 COD_{Cr})、氨氮(NH_3-N)、无机氮(以 N 计)、活性磷酸盐(以 P 计)、总磷、石油类和阴离子表面活性剂(以 LAS 计)等。必要时进行特征因子的监测。

②常规沉积物监测项目。有机碳、石油类、烷基汞、铜、铅、六价铬、砷、镉和锌。应与环境影响评价文件中确定的监测因子一致，当工程变更而增加新的主要污染物时，可适当增加监测因子。

(3)监测频率、采样与分析方法

按照《地表水和污水监测技术规范》(HJ/T91—2002)、《海洋监测规范》(GB 17378—2007)、《海洋调查规范》(GB 12763—2007)、《海水水质标准》(GB 3097—1997)、《地表水环境质量标准》(GB 3838—2002)、《污水综合排放标准》(GB 8978—1976)、《海洋沉积物质量》(GB 18668—2002)等国家相关规范和环境质量标准及其他相关要求进行。

(4)提供水环境质量现状监测点位图，注明监测点位与污染源的相对位置关系。

4. 调查结果分析

(1)水环境监测结果分析。

①明确水环境超标、达标情况，并分析超标原因；给出污水处理设施处理效率。

②评估水环境敏感目标的受影响程度，分析项目排放污水受纳水体的受影响程度、范围以及环境功能区管理目标的可达性。

(2)包括污水处理设施在内的环境保护措施有效性分析与建议。

(3)针对存在的问题提出具体整改措施。

八、环境空气影响调查

1. 调查内容

(1)调查与港口建设项目相关的国家、地方大气污染控制政策、规定和要求。主要针对工业粉尘、烟尘和二氧化硫等的控制要求展开调查。

(2)调查环境空气敏感目标分布的情况，列表说明保护目标的名称、位置和与环境影响评价阶段对比变化的情况。

(3)调查项目营运以来的废气排放情况

港口建设项目废气污染源一般包括锅炉烟气、总悬浮颗粒物(散货码头)、油气、化学品气体(油品化工码头)、作业机械尾气(集装箱码头)等,废气排放调查应说明污染源位置、排放量、排放特征(点源、面源、线源)等。

2. 环境空气污染源调查与监测

(1)环境空气污染源调查

港口建设项目环境空气污染源调查一般可分为以下几类:

①点源:主要指项目范围内的锅炉烟气排放等情况。

②面源:港口建设项目作业区散货码头装卸、堆放贮存粉尘(总悬浮颗粒物和可吸入颗粒物)、原油、化学品码头气体排放(非甲烷总烃、苯系物等)、集装箱码头机械作业尾气(二氧化氮)等。

③线源:营运期疏港公路汽车运输废气(二氧化氮)等。应列表说明环境空气污染源位置、排放量、排放方式(有组织与无组织、间歇与连续排放)、排放去向、主要污染物及采取的处理方式。应提供废气或无组织排放污染物产生工艺(或环节)示意图。

(2)环境空气污染源监测

包括废气处理设施主要污染物的去除效果监测和废气排放达标情况监测,按有组织排放源、无组织排放源和废气处理设施效果监测分别确定以下内容:

①监测布点

a. 有组织排放源(如港口锅炉)监测点:污染源排放口。

b. 无组织排放源监测点:按照《大气污染物综合排放标准》(GB 16297—1996)中的要求确定。

c. 废气处理设施(如港口锅炉除尘脱硫装置)监测效果:对进入处理设施前的废气和处理后的废气分别监测。

d. 无组织排放源污染治理措施效果监测:分别对照治理设施是否运行进行监测。

②监测因子。应与环境影响评价文件中确定的监测因子一致,当工程变更而增加新的主要污染物时,可适当增加监测因子。一般包括以下几类:

a. 锅炉大气污染物监测:烟气量、二氧化硫、氮氧化物、烟尘;

b. 散货码头、堆场作业起尘点:总悬浮颗粒物和可吸入颗粒物;

c. 油品、化工码头:非甲烷总烃、苯系物、挥发酚、甲醛等特征污染物。

应根据港口接卸的具体货种适当增加特征监测因子。

③监测频率、采样与分析方法。按照《锅炉烟尘测试方法》(GB 5468—1991)、《大气污染物综合排放标准》(GB 16297—1996)、《固定污染源排气中颗粒物测定与气态污染物采样方法》(GB/T 16157—1996)、《环境空气质量标准》(GB 3095—1996)、《锅炉大气污染物排放标准》(GB 13271—2001)等国家污染物排放标准和环境质量标准等相关要求进行。

④给出环境空气污染源监测点位图,注明监测点位与污染源的相对位置关系,监测点标识采用规范用法。

3. 环境空气质量监测

(1)布点原则

在环境影响评价及其审批文件中有特殊要求，或者工程影响范围内有环境敏感目标的项目，应进行环境空气质量监测。

选择环境影响评价文件中确定的点位（环境敏感目标等），或者项目所在地的地方环境空气质量监测点位，当以上点位不能满足调查要求时，可根据实际情况选择合适的监测点。

（2）监测因子

原则上与环境影响评价文件中确定的监测因子一致，当工程变更而增加新的主要污染物时，可适当增加监测因子。还应根据具体货物适当增加特征监测因子。

港口建设项目环境空气质量监测因子推荐选择：可吸入颗粒物、总悬浮颗粒物、二氧化硫、二氧化氮等，如果是油品化工码头等特殊项目，对应增加非甲烷总烃、苯、乙烯等特殊监测因子。

（3）监测频率、采样与分析方法

按照《大气污染物综合排放标准》（GB 16297—1996）、《固定污染源排气中颗粒物测定与气态污染物采样方法》（GB/T 16157—1996）等相关国家污染物排放标准和环境质量标准中推荐的方法进行。

（4）提供环境空气质量现状监测点位图，注明监测点位与污染源的相对位置关系，监测点标识采用规范用法。

4. 调查结果分析

（1）废气环境监测结果分析

①给出废气处理设施处理效率，明确达标情况，分析超标原因和治理方向。

②评估环境敏感目标的受影响程度，分析调查范围内环境空气质量的受影响程度、范围以及环境功能区管理目标的可达性。

（2）环境保护措施有效性分析与建议

①分析现有环境保护措施的有效性、存在的问题和原因。

②针对存在的问题提出具有可操作性的改进、补救措施。

九、声环境影响调查

1. 调查内容

（1）调查范围内的声环境敏感目标（包括与工程配套建设疏港公路沿线的敏感目标）的分布情况，列表说明声环境目标的名称、位置和规模。

（2）港口所在地区的声环境功能区划，对照各环境敏感目标和港区边界应执行的标准与环境影响评价标准有无变化。

（3）调查港口建设项目投入营运以来的噪声情况，重点针对港口作业机械、运输车辆等噪声源，调查内容包括源强种类、声场特征、声级范围等。

（4）调查项目降噪措施的落实情况，并结合环境监测分析其实际降噪效果。

2. 声环境监测

（1）布点原则。一般选择环境影响评价文件中确定的点位，当其不能满足调查要求时，可根据实际情况选择合适的环境噪声监测点。

（2）常规监测点。港口建设项目声环境监测布点分为厂界（港界）、主要进出港道路两侧、环境敏感目标和降噪效果的监测。

(3)监测频率、采样与分析方法。按照《工业企业厂界环境噪声排放标准》(GB 12348—2008)、《声环境质量标准》(GB 3096—2008)等相关国家标准的要求进行。

(4)提供声环境监测点位图,注明监测点位与项目的相对位置关系。

3.调查结果分析

(1)环境监测结果分析

①统计分析项目港界(厂界)达标情况。

②统计分析声环境敏感目标达标情况,对环境评价文件中预测超标的点应进行重点分析。

③当项目所在地区环境背景值较高时,应结合现状监测进行背景值的修正。

④当调查工况不能达到验收条件时,应按照初期设计能力校核其厂界达标情况以及对环境敏感目标的影响。

(2)环境保护措施有效性分析与建议

①评估声环境保护措施是否达到设计要求,声环境敏感目标是否满足标准要求,明确给出声环境保护措施的降噪效果。

②针对存在的问题提出具有可操作性的改进、补救措施。

十、社会环境影响调查

1.移民(拆迁)影响调查

(1)根据建设项目特点设置调查内容,主要包括:

①移民(拆迁)区的分布及环境概况。

②移民(拆迁)安置、迁建企业的实际规模、安置方式。

③专项设施的影响及复建情况。

④移民(拆迁)安置区的环境保护措施的落实(主要是生活污水和生活垃圾的处理方式)及其效果。

(2)调查结果分析

①调查与分析移民(拆迁)安置区的环境保护措施落实情况;结合项目征用土地、拆迁房屋、安置人员的数量和补偿情况以及公众意见调查结果,分析引起的环境影响。

②分析移民(拆迁)安置存在或潜在的环境问题,提出整改措施与建议。

2.文物古迹、人文遗迹等影响调查

(1)调查项目施工区、永久占地及调查范围内现有保护文物古迹、人文遗迹、地质遗迹等,明确其保护级别、与项目的位置关系,并调查项目施工和营运对其影响程度。

(2)调查环境影响评价及其审批文件中要求的社会环境保护措施的落实情况。

3.社会经济影响调查

(1)分析说明项目建设对所在地区的直接经济影响。

(2)走访项目所在地的居民,调查项目营运后带给当地居民生活方式、收入变化等方面的影响。

十一、固体废物影响调查

1.调查内容

(1)分类核查固体废物(生活垃圾、生产垃圾、船舶垃圾)的主要来源及发生量,区分危险废物和一般固体废物,并将危险废物和来自疫区的船舶垃圾作为调查重点。

(2)调查各类固体废物的处置方式、处置量和综合利用量,检查处置方式和综合利用情况是否符合相关技术规范和标准要求,危险废物的处置方式和处置效果应作为调查重点。

(3)若项目营运过程中产生的固体废物委托处理,应核查被委托方的资质和委托合同,并检查合同中处理的固体废物的种类、产生量和处理处置方式是否与其资质相符合,必要时对固体废物的去向做相应的跟踪调查。

(4)检查项目回收利用的固体废物是否符合相关标准要求。

(5)必要时应对固体废物可能造成的二次污染进行监测。

2. 固体废物影响分析

(1)分析固体废物的收集、贮运及处置是否达到环境影响评价及其审批文件和设计文件的环境保护要求。

(2)分析现有固体废物处置措施的有效性、存在的问题及原因。

(3)评估项目在设计工况运行条件下,所采取的固体废物收集、贮运及处置是否满足环境保护要求。

(4)针对存在的问题提出具有操作性的整改、补救措施和建议。

十二、清洁生产核查

1. 施工期清洁生产情况调查

调查港口建设项目施工期的施工作业方式及其先进性,以及节约能源、减少污染物排放措施的落实情况,并对其效果进行分析。

2. 项目清洁生产工艺分析

对照国家发展改革委员会的《淘汰落后生产能力工艺和产品的目录》,分析项目所选用的工艺是否属于已淘汰的生产工艺;参照国家发展改革委员会的《国家重点行业清洁生产技术导向目录》,从项目选用高效先进的生产技术和工艺、工艺配置合理性、生产过程运行稳定性、选用清洁能源、常规燃料的清洁化使用、节约用水和节约能耗、废水循环利用情况、固体废物综合利用情况、污染物排放情况、环境风险事故和生产事故发生几率等方面,对项目的清洁生产工艺进行分析。

3. 项目清洁生产水平分析

调查项目投入试营运后的能耗、物耗和污染物排放情况,估算清洁生产指标,与国内外同类项目进行比较,并结合项目的清洁生产工艺,分析项目的清洁生产水平。

港口建设项目主要清洁生产指标如下:

(1)能耗指标:储运1t货物的能耗

$$\text{耗电总量/总吞吐量}=\frac{\text{电量(W)}}{\text{储运量(t)}}$$

(2)新鲜水耗指标:储运1t货物的新鲜水耗

$$\text{新鲜水总用量/总吞吐量}=\frac{\text{新鲜水耗量(t)}}{\text{储运量(t)}}$$

(3)废水排放指标:储运1t货物的废水排放量

$$\text{废水排放总量/吞吐量}=\frac{\text{废水排放量(t)}}{\text{储运量(t)}}$$

(4)废水回用率:经处理后回用生产过程的废水量占废水产生量的比例

废水回用量/(废水排放量+废水回用量)=废水回用率(%)

(5)主要污染物排放指标:储运 1t 货物的主要污染物排放量

$$\text{污染物排放总量/总吞吐量}=\frac{\text{污染物(kg)}}{\text{储运量(t)}}$$

4.清洁生产核查结论和建议

明确项目"清洁生产"所处水平、污染物是否达到设计要求和排放标准、环境保护设施及其工艺技术水平和运行状况、对水和资源利用的合理性、"以新带老" 环境保护措施的落实情况及其效果,提出存在问题并分析其原因,制定相应的改进措施。

十三、总量控制指标执行情况检查

1.污染物排放总量调查

(1)根据国家及地方要求的污染物排放总量控制名录、环境影响评价提出的总量控制指标以及项目投入运行后污染物的实际排放情况,确定项目污染物排放总量调查对象。

(2)核实项目试运营期主要污染物的年实际发生、削减和排放情况。

(3)评估项目达到设计生产能力后的污染物排放情况并与环境影响评价阶段的预测进行对比。

(4)改扩建的港口建设项目应特别注意"以新带老"的内容,针对环境影响评价及其审批文件的要求,核查项目各项"以新带老"环境保护措施的落实情况及其效果。

(5)针对环境影响评价文件及其批复中提出的污染物削减特别是"区域削减"措施的落实情况进行调查,并对其效果进行分析。

2.总量控制指标可达性分析

针对环境影响评价及其审批文件中提出的污染物总量控制指标,分析项目试营运期及达到设计生产能力后是否可以满足总量控制指标的要求。

十四、风险事故防范及应急措施调查

石油码头、液化气码头、化学品码头和运输危险品的集装箱码头等应开展风险防范及应急措施检查。主要包括以下调查内容:

(1)工程施工期和试运营期存在的环境风险因素调查。

(2)施工期和试运营期环境风险事故发生情况、原因及造成的环境影响调查。

(3)调查工程环境风险防范措施与应急预案的制定和设置情况,国家、地方及有关行业关于风险事故防范与应急方面相关规定的落实情况,必要的应急设施配备情况和应急队伍培训情况。

(4)调查工程环境风险事故防范与应急管理机构的设置情况。

(5)收集调查区域的气象资料,应有针对性的收集不利气象条件资料(特别是营运期不利气象的发生频率等),不利气象条件主要是指静风、小风、逆温、熏烟、海陆风等。

根据以上调查结果，评述工程现有防范措施与应急预案的有效性，针对存在的问题提出可操作的改进措施与建议。

十五、环境管理状况及监控计划落实情况调查

1. 环境管理状况调查

分别对施工期和营运期的环境管理状况进行调查。

(1)施工期环境管理状况调查

调查项目施工期环境管理机构、各项环境保护规章制度、监控计划执行情况、施工期环境管理措施、环境监理的落实情况、施工合同中有关环境保护要求条款的签订等方面。

(2)营运期环境管理状况调查

调查项目环境保护人员专兼职设置情况、环境保护管理机构的设置情况、各项相关制度的建立与执行情况，港口建设项目涉及危险品运输的应核查其危险品储运管理、环境风险事故防范措施与应急计划的制定落实情况。

2. 环境监测计划落实情况调查

主要调查以下内容：

(1)施工期环境监测计划的落实情况。

(2)试营运期已开展的环境监测工作情况。

(3)环境影响评价文件中提出的环境监测设备与人员的配置情况。

(4)试营运期环境保护设施的运行记录与监测情况。

(5)提出营运期环境监测计划的修订建议。

3. 环境管理调查结论与建议

应明确项目执行“三同时”等环境保护要求的情况，分析项目已有的环境管理机构和制度是否可以满足其环境保护工作要求，针对现场调查中发现的问题提出切实可行的环境管理建议。

十六、公众意见调查

1. 调查方法

可采取公众意见调查表、走访询问、座谈会和媒体公示等调查方法。

2. 调查对象

调查对象可主要包括如下：

(1)项目所在地区的居民(渔民等)、单位，特别是与环境敏感目标密切相关的人员。

(2)营运期来往船舶作业人员。

(3)项目的施工单位以及其他参加过项目前期设计、建设的单位。

(4)项目所在地的环保局、国土资源局、海洋行政管理部门、水行政主管部门、自然保护区管理机构等相关的政府机关。

(5)调查中应尽量对环境影响评价阶段公众参与中涉及的人群进行回访、调查。

(6)其他可能了解项目环境保护执行情况或者可能受项目建设环境影响的人群。

3. 调查内容

可视实际工程情况设置调查问题，主要调查内容如下：

(1)公众对项目建设的基本态度。

(2)公众对项目建设所产生的社会环境影响的反应。

(3)公众对施工期所产生的环境影响的反应，主要是对环境问题(生态、水、气、声环境等)的意见、建议和要求；对环境保护措施效果的满意程度及其改进建议等。

(4)公众对营运期所产生的环境影响的反应，主要是对环境问题(生态、水、气、声环境等)的意见、建议和要求；环境保护措施效果的满意程度及其改进建议等。

(5)公众最关注的环境问题及希望采取的解决方案。

(6)公众对项目环境保护工作的执行情况总体评价。

4. 调查表设计要求与内容

(1)设计要求：内容简明，信息全面；问题安排合理，通俗易懂；便于对资料分析处理。

(2)项目简介：简介工程基本概况、环境影响、环境保护措施，并强调公众意见调查的重要性。

(3)记录被调查人简况：年龄、职业、性别、文化程度、单位地址等。

(4)调查表主要内容：参照前述调查内容。

5. 调查结果与分析

对公众意见调查内容的逐项分类统计结果，分析得出公众对项目建设及其环境保护工作的基本态度。并针对公众对项目环境保护工作的意见、建议和要求进行合理分析，并提出公众关心热点问题的解决方案。

十七、调查结论与建议

调查结论是全部调查工作的结论，编写时应概括和总结全部工作。主要包括以下内容：

(1)总结建设项目对环境影响评价及其审批文件要求的落实情况。

(2)重点概括说明工程建成后产生的主要环境问题及现有环境保护措施的有效性，提出改进措施和建议。

(3)根据调查和分析的结果，客观、明确地从技术角度论证工程是否符合建设项目竣工环境保护验收条件。

第二章　港口工程竣工环保验收实例分析

本章以上海港某散货码头工程的竣工环境保护调查报告为例，介绍港口工程建设项目的环境保护验收技术方法。上海港煤炭码头位于长江口南港南岸、陈行水库下游，隔江与崇明岛相望。本项目为散货码头，以此项目为例来介绍生态型建设项目竣工环境保护验收方法具有一定的代表性，对其他港口的环保验收工作同样具有一定的借鉴作用。

第一节　港口工程实例背景概况

上海港某散货码头工程位于长江口南港南岸、宝山罗泾地区境内，某水库下游，隔江与崇明岛相望，陆上距上海市中心约 38km，距吴淞口约 17km。

散货码头工程为二期工程，位于长江口南港南岸的宝山罗泾地区，岸线长 2 720.1m，码头长约 2 300m，陆域面积 144.9 万平方米，设计吞吐能力为 4 380 万吨/年。本工程建设 9 个万吨级以上的海轮泊位，其中包括 1 个 7 万吨级煤炭卸船泊位，2 个 20 万吨级矿石卸船泊位，6 个 3～5 万吨级钢杂通用泊位，以及相应的水水中转小船泊位 24 个。本工程共建设生产泊位 33 个，并建设相应配套的堆场、道路、给排水、供电、照明、通信、环境保护等生产辅助及其他相关设施。

堆场由煤堆场、钢杂堆场、矿石堆场组成，煤堆场主要利用一期现有堆场，钢杂堆场、矿石堆场经陆域吹填、地基处理后新建。

第二节　港口工程调查

一、港口工程建设过程调查

工程建设审批过程(略)。

二、工程核查

给出本工程技术经济指标的主体工程核查结果，通过工程建设资料和现场核查，表明本工程实际建设情况与环评阶段采用的设计资料基本一致。具体结果从略。

三、以新带老落实情况调查

本工程散货码头，为建设单位的二期工程，需要进行以新带老措施落实情况调查。环评阶段针对煤一期工程提出的以新带老措施及其落实情况见表 4-2-1。

以新带老落实情况　表 4-2-1

序号	环评提到以新带老措施	落实情况
1	加强对装卸生产预控,合理安排堆场堆存量及周转量;尽量减少车辆转栈,以进一步减少扬尘,特别是有 6 级以上大风天气时停止车辆转栈	已从管理上落实
2	充分利用现有的洒水车的防尘洒水功能,增加洒水次数,并根据车辆转栈路线、数量针对性安排洒水车洒水	根据实际情况有针对性地进行洒水作业
3	调度部门加强管理,用好码头上为防尘新增加的皮带机喷淋装置,在不影响生产计量的前提下尽量多喷水	已尽量多洒水
4	港区原有的堆场喷淋装置对矿粉防尘效果差且影响生产,已经长期停用。港区计划在运转站上逐步安装雾化喷洒水管,在高空形成水雾有效阻挡粉尘飞扬、扩散	雾化喷洒水管已安装
5	设立专业人员对堆场进行人工洒水	有专业人员对堆场洒水进行管理
6	对于生产污水处理厂调节池内油分,采取吸附的办法予以解决	采用吸油毡吸附
7	对一期污水处理站进行改造,使出水达到一级排放标准	根据本次监测结果,出水已达到一级排放标准

四、试运行期运行工艺及工况调查

1. 装卸工艺(略)

2. 实际运行工况

本工程 2008 年 1 月到 3 月完成吞吐量 1 133.65 万吨,预计年吞吐量达到 4 500 万吨以上,约为设计吞吐量(4 380 万吨/年)的 103%。项目营运期的生产数据统计情况略。

第三节　环保设施建设和环保措施与要求落实情况调查

根据调查结果:本工程自建生产废水处理站一座(处理矿石堆场的雨污水)及生活污水处理站一座,生产废水处理站的处理能力为 100t/h,采用化学混凝法;生活污水处理站的处理能力为 42t/h,采用 A/O 处理工艺,处理达标后回用绿化、除尘等。新建油污水处理站 2 座,其中一座未使用,处理能力均为 5t/h,经油水分离后经过生活污水管网汇入生活污水处理站一同处理后回用。

散货码头工程的钢杂通用码头及堆场的雨污水通过雨水管道排入长江;矿石码头及堆场的雨污水经过收集后通过生产废水处理站处理达标后回用;散货码头工程的煤炭堆场利用煤一期堆场,其工作人员也由一期工作人员负责,其生产废水及生活污水处理设施均利用一期原有的环保设施。

根据调查,散货码头工程矿石堆场及作业场点周围已安装了水喷淋装置,包括高压除尘水枪以及矿石堆场周围的喷雾塔;皮带输送机采用廊道封闭,各转接点设有喷水压尘装置。

本项目配套建设的泵房,转接房、锅炉房等高噪声设施处,均配有隔音器,隔音罩、吸音板等降噪措施。

环境影响报告书提出的具体环保措施落实情况略。

第四节　施工期环境影响调查

一、施工期生态环境影响调查

1. 施工期水生生态环境影响回顾调查

港口施工作业，除了改变局部地区的原有岸线性质和底质条件外，施工过程中对调查水域生态环境产生影响的主要因素是码头工程水工结构的水下工程施工，如吹填疏浚，会引起施工水域悬浮物质增加，破坏底质环境，对生活在其中的水生生物产生不良影响。每年的4月至8月是底栖生物产卵及凤鲚产卵捕捞和刀鲚上溯产卵期间，也是中华鲟幼鱼降海季节。特别是6月上旬～6月中旬是蟹苗上溯季节，需要减少施工强度，以减少施工对渔业资源的损失。

本工程吹填取沙在2005年6月下旬以后开工，避开了蟹苗上溯季节。吹填作业时采用了先围后填的方式，并尽量延伸泥浆水的路线，控制吹填排水的泥沙量，控制泥浆水停留时间，有效的降低了溢流口悬浮物浓度。另外要求施工单位合理安排施工作业，长江口水生生物繁殖期减小施工强度。散货码头工程港池航道疏浚作业集中在2007年3月至2007年8月底之间，疏浚作业不可避免的对渔业资源产生了一定的影响。为了减轻对渔业资源的影响，在疏浚作业过程中，指挥部和环境监理要求各施工单位严格管理，采取先进、科学、对环境影响小的施工工艺。要求施工过程中施工单位合理安排施工船舶数量、位置、挖泥进度，有效减缓了疏浚作业对底质的扰动强度和范围。疏浚严格按程序施工，遵守环保方面的规章制度。根据环境监理等资料可知，各项目部规范了操作，制定了环保管理制度，强化了环境保护措施，减少了对渔业资源的损失。

另外，施工期间陆域生活污水如果随意排放也会对长江的水生生物产生不良影响，本工程在施工过程中的施工废水经沉淀池沉淀处理后排出，机械设备冲洗废水在施工现场蒸发处理。故生产废水和生活污水的排放对长江水生生态环境的影响轻微。

本次调查，通过走访上海市渔政相关部门，了解到施工期没有发生鱼类大量死亡及来往船舶碰撞珍稀鱼类的事件，也未接到相关投诉。并且建设单位在施工前期与上海市渔政管理检查站与建设单位签订了《工程建设保障服务协议书》，由相关渔政管理检查站负责工程渔网拆除及渔船统一转移等工作，并且全面统筹负责项目所在水域的生态环境和渔业资源增殖放流活动。

2. 施工期陆域生态影响回顾调查

工程建设占用了长江大堤内土地和堤外滩涂。堤外滩涂主要生长有秧草和芦苇等潮间带植物，工程建设对原来的堤外滩涂进行施工，滩涂变成了码头和港池，工程占地范围内的部分潮间带植物已经全部消失。堤内土地主要为石洞口发电厂的临时堆灰场，植被覆盖率低，主要为野生杂草植被，本次工程建设对堤内的陆域生态植被影响较小，对占地范围内的潮间带植被已彻底破坏。

二、施工期水环境影响调查

1. 水环境污染防治措施

项目施工期对水环境的主要影响包括港池疏浚和陆域吹填产生的悬浮物对水环境的影

响。根据调查可知，鉴于散货码头港区陆域面积较大，为尽量节省时间，缩短周期，2005年6月底陆域吹填作为先期工程启动，采用抓斗挖泥船和链斗挖泥船为主、吸砂船辅助的方法从新浏河沙进行采砂，由拖轮泥驳运输，吹泥船吹砂入吹填区的施工工艺，吹填量为642万立方米。2007年3月本工程港池疏浚采用抓斗式挖泥船，总疏浚量为121.8万立方米。疏浚土采用外抛，抛泥区位于上海海事局、国家海洋局东海分局指定的吴淞口外，北抛泥区倾倒，倾倒位置：N31°26′06″、E121° 30′50″，N31° 26′27″、E121° 30′21″两点连线以北600m，和以南400m水域内倾倒。施工船舶配备有AIS自动监测系统，施工作业中疏浚泥土处理严格按海事局有关文件规定执行，运至所申报的指定地点抛泥。施工期采取的主要水环境保护措施如下：

(1)陆域吹填采取先围后吹，并尽量延伸泥浆水的路线，有效的降低了溢流口悬浮物浓度。

(2)施工船舶按规范要求处理含油污水，大型船舶配有油水分离装置，舱底油污水的排放符合《机舱含油污水的处理规定》要求。船舶油污水收集集中后外运处理，并按规定做好接收处理记录。各有船单位均编制了船舶溢油应急预案。

(3)施工过程中施工单位合理安排施工船舶数量、位置、挖泥进度，有效减缓了疏浚作业对底质的扰动强度和范围。

(4)疏浚严格按程序施工，遵守环保方面的规章制度。

(5)施工船舶均不在港停留，船舶垃圾、污水均不在港排放。

(6)委托上海某港口服务公司派船巡检施工水域，负责施工水域防污染监护工作和突发油污染事件的应急处置。

(7)涨潮期尽量不进行水上施工作业，加强对水库的保护。

(8)各项目部营地都建有化粪池，生活污水经过化粪池预处理后排入指定的排水沟内，汇入港区内封闭的水塘，后期作为绿化用地(即目前400m绿化带所在位置处)。

上述措施的实施减轻了施工期对周围水域的污染，调查中未发现有重大水环境污染记录。通过走访上海市环保局、水库管理处及现场公众参与调查了解到，本工程施工期间，未发生工程施工区域附近居民及工程上游陈行水库管理处有关施工作业影响水质的投诉。

2.施工期水环境监测

从2006年4月至2007年2月，受建设单位委托，相关部门对施工区域周围5个站位分不同施工阶段进行了跟踪监测。监测项目主要为pH、COD、BOD_5、SS、NH_3-N、石油类等。具体监测结果略。

由监测结果分析得出：2006年5月～2007年2月期间蓄水池排放口除SS在2006年11月至2007年2月期间有超标现象外，其他监测因子全部达到《上海市污水综合排放标准》一级标准。

本项目环评阶段对散货码头工程所在的长江口水质进行了调查，“NH_3－N、石油类超标现象比较普遍，一般低于Ⅲ类，且有逐年加剧的趋势。”本项目施工期间的水质监测结果与施工前的水质情况基本一致，因此施工期的水环境保护措施是有效的。

三、施工期环境空气影响调查

工程施工期的主要大气污染源是施工扬尘和废气，其中扬尘污染的主要产生环节是物料拌和、运输过程和运输车辆在工地行驶扬起的灰尘，废气污染主要是以施工机械排放的废气为主。

本工程施工期采取了以下大气环境保护措施：

(1)施工便道大部分都采取一定的硬化措施，道路划分区域，由各施工单位负责保养和整修。

(2)建立了道路洒水抑尘制度。各施工单位都配备了洒水工具和人员，每天对各自责任道路洒水抑尘，并做好洒水记录。

(3)对车辆行驶速度进行控制，运输车辆覆盖遮布、装料低于车厢高度、安装适当的侧板、尾板，减少起尘量。

(4)施工现场禁止焚烧生产生活垃圾及有毒有害物质。

受本工程建设指挥部委托，相关部门在施工场界东南侧以及西侧的水库对降尘进行了定期监测。监测结果略。

本工程施工期由于采取了有效的大气环保措施，经过公众参与调查和查阅工程环境监理等资料，没有发生过环境空气污染事故，施工期的大气环境保护措施是有效的。

四、施工期声环境影响调查

1.施工期噪声污染源分析

项目水上施工包括抓斗式挖泥船、链斗挖泥船等在内的施工船舶，陆上施工包括推土机、挖掘机、运输车辆等施工机械。施工噪声主要来自施工船舶机械设备，如运输机械、混凝土拌和装置、振捣器和施工船舶噪声，其中以运输机械噪音和混凝土振捣器噪声为主。施工船舶产生的噪音不大；相对而言，陆上打桩、强夯和混凝土浇筑施工振捣器噪声比较突出。

为了减轻噪声的影响，施工期主要采取了下列环保措施：

(1)在施工期间，各施工单位严格执行《上海市环境保护条例》的有关规定，每天 22:00 至次日 6:00 停止打桩作业及风镐等高噪声机械作业。

(2)在高噪声设备附近设置围挡设备，减少机械设备噪声对环境的影响；对打桩机、推土机等强噪声源设备的操作人员配备耳机，加强防护。

(3)运输车辆按规定的路线进出，合理疏导进入施工区的车辆，减少汽车会车时的鸣笛噪声。

(4)加强对装卸施工的管理，金属材料在卸货时，要求轻抬、轻放，避免野蛮操作而产生人为的噪声污染。施工区禁止高音喇叭做宣传鼓动或指挥生产，施工场地定期进行压实。

2.施工期声环境监测

受建设单位委托，相关部门于 2006 年 11 月、2006 年 12 月、2007 年 1 月、2007 年 2 月、2007 年 3 月进行了多次施工期声环境监测。监测结果略。

从表中数据可知，个别监测点位的噪声值在个别时段略有超标，经分析可知超标点位主要集中在靠近本工程管理分公司的区域以及水库的岗亭附近，超标原因主要是因为这些点位靠近边界道路，受交通噪声影响。其余点均满足标准要求，说明本项目施工建设对周围声环境产生了一定影响，但影响较小。

五、施工期社会环境影响调查

1.征地拆迁环境影响调查

上海港某散货码头工程区域为 20 世纪 80 年代初明确的新港区规划用地。1982 年为支

持石洞口电厂建设，经上海市政府领导协调，新港区规划用地在本项目新港建设前由电厂使用，当国家批准新港区建设时，电厂应让出灰场交给上海港务管理局使用。因此本工程不存在陆域征地拆迁的社会影响。占用水域的影响，建设单位委托上海市相关渔政管理检查站，对当地的渔民进行了合理补偿的措施，缓解了工程建设对当地渔民生活质量的影响。而且本工程施工阶段在当地雇佣了部分临时工人，给该地区提供了就业机会，增加了当地居民收入，同时繁荣了当地的市场经济。

2. 施工期文明施工措施

项目施工过程中采取了以下文明施工措施，以减轻项目建设对当地社会环境的负面影响：

(1)施工前对员工进行安全生产文明施工教育宣传活动，全面提高广大职工的安全生产文明施工意识，确保职工的安全和健康，体现以人为本的理念。

(2)在施工现场设置施工标牌，标牌内容：包括工程名称、建设规范、设计单位、监理单位、施工单位、项目经理、开竣工日期。

(3)在施工现场设置路牌、告示牌，以方便施工车辆、行人。对危险区域，设置警示牌，以策安全。

(4)施工现场没有施工人员住宿，强化卫生管理工作。场容场貌实行分片包干制度，实行“三整”(整洁、整理、整顿)管理。

(5)抓好文明施工的宣传与教育工作，严禁工人或劳务人员酗酒、斗殴等。

(6)项目施工期设立了项目部、办公总部，使工程管理井然有序。

六、施工期固体废物影响调查

工程施工期的固体废物主要来自港内水域疏浚产生的疏浚土、施工人员的生活垃圾及建筑废物(如渣土)等。具体处理措施如下：

(1)工程共产生疏浚土 121.8 万立方米，全部外抛至国家海洋局指定抛泥区——吴淞口倾倒区。

(2)施工单位严格要求垃圾集中堆放，生活废弃物与各类垃圾区分放置，按时由具有“城市固体废弃物运输处置(除规定的)、粪便运输处理、环卫实施设备修造等”资质的上海某环境卫生服务有限公司，以及相关环卫部门统一清运、处理。

(3)按照《上海市建筑垃圾和工程渣土处置管理规定》，建设单位向渣土管理部门办理渣土垃圾排放处置计划申报手续。建设单位配备了环境监理人员，施工单位配备了管理人员，对现场实施管理，并如实填报《建筑垃圾、工程渣土处置日报表》。建设工程竣工后，施工单位及时将工地的剩余建筑垃圾及工程渣土进行了清理。

第五节　生态影响调查

一、陆域生态环境影响调查

港区绿化不仅是港口建设生态恢复的一项重要措施，对空气和噪声污染也能起到一定的屏障作用，同时良好的环境能美化人的心灵，陶冶人的情操。

本工程建成后，根据港口环境功能特点，在港区干道两侧选用树形美观，修饰性强，观赏价值高的乔木，并具有一定吸污能力。码头作业区与辅助生活区之间，以及构筑物四周设置绿化带，种植树木、花卉、草等。港区绿化不仅在色彩、体形上与建筑物相协调，而且也起到了很好的生态功能。港区的绿化面积为32.17万平方米，达到了22%，超过了环评要求的20%要求。绿化以乔木、灌木、草本植物相结合的方式。绿化物种有香樟、合欢、丁香、木槿、女贞、臭椿、银杏、夹竹桃、矮生百慕大、高羊茅草、葱兰、麦冬等植物。其中在堆场四周未利用区域进行了大面积草坪绿化，堆场四周道路两侧种植枝叶茂密，树形整齐的黄山栾树、香樟，起到防风及阻挡堆场扬尘对周围环境的影响。为了保护水库，在港区西侧建设了400m的绿化林带。随着时间的推移，绿化物种生长发育，及绿化工程进一步完善，港区绿化将会发挥更大的生态效益，充分发挥植被吸附扬尘和进化空气作用，减少了港区作业对周围环境的影响。

项目用地范围内长江大堤内土地原来为电厂的灰场，本工程建成后，绿化得到了加强，项目用地范围内的陆域生态环境得到了改善。工程占用的滩涂已经变成了码头和港池，土地类型发生了改变，环评中提出在工地前沿水域滩涂种植水生植物，滩涂变成了码头和港池，如果在港池种植水生植物将会对来港船舶的行使和靠岸产生影响。通过现场调查，码头护岸的植被已经得到了自然恢复。

二、水生生态环境影响调查

上海港某散货码头工程环境影响评价没有对水生生态进行现状调查，现状评价引用的是《上海市生态现状调查报告》(2002年6月数据)及2004年9月有关单位对长江口生态现状调查的数据。本次工程竣工环保验收为了进一步调查项目建设前后水生生态的变化情况，特委托有资质的监测单位对项目周围的水生生态进行了调查。调查点位及调查内容见表4-2-2。

水生生态监测点位　　表4-2-2

点位编号	监测点位置	监测项目	监测频次	监测方法
1	1号点位水库取水口断面	叶绿素a、浮游动物、浮游植物、底栖生物、鱼卵仔鱼	叶绿素a、浮游动物及浮游植物涨落潮各监测一次； 底栖生物定性和定量各一次，定量的每站位至少采集两次	按《海洋监测规范》(GB 17378.7—1998)进行
2	2号点位散货码头工程与一期煤码头之间取水断面			
3	3号点位码头前沿 (3号引桥外侧，钢杂码头与矿石码头之间)			

1. 叶绿素a调查

测定结果略。监测水域的叶绿素a含量平均为0.89mg/m^3，波动范围在0.66至1.36mg/m^{3}之间；各站位之间的叶绿素a含量有一定的差异，2号站>1号站>3号站。

环评报告书引用的2004年9月数据：长江口表层叶绿素a含量分布范围为0.85～2.24mg/m^3，平均为1.41mg/m^3。本次调查叶绿素a平均含量为0.89mg/m^3，比环评中略有降低。水域叶绿素a含量由于受水文气象的影响，测定结果往往差异较大。

2. 浮游植物调查

3. 浮游动物调查

4. 底栖生物调查

5. 渔业资源调查

6. 水生生态环境调查小结

本次上海港某散货码头工程建设竣工环保验收调查监测——水生生态监测的水质生物学评价方法采用 Shannon-Weaver 多样性指数，且水质生物学评价主要以浮游植物、浮游动物的监测数据为基础。浮游生物 Shannon-Weaver 指数结果统计情况略。

监测水域内，不同水期、不同监测站位浮游生物 Shannon-Weaver 指数结果统计，浮游生物 Shannon-Weaver 指数的平均为 2.00，各站位的 Shannon-Weaver 指数波动范围在 1.20～2.94。根据水质生物学评价标准，综合 3 个站位不同潮水的 Shannon-Weaver 指数，确定本次水生生态监测范围水域内的水质评价为中污染。

通过对叶绿素 a、浮游植物、浮游动物、底栖生物等水生生态项目的调查以及走访当地的渔业管理部门可知，本工程建设前后调查范围内的水生生态环境没有明显的变化。长江河口近几年采取了投放鱼苗、设置禁渔期、控制水污染物排放等措施，但是长江河口的水生生态环境的修复是一个长期而艰巨的任务，本工程应配合上海市相关渔政管理检查站等部门做好长江河口整体水生生态修复工作，做好对生态系统的监测，增加投放鱼苗及品种的工作。

第六节　水环境影响调查

一、港区水污染源调查

1. 生活污水来源及处理方式调查

本项目为散货码头工程，包括新建的钢杂码头以及矿石码头，同时对一期煤码头进行了扩建，散货码头工程新建了生活污水、生产污水以及油污水处理站，各个污水处理站的设计单位是上海市某科学研究院，施工单位是上海某建设公司。一期煤炭码头工程不增加工作人员，依托原有的环保设施。

(1)散货码头工程

经过调查，散货码头工程的生活污水主要来自管理办公楼、住宿区以及工作人员食堂和浴室的生活污水。散货码头新建一座生活污水处理站已经投入使用，该处理站采用 A/O 处理工艺，设计处理能力为 42t/h，目前实际处理量约为 30t/h。处理后的水全部回用为绿化、除尘等，不外排。污水处理过程中，产生的污泥与港区垃圾一并处置。该生活污水处理站处理工艺流程略。

(2)一期工程

本项目新建的煤炭码头，后方堆场利用原一期的堆场，工作人员也没有新增，产生的生活污水利用一期工程建设的生活污水处理站进行处理。该处理站采用接触氧化法处理工艺，处理能力为 200t/d，处理达标后的水排入长江。一期工程生活污水处理站处理工艺流程：生活污水→集水池→调节池→初沉淀池（排泥进干化池）→接触氧化池（曝气）→二沉淀池（排泥进干化池）→消毒池→达标排放。

2. 生产废水来源及处理方式调查

(1)散货码头工程

①根据现场调查，散货码头工程主要含油污水来源为机修过程产生的机修油污水。本工程配套建设 2 套的含油污水处理站，设计处理能力均为 5t/h，目前油污水发生量较小，约为 1t/h。一套位于煤一期堆场后方，目前没有使用(散货码头的全部机修均在散货码头工程生产辅助区内，此处没有机修作业)；一套位于散货码头工程生产辅助区内，目前正在使用，经油水分离后经过生活污水管网汇入生活污水处理站一同处理后回用。机修过程中产生的废油收集储存后，定期由专业单位回收处理。

②根据现场调查，散货码头工程建设的生产废水处理厂主要用于处理矿石堆场含尘喷淋水、矿石堆场含尘雨水、矿石码头初期雨水以及用于喷淋的长江水(不足部分由市政管网水补充)，设计处理能力为 100t/h，实际处理量为 35t/h 左右。处理后的水回用为绿化、除尘等。含矿石粉尘污水发生、处理及去向略。污泥池中产生的含矿底泥全部回收。

(2)一期工程

①一期工程主要含油污水来源为车间修理场或冲洗场油污水。其工艺流程略。

②一期工程的生产废水处理厂处理工艺流程略。

③根据调查可知，到港船舶均配有油污水处理装置和生活污水处理装置。泊港期间产生的船舶油污水，由船方自行联系有资质的油污水处理单位，一般船方都有相关的接收船定期来接收。到港船舶在离港前，均应按照《关于启用〈上海港船舶垃圾/生活污水接收凭证〉的通知》(沪容环联〔2005〕3 号)要求，委托具有相应资质的作业单位将船上生活污水接收干净，并取得《上海港船舶垃圾/生活污水接收凭证》，办理相关离港手续，由上海海事部门负责监督管理。

二、污水处理设施运行效果分析

本次调查于 2008 年 3 月 20 日～21 日，由有资质的监测单位对散货码头工程的生产废水处理站、含油污水处理站和生活污水处理站的进出口进行监测；对上海港某散货码头一期工程生活污水处理站进出口、含油污水处理站、生产废水处理站进出口及污水总排口进行水质监测，具体的监测项目及监测点位见表 4-2-3。监测结果略。

工程竣工环保验收调查污水处理设施监测点位 表 4-2-3

点位编号	监测点位置	监测内容	监测频次	监测方法
1	散货码头工程生活污水处理站进口	pH、COD、SS、石油类	连续监测 2 天，上、下午各监测一次	按《上海市污水综合排放标准》(DB31/199—1997)中规定的污染物测定方法执行
2	散货码头工程生活污水处理站出口			
3	散货码头工程生产废水进口	pH、SS		
4	散货码头工程生产废水出口			
5	散货码头工程油污水处理站进口	石油类、SS		
6	散货码头工程油污水处理站出口			

续上表

点位编号	监测点位置	监测内容	监测频次	监测方法
7	一期工程生活污水处理站进口	pH、COD、SS、石油类	连续监测2天，上、下午各监测一次	按《上海市污水综合排放标准》(DB31/199—1997)中规定的污染物测定方法执行
8	一期工程生活污水处理站出口			
9	一期工程生产废水处理站进口	pH、SS		
10	一期工程生产废水处理站出口			
11	一期工程油污水处理站进口	石油类、SS		
12	一期工程油污水处理站出口			
13	一期工程污水总排放口	pH、COD、SS、石油类		

可知，散货码头生活污水处理站的处理效率为66.7%～97.2%，处理后的出水指标能达到《上海市污水综合排放标准》一级排放标准；散货码头生产污水处理站对含尘污水中的悬浮物去除率为87.1%，处理后的生产污水能满足本次验收标准要求；散货码头油污水处理站对石油类的处理效果高达99%以上，并且散货码头工程产生的各项污水全部回用。一期工程的生活污水处理站、生产污水处理站以及总排放口的各项监测指标均能达到《上海市污水综合排放标准》一级排放标准，满足本次验收标准要求。

三、工程附近水域水质现状调查与分析

1. 监测点位

对照环评报告，并根据现场调查，确定本次验收沿岸边滩水质现状调查设置4个监测断面，分别在水库上游、水库、散货码头工程码头上游、散货码头工程与一期煤码头之间，每个监测断面各布设3条垂线。具体监测项目及监测内容见表4-2-4。

水质监测点位及监测内容　　表4-2-4

点位编号	监测点位置	监测内容	监测频次	监测方法
S1监测断面	水库上游	pH值、BOD_5、高锰酸盐指数、COD、溶解氧、SS、氨氮、石油类	连续监测2天，监测频次为涨、落潮各1次	监测和分析方法均采用《水和废水监测分析方法》(第四版)中的标准方法进行
S2监测断面	水库			
S3监测断面	散货码头工程码头上游			
S4监测断面	散货码头工程与一期煤码头之间			

2. 水质监测结果及分析

本次验收调查水环境质量评价标准同环评报告书，根据《上海市水环境质量功能区划》项目地区长江口河段按《地表水环境质量标准》(GB 3838—2002)中II类标准执行。

环评报告书项目沿岸水质状况调查采取的是的2002年12月水库前沿监测点的水质监测结果，其数据略。

本次验收期间的水质监测结果略。根据监测数据可知，监测期间长江的水质状况良好，pH值、BOD5、COD以及DO在各个监测断面均达标；石油类基本达标；各个监测断面的高锰酸盐指数、氨氮在涨潮期间基本达标，落潮期间略有超标；SS的浓度在56～208mg/L之间。将

本次验收水质监测结果与环评阶段水质相对比可知，除 SS 含量有所增加外，其他各项监测因子含量较环评时监测结果均无较大变化。上游各个监测断面的涨落潮期间的 SS 监测结果对比分析可知，距离本项目相对较远的 S1 水库水质监测断面和 S2 水库取水断面，以及较近的 S3 散货码头工程码头上游取水断面和 S4 散货码头工程与一期煤码头之间取水断面，其监测数值相差不大，因此分析得出 SS 含量比环评期间有所增加不是本项目的建设产生的影响。

由此可见，本工程建设后各项污水均不外排，项目的建设没有对工程附近水域及工程上游水库取水口附近水域造成明显不利影响。

第七节　环境空气影响调查

一、环境空气污染源调查

本工程生产辅助区布置在港区陆域西侧，食堂厨房设排气扇与油烟处理器，食堂产生的油烟废气经厨房油烟净化装置处理后排放；生活区配备两台 1.5t 的 WNSI0.5-0.09-95/70-VQ 环保型燃气锅炉。根据上海市对同类型锅炉的监测结果可知，烟尘＜30mg/L、SO_2＜50mg/L、NO_X＜200mg/L，满足上海市《锅炉大气污染物排放标准》(DB31/ 387—2007)(2009 年 1 月 1 日后执行)，更满足本次验收《锅炉大气污染物排放标准》(GB 13271—2001)中的二类区标准。一期配有 1 台 2t/h 的 DZL2-1-AII 燃煤锅炉及 1 台 2t/h 的 WNS 2-1-QY 备用燃油锅炉，上海相关环保主管部门不定期对锅炉抽样检查，均满足上海市的环保要求。

废气因素还有船舶进出港时主机开动、停在港池时辅机启动，岸上车辆及设备运行时产生一定数量废气，主要成分是 SO_2、NO_X，靠港作业的船舶大部分处于主机停运状态，耗油较少，只有在靠岸离港的时候才会发动，所以燃油排放的废气量很少，浓度较低，只要加强管理，采用低排放的设备可以将其影响降到最低程度。

本工程主要货种为钢杂、金属矿石和煤炭，堆场由煤堆场、钢杂堆场、矿石堆场组成，煤堆场主要利用一期现有堆场，钢杂对环境空气的影响程度较小。因此本工程运营期大气污染途径主要为矿石、煤炭装卸运输和堆存过程中产生的粉尘，堆场遇风扬尘、车辆运输引起的道路扬尘，以及机械设备运转产生的废气等。矿石、煤炭装卸的产尘点主要分布在廊道、转接机房、转运线、堆取料机、装船机、堆场。

二、环境空气污染防治措施落实情况调查

粉尘污染防治设施主要分布于堆场、转运各种设施等部位。矿石粉尘、煤尘的防治办法主要采用湿式除尘及港区绿化，此外除大机移动下的皮带机外，其余皮带机均安装密封罩防尘。主要工程防治措施落实情况略。

三、环境空气质量及污染源监测结果分析

1. 监测项目、点位及频次

受建设单位委托，监测单位于 2008 年 3 月 19 日～3 月 21 日对本工程厂界无组织废气和工程周围环境空气质量分别进行了监测。具体的监测项目、点位、频次及方法见表 4-2-5。

环境空气质量及厂界无组织废气监测　　表4-2-5

项　目	编　号	监测点位置	监 测 内 容	监测周期、频率、样品数	监 测 方 法
厂界无组织废气	1号	厂区北边界上(上风向)	颗粒物	监测3天,每天1次,每次1个样品	① HJ/T55—2000《大气污染物无组织排放监测技术导则》 ②《大气污染物综合排放标准》(GB 16297—1996)等规定的方法 ③《环境空气质量标准》(GB 3095—1996)等规定的方法
	2号	厂区北边界(下风向)			
	3号	厂区南边界(下风向)			
	4号	厂区南边界(下风向)			
	5号	厂区南边界(下风向)			
空气质量	6号	陈行水库	SP	监测3天,每天1次,每次1个样品	
	7号	海星村			

2. 监测结果与结果分析

本工程的监测结果略。根据本次厂界废气监测结果:上风向颗粒物的监测范围为0.116～0.13mg/m^3;下风向4个点处的监测结果大于上风向的数据,监测数据在0.127～0.278mg/m^{3}之间,也满足厂界小于1.0mg/m^{3}的标准。环境保护目标水库和某村的TSP监测结果在0.094～0.113mg/m^{3}之间,满足《环境空气质量标准》(GB 3096—1996)中0.3mg/m^{3}的二级标准,而且与环评阶段环境保护目标监测数据0.130～0.290mg/m^{3}相比,没有增加。说明环境保护目标水库和某村的环境空气质量没有因为本项目的建设发生明显的改变。由此可知本工程的各项粉尘污染防治设施起到了很好的效果,对周围的环境空气质量影响不大,可以满足环保要求。

第八节　声环境影响调查

一、噪声污染源及声环境保护措施调查

运营期主要的噪声源是距离厂界较近、点多面广的煤炭堆场、矿石堆场上的输送设备噪声,以及港区内载重车辆行驶噪声。对不同噪声源均采取了治理措施,主要措施略。

二、声环境质量监测结果分析

结合现场调查情况,原环评阶段的声环境保护目标两个村子位于散货码头工程南侧,目前已建设为上海某钢厂厂区,附近没有其他声环境保护目标。因此本次调查仅对本工程厂界处噪声的达标情况进行调查。

1. 监测内容和监测方法

本次调查分别在本工程的西南厂界共各设3个声环境监测点位。监测内容与频次等具体见表4-2-6。

2. 声环境实际影响分析

监测单位于2008年3月20日～21日进行了本项目声环境影响监测。根据监测结果,本

工程建设后厂界噪声均满足《工业企业厂界噪声标准》(GB 12348—1990)III 类限值要求,本工程营运期产生的声环境影响较小。

声环境监测 表 4-2-6

点位编号	监测点位置	监测目的	监测内容	监测频次	监测方法
1	近矿石堆场与钢杂堆场后方交界处	厂界噪声	L_{Aeq}(dB)	连续监测两日,每日分昼夜各监测两次	《工业企业噪声厂界噪声测量方法》(GB 12349)
2	绿化林带东边界处	厂界噪声			
3	绿化林带西边界处	厂界噪声			

第九节　社会环境影响调查

一、建设项目对当地社会经济的影响调查

本工程试运行期在当地雇佣了部分临时工人,给该地区提供了就业机会,繁荣了当地的市场经济,增加了当地居民收入。

本工程的建设对当地经济促进作用在试运行期已经开始显现出来,本工程的建设有利于改善项目所在地区的投资环境,增加了就业机会,增加了职工的收入,促进了社会经济稳定,有助于推动地方经济的发展,提高人民的生活水平。

散货码头工程建设符合上海市城市总体规划的要求,港区的建设主要为配合黄浦江港区搬迁,解决黄浦江内煤炭、金属矿石等替代能力,是满足上海城市结构调整、黄浦江两岸地区综合开发和 2010 年世博会的需要。散货码头工程的建设缓解了上海港吞吐能力不足,完善了上海国际航运中心的功能,提升了上海港参与国际竞争的能力。

二、项目征地搬迁情况调查

本项目工程区域为 20 世纪 80 年代初明确的建设单位新港区规划用地,不存在征地拆迁的社会影响。

第十节　固体废物影响调查

项目运营期的固体废物可分为船舶垃圾和港区垃圾两部分。船舶垃圾主要是食物残渣、食品包装材料等生活垃圾;港区生活垃圾包括港区的办公场所、生活楼、食堂的生活废品及食物残渣(本工程日工作人员约 2000 人,每天约产生生活垃圾 2000kg),生产垃圾来源于港区码头、堆场、生产污水沉淀池等场所,生产垃圾主要是散落的矿粉、生产废水处理后的矿石底泥和煤炭底泥。

通过现场调查,港区设有垃圾桶、吸尘车等装置,道路沿线车辆洒落的固体废物有工人清扫,路面也有专人冲洗除尘;散落的矿粉及生产废水处理后的矿石底泥和煤炭底泥全部回收利用;其余港区垃圾统一收集后由宝山环卫局负责处理。

对于船舶垃圾,来往船舶自行联系有资质单位接收,本项目港区可按照"船岸一体化'11221'的规定"给停泊于码头上的外来船舶发送垃圾袋,收集船舶垃圾后与港区垃圾一并交

由宝山环卫局处理。

目前散货码头工程没有危险废物产生，建设单位已与有资质的危险废物接收单位签订协议，一旦有废油等危险废物产生时将其集中放在专设的收集桶，由其负责接收处理。

只要加强管理，采取切实可行的措施，本工程营运后的固体废物是不会给环境带来危害的。

第十一节　清洁生产核查

一、施工期清洁生产执行情况调查

陆域吹填工程先行启动，施工采用抓斗挖泥船和链斗挖泥船为主、吸砂船辅助的方法从新浏河沙进行采砂，由拖轮泥驳运输，吹泥船吹砂入吹填区的施工工艺。工程港池疏浚工程采用抓斗式挖泥船，疏浚土外抛至上海海事局、国家海洋局东海分局指定的吴淞口外。施工船舶配备有 AIS 自动监测系统，施工作业中疏浚泥土处理严格按海事局有关文件规定执行，运至所申报的指定地点抛泥。

施工过程中，陆域吹填采取先围后吹，并尽量延伸泥浆水的路线，有效的降低了溢流口悬浮物浓度；疏浚严格按程序施工，遵守环保方面的规章制度，合理安排施工船舶数量、位置、挖泥进度，有效减缓了疏浚作业对底质的扰动强度和范围。

二、项目清洁生产工艺调查

本工程为钢杂、矿石、煤炭码头，各项作业环节均属物理变化，没有新的物质产生。由于港区布局上，容易产生尘污染的煤炭、矿石码头设置在常年风向的下风向即港区西侧，远离水库的地方，不易产生污染的钢杂码头设置在常年风向的上风向即港区东侧，靠近水库，因此有效地降低了散货粉尘对水库的影响。

目前我国尚无有关散货运输清洁生产水平的国家标准，本次验收当中部分引用冶炼焦炭行业的清洁生产国家标准部分作为本工程的评价标准。具体标准及评价略。

第十二节　总量控制指标执行情况调查

根据对上海市环保局调查，对于本项目的总量控制指标按环评报告提出的各项控制指标进行调查即可。散货码头工程建设环境影响报告书中给出的总量控制指标为：COD30t/a、氨氮 3.5t/a、石油类 0.01t/a。一期工程没有另外增加工作人员，其排放污水量保持原有水平，散货码头工程生产、生活污水全部回用，因此上散货码头工程总量排放为 0。

第十三节　环境风险防范及应急措施调查

一、风险事故防范及应急措施调查

1. 施工期风险事故防范及应急措施调查

根据调查，本工程在施工期没有发生过有记录的严重风险事故。

为了加强散货码头工程施工期船舶的防污染管理，控制和减少工程船舶污染事故造成的损害，保护水环境，建设单位委托上海某港口服务公司制订了散货码头工程防污染方案。根据该方案，选用了1 000型固体浮子式橡胶围油栏，在煤码头与陆域吹填工程间设置了围油栏临时锚地，对水库、取水口等进行重点监控，保证了在第一时间内合理预控和科学处置各种意外事故。

散货码头工程防污染方案主要制定了防污染监护预控方案以及防污染设备的管理与使用，并提出了事故处理流程图和管理网络图。防污染监护预控方案对围油栏规格的选择、围油栏设置地点、监控重点、移动性为游览的布放、防污染监控方案、人员配备、器材及物料配备以及监控要求作了详细说明。事故处理流程图和管理网络图略。

2.营运期风险事故防范及应急措施调查

(1)风险因素调查。本工程为钢杂、矿石、煤炭码头，无危险品运输。根据工程的运营情况分析，本工程营运期发生风险事故的可能是溢油事故：一方面，船舶在工程位置作业或行进时，由于管理疏忽、操作违反规程或失误等原因引起石油类跑、冒、滴、漏事故的可能性是比较大的，这类溢油事故对环境影响相对较小，但也会对水域造成油污染；另一方面，由于工程营运后，航道中的船流密度必然增加，工程在码头、港池、进出港航道，船舶在航行、作业及货物储存过程中可能因管理不当、操作失误发生船舶碰撞，造成溢油事故，具有突发性强、涉及面广、救援难度大的特点。

(2)风险防范措施调查。工程运营期风险事故防范工作依托一期工程，已制定环境污染事故处理应急预案、危险货物事故应急预案、消防应急救援预案、突发事件处理应急预案等有关环境风险防范应急预案。预案中明确了应急救援指挥机构及职能、事故处置方案(包括人员疏散、泄漏、爆炸、火灾、断水、停电、伤害、设备等事故的处理)、预防自然灾害(雷击、台风、大雨、潮汛、地震、空袭)、各类危险化学品应急方案、应急报警程序等内容。

本项目运营后，来港船舶的相撞中可能发生溢油事故，但发生几率较低。事故发生后，运营单位协助上海海事局进行处理：

①上海海事局是处理溢油事故的主管单位，设置在港区内的宝山海事管理办公处对溢油事故进行监控。上海港所在地区执行完善的应急管理制度，港区重大风险事故的应急措施统一纳入到上海海事局的风险应急系统，海事局配备相当数量的溢油应急设备和器材，一旦发生溢油风险事故，可充分利用相关设备。具体见表4-2-7上海海事局辖区溢油应急防治设备现状表。

上海海事局溢油应急防治设备现状表 表4-2-7

设备	围油栏					浮油回收船(艘)	围油栏铺设船(艘)	油水接收处理船(艘)
	总数(m)	橡胶充气式(m)	橡胶浮子式(m)	塑料充气式(m)	塑料浮子式(m)			
数量	13 200	1 700	8 260	100	3 140	1		19
设备	工作船(艘)	撇油器(台)	吸油材料(kg)	溢油分散剂(kg)	溢油分散剂喷洒装置(套)	浮动油箱(套)	岸上油污水接收场地(座)	
数量	14	6	9 540	8 700		1	9	

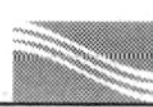

②运营单位协助上海海事局进行溢油事故处理。

a. 码头一旦发生船舶溢油事故，所属码头单位可向海事监督站报告，由海事监督站安排有专业资质的溢油应急处理单位提供应急救援服务。

b. 市场调度部应设立分公司码头应急事故兼职管理监督员。负责日常码头水域范围内的日常检查、监督及溢油事故报告。对于码头水域范围内的溢油事故，及时做好现场情况记录，有责任代表分公司向上级有关部门汇报责任区溢油应急处理情况等事项。

c. 码头管理员、现场调度员、水手、安全监督员、吊车司机等均有对于发生水域溢油事件迅速作出反应，第一时间上报的义务。

d. 市场调度部及安监室应积极协调应急处理事故单位，建立现场警戒区和交通管制区域，确定重点防护区域，听从指挥，并严格按有关应急处理程序，妥善做好装卸船舶的转移、撤离等工作。

e. 行政事务部积极配合环境监测部门做好责任区水域范围内的环境水污染应急监测工作，协助上级环保、环卫部门对溢油事故的调查、取证、分析等。

f. 经常性地开展环境保护科普宣传教育工作，普及环境污染事件预防常识，增强职工的防范意识和相关心理准备，提高对应急溢油事故的识别能力。

上述措施对环境风险事故的防范起到了有效的作用。

鉴于港区与水库较近，运营单位经常对员工进行宣传教育，要注意环境保护，一旦发生环境风险事故，及时通知水库管理处进行防备。

③措施有效性分析及建议。针对可能存在的风险事故，建设运营单位已制订了相关的防范与应急措施。根据调查，试运营期没有发生重大溢油事故。但鉴于风险事故突发性强、涉及面广的特点，建议运营管理单位在严格执行已有管理制度的同时，进一步加强以下工作：

a. 定期组织风险事故防范演练，提高风险事故的应急能力。

b. 定期对工作人员进行有计划的相关培训，培训内容可以包括：工作流程、设备性能状况等专业知识，使其对作业情况能进行正确判断；有关消防、安全设施使用的培训，使其具备紧急情况事故应急处理能力等。

第十四节　环境管理状况与环境监控计划落实情况调查

一、施工期环境管理工作与监控计划落实情况调查

1. 施工期环境管理工作调查

本项目施工期的环境管理工作由散货码头建设指挥部负责，工程在施工过程中按照环境评价报告书审批文件要求，委托相关环境工程监理咨询事务所开展了环境监理工作。建立了由指挥部、环境监理、环境监测和各参建施工单位组成的环保管理组织机构，形成了建设单位环保负责人、环境监理人员、各施工单位项目管理部分管领导、环保专管员的工作管理网络，散货码头工程环境保护管理网络图略。

(1)建设单位工作情况(略)。

(2)环境监理部主要工作(略)。

2. 施工期环境监控计划落实情况调查

根据项目环境影响报告书的要求，建设单位委托相关监测单位定期对散货码头施工区域的地表水、施工扬尘、噪声进行了环境监测，对环评报告要求的码头前沿水域生态没有进行监测。

二、营运期环境管理工作与监控计划落实情况调查

1. 营运期环境管理工作调查

(1)公司环保管理体系(略)。

(2)环保管理制度(略)。

(3)环境监测制度(略)。

2. 工程营运阶段环境监测计划的落实情况调查

工程营运后，建设单位委托有资质的监测单位按照监测计划要求进行了水、气、声及生态环境监测。根据本次调查所进行的营运期的环境监测和评价，结合环评报告书的监测计划要求及本工程的实际特点，对营运期的环境监测计划提出了补充修改意见，营运期环境监测计划修订略。

第十五节　公众意见调查

一、调查对象与方法

1. 调查对象

本次公众意见调查主要在项目所在地周围的影响区域内进行，调查对象以直接受影响的民众和来港船舶作业人员为主，调查人数不少于60人，主要包括：

(1)项目所在地周围直接受工程影响的民众个人及居民委员会，如某村居民。

(2)项目所在地周围有关单位，如水库管理处等。

(3)来港船舶作业人员。

(4)有关管理部门，如上海市环保局、上海市相关渔政管理检查站。

2. 调查方法

本次公众意见调查采取两种方法：

(1)问卷调查方式，即被调查对象按设定的表格采取划"√"方式作回答。

(2)咨询访问调查方式。

二、公众问卷意见调查及结果分析

1. 港口周围居民意见调查结果统计与分析

本次公众意见调查，向港口周围居民发放调查表30份，收回28份，回收率93%，在被调查的28人中，机关工作人员2人，其余均为工人和农民，被调查者年龄多在25～60岁之间。调查对象涉及各类职业，文化程度也不尽相同，基本反映了当地居民的职业和文化结构层次。

统计结果及分析略。

2.港区船舶作业人员调查结果统计与分析

本次公众意见调查，港区船舶作业人员调查表共发放30份，收回30份，回收率100%，在被调查的30人中，年龄集中在20～55岁。港区船舶作业人员参与调查统计结果及分析略。

3.相关部门意见调查(略)

4.公众意见调查反馈(略)

第十六节　环境保护投资落实情况及环境管理建议

一、环境保护投资落实情况调查

根据环评单位编制的本工程建设环境影响报告书，环境影响评价提出的建设项目环境保护总投资额约为9 796.8万元，占总投资的2.04%左右。上海港散货码头工程实际总投资为46.88亿元，实际环保投资12 080.2万元，约占总投资的2.58%，包括施工期环保措施投入、施工期环境监理、施工期环境监测、污水处理设施、绿化等。环评阶段未提及以新带老的环保投资，根据调查可知一期工程的环保设施完善投资列入一期工程的管理经费。环评提出的环保总投资概算落实情况及具体环境保护投资情况略。

总体而言，本工程的环保资金到位，环保措施有效。

二、环境管理建议

针对环保验收情况，提出相应环境管理建议(略)。

第十七节　调查结论与建议

对环保验收报告的各个章节进行总结(略)。

第三章　航运枢纽工程竣工环保验收技术应用

第一节　航运枢纽工程特征及环境影响特点

航运枢纽工程通过对水资源的调控，实现防洪、发电、供水、灌溉、航运等多种功能，可对改善生态环境发挥显著作用，是国家经济社会可持续发展的重要基础。航运枢纽工程涉及范围广，影响要素多，包括水文、泥沙、局地气候、水环境、环境地质、土壤环境、陆生生物、水生生物、大气环境、声环境、固体废物、人群健康、景观与文物、移民、社会经济等。因此，对航运枢纽工程进行竣工环保验收，抓住其技术要点的前提是必须首先掌握其工程特点和环境影响特点。

航运枢纽工程对环境的有利影响是充分利用了水力资源，与同等规模的燃煤发电厂相比，可大量减少污染物排放，有利于改善当地环境，大坝的拦截有利于水库水体中悬浮物、泥沙及污染物的吸附、沉降，对改善下游河道水质、调节下游河道水量有利；水库蓄水后可自流灌溉部分农田，减少农业生产成本，有利于水库沿岸农业生产的发展；库区水位抬高，从根本上改善大坝上段江段的航运条件，还可改善下游江段的航运条件，提高航运能力，有利于改善当地的旅游环境和交通结构，促进地区多元经济发展；移民生产开发有利于调整当地农业生产结构，促进农村商品经济发展；工程建设有利于地区社会经济的发展。

航运枢纽工程对环境的主要不利影响是：水库淹没区将造成库区部分土地、植被的损失，某些优美的自然景观、历史文化遗迹等也会由于淹没而受到破坏；大坝的修建使库区水流变缓，污染物自净能力下降，水库局部水域水质可能变差；大坝施工占地、边坡开挖、道路和施工辅助建筑物的修建，施工活动产生的废渣、粉尘、噪声等，将对施工区土壤、植被和景观造成临时性或永久性破坏；大坝的阻隔作用会引起鱼类洄游通道的中断，对鱼类或其他珍稀水生生物的洄游繁殖产生一定影响；水文情势的变化将破坏某些鱼类的产卵场、越冬场和索饵场，还有可能导致水质的恶化；如果移民集中安置区选址不当，还会引发地质灾害、水土流失等一系列生态影响问题。

航运枢纽工程所涉及的环境保护工作范围见表4-3-1，环境影响因子系统见表4-3-2。

航运枢纽工程所涉及的环境保护工作范围

表 4-3-1

工程的地理范围	所涉及的环境保护工作范围								
	生态环境	水环境	大气环境	声环境	固体废物	环境风险	文物	移民安置	公众意见
库区、拦河坝、引水系统、电站厂房、施工区及其所涉及的影响区	水库库区及周边；坝区及坝下游地区及其所涉及的影响区；施工区（施工现场、弃渣场、料场、施工道路与施工营地等）；防护工程、土地整治工程、绿化工程、珍稀濒危特有野生动植物的保护措施	库区、坝址下游河段及支流河段等水域；下游生态用水的措施；污水处理设施（电站厂房及附属工程）	大气污染源防治措施（电站厂房及附属工程）	工程涉及的公路桥或连接线公路	电站厂房及附属工程产生的固体废物	1. 环境风险事故应急预案；2. 应急物资储备	工程影响范围内的重要文物古迹	工程的移民安置区	受工程直接影响的村庄及居民、地方环保、规划、土地部门等有关工作人员

环境影响因子系统表

表 4-3-2

环境系统	环境要素		环境因子
自然环境	水文泥沙		水位、流量、水深、流速、淤积、冲刷
	局地气候		气温、降水、湿度、蒸发、风、雾
	水环境	水质	有机物、有毒有害物质、营养物质等
		水温	水温结构、下泄水温
	环境地质		诱发地震、库岸稳定、水库渗漏
	土壤及土地资源		土壤肥力、土壤结构、耕地资源、林地资源
	生态	陆生生物	森林、草原、珍稀特有植物、野生动物、珍稀特有动物等
		水生生物	浮游植物、浮游动物、底栖生物、经济鱼类、珍稀特有水生生物、产卵场等
		湿地	河滩、滨湖、沼泽、海涂等
		自然保护区	自然保护区类别、保护动植物等
		水土流失	土壤侵蚀、沙化
社会环境	人群健康		自然疫源性疾病、介水传染病、虫媒传染病、地方病
	景观与文物		风景名胜、文物古迹
	移民		农村移民、城镇移民
	社会、经济		人口、产业结构、经济水平、地区发展
	施工环境		大气、声、水质、施工区卫生

第二节　航运枢纽工程竣工环保验收重点技术内容

一、工程调查

1. 工程建设过程

对实行审批制的航运枢纽项目，应说明项目立项时间和审批部门，可研完成及批复时间，工程开工建设时间，试生产申请时间、投入试运行时间，环保设施设计单位和工程环境监理单位。

对实行备案制和核准制的项目应说明环境影响评价文件完成及批复时间，核准批复时间或备案时间、工程开工建设时间，试生产申请时间、投入试运行时间，环保设施设计单位和工程环境监理单位。

通过对建设项目建设过程的调查，可核查工程环境影响评价制度的执行情况。

2. 工程概况

工程概况部分应首先说明建设项目所处的地理位置和工程基本情况的初步调查结果(包括项目组成、工程规模、工程量、主要经济或技术指标、主要建筑物、淹没、占地与移民安置、主要生产工艺及流程、调度运行方案、运行工况、主要污染源及环境保护设施、工程总投资及环保投资等)。

工程总布置和主要建筑物包括工程场址、基本坝型和主要建筑物基本形式，主要建筑物(泄水、发电、通航、过鱼)的布置及主要尺寸等。

施工布置及进度安排包括天然建筑材料分布、开采工艺，施工导流、截流方式，主体工程施工方法、施工程序、施工进度和主要施工机械，施工总布置(施工对外交通及场内交通、施工工厂和生活设施布置，土石方平衡和取料场、弃渣场布置)，施工总进度等。

淹没、占地及移民安置包括水库淹没范围及不同淹没对象淹没处理范围；推荐方案淹没实物指标成果包括土地淹没(耕地、园地、林地、牧草地等)，房屋、人口、工业企业、专业项目(铁路、公路、电力、电信、水利水电设施、文物)等；设计水平年移民规模，包括规划生产安置人口、规划搬迁人口；移民安置方案包括农村移民安置方案(后靠、外迁)，生产恢复与开发方案，集镇、城镇迁建方案，专业项目复建、改建方案；防护工程；移民安置总进度；移民补偿投资。

该部分内容应尽量配以图表说明，其中工程位置图和工程布置图是必不可少的，工程位置图比例应能清晰表征工程所在区域与周围区域的关系；工程、布置图可采用示意图，除明确工程区域内部工程布置外，还应明确与工程区域相邻的环境敏感目标的相对位置。其他必要的图件还包括工程特性表、工程总布置图、施工布置图、水库淹没范围及移民安置区示意图。

3. 工程建设内容或建设方案发生变更时，应将变更情况和变更原因列为调查的重要内容

二、环境影响评价文件和环境影响审批文件回顾

环境保护行政主管部门对建设项目环境保护的有关要求，主要体现在环境影响评价文件和环境影响评价审批文件中；建设单位上级行政主管部门和项目所在地环境保护部门对建设项目的环境保护要求，主要体现在环境影响评价的预审意见中，因此验收调查阶段应对这些文件进行回顾，将文件中有关要求的落实情况作为重要内容进行调查。

环境影响报告书回顾的主要内容是：各环境因子的环境质量现状、环境影响预测的结果和评价结论；环评报告书中规定的环境保护对策措施和建议，其中包括生态保护措施、移民安置保护措施、文物保护措施、污染防治措施、污染物排放与总量控制、清洁生产、环境风险事故防范措施、环境管理与监测等各方面要求；环评报告书预审意见和审批意见回顾的主要内容是行业主管部门和环境保护行政主管部门对建设项目所提出的各项环境保护要求。

除上述内容外，验收调查阶段在确定调查范围、调查因子、调查重点、验收标准和环境敏感目标等各项工作中，都要参考环境影响报告书中相应的评价范围、评价因子、评价重点、评价标准和环评阶段的环境敏感目标。

三、环境保护措施落实情况初步调查

环境保护措施落实情况调查应分为设计、施工、运营三个阶段进行。调查内容主要包括两部分：一是环境影响报告书及其预审意见、审批意见中针对设计、施工、运营三个阶段所提出的环境保护措施落实情况；二是建设单位在建设过程中，根据实际影响情况增加的各项环境保护措施调查。调查结果应列表予以说明，表4-3-3为某航运枢纽工程环保措施落实情况调查表。

某航运枢纽工程环保措施落实情况调查表　　表4-3-3

工程环节	环评报告书中环保措施	环评批复意见	初步设计环保措施	落实情况
阶段	施工期			
施工废水防治	略	略	略	略
施工废气粉尘防治	略	略	略	略
噪声污染防治	略	略	略	略
生态保护措施	略	略	略	略
人群健康保护	略	略	略	略
库底清理	略	略	略	略
文物古迹保护	略	略	略	略
阶段	试营运期			
(陆生、水生)生态保护	略	略	略	略
生活、生产污水	略	略	略	略
大气污染	略	略	略	略
移民安置、文物	略	略	略	略
环境风险应急	略	略	略	略
环境监测管理	略	略	略	略

(1)生态保护与恢复措施主要包括针对环境敏感目标(水域、陆域)的保护措施，包括植被的保护与恢复措施、水生生物保护与恢复措施、水土流失防治措施、水文情势变化影响减免措施、水文影响减免措施、土壤质量保护和占地恢复措施以及生态监测措施等。上述措施中应特别注意调查生态用水的保证措施；珍稀、地方特有陆生动植物的保护措施；珍稀、地方特有鱼类的保护措施以及自然保护区、风景名胜区、饮用水水源保护区、社会敏感区等敏感区的环境保护措施落实情况。

(2)污染防治措施主要包括针对水、气、声、固废等各类污染源所建成的污染治理设施以及所采取的环境管理、环境监测和施工期环境监理等各项环保措施。

(3)社会影响的环保措施主要包括移民集中安置区的各项环保措施及针对文物保护等方面所采取的环保措施。

四、生态影响调查的方法和内容

生态影响专题的调查应主要针对区域内突出的生态问题进行，其内容应包括生态调查(生态系统类型、特点、功能)、土地利用调查、自然资源调查、环境敏感区调查等。受影响土地的整治情况、恢复效果和有关的保护措施应通过相应的影响资料予以表述。在调查报告中需要明

确说明进行生态影响调查的具体工作内容、地点、方法、时间、次数。

1.调查方法

主要是资料调研、现场踏勘并结合公众意见调查等方法;在一些涉及敏感区域或重点建设项目的竣工环境保护验收工作中,采用生态监测和遥感技术的已逐渐增多。

2.调查内容

生态影响调查应侧重调查生态环境状况、生态影响、生态保护措施落实情况、生态保护措施效果、环境敏感目标以及环境影响评价文件和批复文件提出的其他生态保护要求。

(1)自然生态影响调查。调查范围包括库区水域、工程永久占用土地的区域,如枢纽工程区、淹没区、移民安置区等和临时占地的区域如料场、弃渣场、场内临时施工道路、施工辅助企业区、施工生活区等。

根据工程建设前后影响区域内野生动植物、水生生物生存环境的变化情况,结合工程采取的保护措施,分析工程建设对其生存的影响。

野生动植物生存环境的变化情况依建设项目作用的方式、轻度、范围、时间长短的不同有很大的差异,因此,在进行影响分析时,应作出如下判别:

①确认是否对珍稀动植物、地方特有动植物产生影响。

②判别栖息地减少、“三场”(产卵场、繁育场、索饵场)破坏、洄游或交流阻隔等影响程度。

③所采取的生态修复和保护措施是否有效。

④重大项目应进行生态景观及生产力变化分析。

(2)生态环境敏感目标影响调查

①工程影响区域内生态敏感目标的分布状况,敏感目标的保护级别、保护重点、保护范围等。

②工程与敏感目标的相对位置关系,如是自然保护区需明确核心区、缓冲区、实验区与工程影响范围的相对位置关系。

③工程建设对生态敏感目标的影响和为减免影响所采取的保护措施。

(3)农业生态影响调查

航运枢纽项目对农业生态的影响以直接影响为主。调查重点如下:

①确定重点保护目标,如基本农田、农灌系统分布等。

②分析占地(含永久性占地和临时性占地)对农业生产的影响。

③调查为避免、降低影响采取的减缓、替代措施。

(4)水土流失影响调查

①土石方量调查。

②临时占地水土流失调查,需要逐一调查占地位置、用途、占地类型和生态恢复情况,必要时可辅以图片进行说明。

③水土流失防治措施。

④水土流失植物防治措施。

(5)生态环境保护措施落实情况调查

《建设项目竣工环境保护验收管理办法》第十六条第六款规定,建设项目符合竣工环境保护验收的条件之一是“各项生态保护措施按环境影响报告书(表)规定的要求落实,建设项目建设过程中受到破坏并可恢复的环境已按规定采取了恢复措施”。因此,进行生态环境保护措施

落实情况的调查如过鱼设施或增殖放流措施是否落实、临时占地是否恢复等是必不可少的调查内容之一。

①调查时段。航运枢纽项目对生态的影响主要发生在施工期和营运期，施工期的影响主要是施工活动造成的，调查方法主要通过查阅施工期有关资料、监测报告、环境监理报告，并结合公众意见调查的方式，现场调查施工迹地的生态恢复措施与效果。试营运期新产生的环境影响，在现场调查基础上，结合必要的生态监测、施工设计文件核查，分析、确定工程生态影响的性质、程度及采取的保护措施的有效性。

②核查结果。根据实际调查结果，列表逐一说明环境影响评价文件及审批文件中所提的各项措施的落实情况和实施效果。对未落实的措施和建设单位根据实际情况补充增加或更改的措施，调查报告须说明原因，并分析根据实际情况调整后措施的有效性。

(6)生态保护措施有效性分析与补救措施建议

生态保护措施有效性分析应在生态保护措施落实情况调查及相关生态影响现场调查基础上进行，主要从自然生态影响、生态敏感目标影响、农业生态影响、水土流失影响等方面分析采取的生态保护措施的有效性。

根据上述分析结果，结合生态环境特点和保护要求，从避免、减缓、恢复、补偿等方面提出具有操作性的补救措施和建议。

3.图件要求

生态调查图件一般应包括：工程防护措施图片、植物防护措施图片、珍稀动植物保护图片以及上述措施的保护效果照片或影视资料。

五、施工期污染影响调查

竣工验收调查阶段施工期已结束，其污染影响调查主要根据以下几个方面进行回顾调查：

(1)根据工程环境监理记录和报告、施工期环境监测数据及施工期间污染防治措施、设施的影像图片资料，了解施工期间采取的污染防治措施和效果。

(2)通过公众意见调查、地方环保等有关部门的走访，了解施工期间环境保护、环境影响投诉情况、解决方式及解决效果。

根据掌握的资料，与环评、批复和设计文件的环保要求进行一一对照，评述施工期间环保措施的落实情况，分析评价项目施工期间对环境带来的污染影响，包括已采取措施的有效性、未采取措施带来的污染影响、环境影响评价文件未提及而实际产生的环境影响等。并针对存在的问题提出补救措施和今后环评、施工中应注意的环境问题。

六、试营运期污染影响调查

1.水环境影响调查

通过对项目所在区域的水环境概况、水污染源及其处理处置设施的调查，并根据水环境质量和水污染源监测结果，分析污水排放对环境敏感目标及受纳水体的影响程度、范围及环境功能区管理目标的可达性。分析环保措施的有效性并提出切实可行的建议。

(1)水环境调查

调查与本工程相关的国家与地方水污染控制的环保对策、规定和要求；调查航运枢纽项目影响范围内地表水的分布、功能、使用情况及与本工程的关系；说明项目影响区域内的水文情势。重点调查影响范围内河流、湖泊、水库和水环境敏感目标如饮用水水源地等与建设项目的相对位置关系，并给出水系分布图、水环境功能区划图和建设项目相对位置关系图表。

此外，还需调查项目营运期水环境风险防范、事故应急机制及措施、设施落实情况以及其他相关内容。

(2)水污染源调查

调查说明项目各设施的用水情况、污水产生环节、产生量、回用情况等；各设施的污水排放量、主要污染物、采取的处理方式及处理设施、污水处理工艺流程、排放去向、受纳水体等情况。

(3)水环境质量和水污染源监测

①水环境质量监测。验收调查中，水环境质量监测应严格按照监测方案确定的监测因子、监测点位、监测频次和监测方法进行，并按照规范的方法进行数据分析。航运枢纽项目除常规监测因子外，还需考虑水温、水文情势、流量、水位过程等，有可能对鱼类产生影响的，还应进行过饱和气体的监测。有可能对地下水造成污染的项目，建设单位应设置地下水水质监测井，以满足验收监测和日常环保管理的需要。

②水污染源监测。污水监测的范围包括与项目配套的各类生产污水(如电站尾水)处理设施、生活污水处理设施以及与外部水环境相沟通的界面。对于新建项目，应监测生产污水、清净下水和生活污水的外排口；污水处理设施的进、出口；对于改扩建项目，不仅包括项目本身产生的生产污水、清净下水和生活污水的外排口，污水处理设施的进、出口，还要根据具体污水流向，对进入已建成的环保设施或与已建成项目的污水混合后排放的外排口进行监测。同时对原有项目的排放情况、污染治理情况进行调查了解。

一般航运枢纽建设项目可仅进行排放口达标监测，包括生活污水处理设施排放口和电站尾水。调查报告中应给出实际的水环境质量和水污染源监测点位图；改扩建项目还要进一步界定与前期项目的相互关系。

(4)水环境质量和水污染源监测结果分析

首先对监测结果进行统计，分析其数据的合理性，发现异常数据应及时与监测单位进行沟通，了解监测现场的实际情况，分析异常数据产生的原因，必要时应要求重新监测。

将监测结果与相关标准进行对比，明确污水排放超达标情况，并分析未达标的原因。通过对监测结果的分析，评价项目建设及污水排放对水环境敏感目标的影响程度和对受纳水体的影响程度、影响范围及环境功能区管理目标的可达性。

(5)水环境保护与治理措施效果分析与建议

根据监测结果及超达标情况，分析现有水环境保护措施的效果、存在的问题并分析原因；核查环境保护措施是否能够满足当地污染物总量控制要求；针对存在的问题提出切实可行的整改、补救措施。

2. 大气环境影响调查与分析

(1)环境空气影响调查

调查与本工程相关的国家与地方大气污染控制的环保对策、规定和要求；调查项目相关区域的环境空气功能区划；重点说明调查范围内大气环境敏感目标、分布及与项目的相对位置关系，列表说明目标名称、位置、规模；并适当收集工程所在区域气象资料。

(2)大气污染源调查

大气污染源调查应包括大气污染物产生工艺(或环节)分析和大气污染物排放情况调查;应调查说明大气污染物来源、排放量、排放方式(包括有组织与无组织排放、间歇与连续排放)、排放去向、主要污染物及采取的处理方式。如锅炉大气污染源调查应包括锅炉的型号、台数、运行工况、烟囱高度、燃料类型及质量、除尘脱硫设备型号及其工期流程等。

(3)大气污染源和环境空气质量监测结果分析

调查报告应给出大气污染源和环境空气质量监测点位图,并注明监测点位与污染源的相对位置关系。对监测结果进行统计并将监测结果与相关标准进行对比,分析评价环境空气质量状况;明确废气排放超达标情况,并分析未达标的原因。

根据以上结果,分析评价废气排放对环境敏感目标的影响程度,分析对周围环境空气质量影响的程度、范围与环境功能区管理目标的可达性。

(4)环境空气保护措施及大气污染源治理措施效果分析与建议

根据监测结果及超达标情况,分析现有环境空气环境保护措施的效果、存在的问题并分析原因;核查环境保护措施是否能够满足当地污染物总量控制要求;针对存在的问题提出切实可行的整改、补救措施。

3. 声环境影响调查与分析

(1)声环境调查

调查国家和地方与本工程相关的噪声污染防治的环保对策、规定和要求;调查项目影响范围内声环境质量总体水平和噪声污染源特征,详细说明项目影响范围内的区域声环境功能区划、声环境敏感目标与项目的相对位置关系。

(2)噪声源及噪声敏感点情况调查

调查项目试营运以来噪声源的名称、数量、运行状况、与环境敏感点的相对位置等;说明声环境调查范围内噪声敏感点的功能、规模、与工程的相对关系(包括方位、距离、高差)、建设年代及受影响的人数,列表对比说明环评阶段与实际敏感点的变化情况,并附以图表、照片加以说明;调查说明工程采取的降噪措施、现阶段工程降噪措施的完好程度与运行状况、实际降噪效果和直接受益人群数量等。

(3)声环境质量监测与厂界噪声监测

厂界噪声应在正常生产情况下进行。测点布置在敏感点一侧的厂界或在所有厂界平均布点,测点数目可根据验收项目规模而确定。总之对厂外环境可能会造成影响的地段,应作为测量重点。

对于枢纽的连接线公路,应综合考虑不同路段车流量差别、敏感目标与工程的相对位置关系(高差、距离、垂直分布等)、环境影响评价文件中监测点的预测结果,选择有代表性的典型点位进行环境质量监测(根据情况,进行敏感点监测、衰减断面监测、24h 连续监测),并对已采取噪声防治措施的敏感点进行降噪效果监测。

(4)噪声监测结果与达标情况分析

根据定点监测结果、断面衰减规律、交通流量,按照各敏感点执行的标准和厂界或边界执行的标准,分析噪声敏感点和项目边界(厂界)噪声达标情况;对环境影响评价文件中预测超标的点应根据监测结果重点分析;当调查工况不能达到验收条件是应按初期设计能力校核其对环境的影响。

(5)声环境保护措施效果分析与建议

根据声环境监测结果，明确给出声环境保护措施的降噪效果；分析、评估声环境敏感点是否达到相应标准要求；综合分析声环境保护措施的有效性及存在的问题和原因，提出整改、补救措施与建议。

4. 固体废物环境影响调查与分析

(1)污染源调查

调查固体废物处理(处置)相关的政策、规定和要求；核查工程产生的固体废物的种类、属性、主要来源及排放量；调查固体废物尤其是危险废物的处置方式，以及是否有完善的安全管理措施。委托专业机构进行危险废物安全填埋或处置的，应注意调查该机构的资质。

(2)措施有效性分析与建议

分析工程固体废物处置与相关的政策、规定和要求的一致性；根据调查结果，分析现有环境保护措施的有效性及存在的问题及原因；针对存在的问题提出切实可行的整改、补救措施与建议。

七、社会环境影响调查与分析

1. 移民搬迁环境影响调查

航运枢纽建设项目往往需要移民迁移。一般情况下，移民或拆迁人口由地方政府专门机构负责安置，只拆迁住宅，生产资料(耕地)不动的称之为“生活安置”，丧失生产资料需要重新分配的称之为“生产安置”。在环境影响评价阶段，对移民或拆迁人口集中安置区的选址和有关的环境保护措施均会提出要求。验收调查中，除应对移民或拆迁的基本情况进行调查外，重点应对集中安置区进行调查，调查内容包括：

(1) 集中安置区的位置是否符合环评要求。

(2)环评及批复中有关的环境保护要求(如生活污水收集与处理、垃圾处置设施等)落实情况。

(3)必要时应对移民集中安置区的环境质量进行监测。

2. 文物古迹及重要设施影响调查

文物古迹调查重点是县级以上文物保护单位，重要的历史遗迹等，调查内容包括：

(1)说明验收调查范围内文物古迹及重要历史遗迹的保护级别、与工程的位置关系等。

(2)调查工程建设和试运营过程中采取的发掘与保护措施，其效果应取得文物保护主管部门的认可。

调查范围内的重要设施主要指有可能受到影响的重要公共设施如水文站、广播电视发射台等，重点调查工程对这些设施正常运行的影响。

八、公众意见调查

1. 调查方法和调查对象

公众意见调查应本着公开、平等、广泛和便利的原则，根据项目所在区域的经济发展状况、乡土民俗、民族文化等方面的实际情况进行。调查对象应有广泛的代表性，包括位于项目环境影响范围内，在施工期或运行期可能受到环境影响的有关单位、社会团体、居民委员会、村民委员会等基层群众自治组织，居民个人，相关领域的专家以及地方人大、政协、政府有关行业的行

政主管部门等。

公众意见调查主要采取的调查方法为问卷抽样调查、走访咨询和召开小型座谈会等；还有一些采用网络、报刊、电台、电视等媒体调查方式，较为敏感或知名度较高的项目还应采取媒体公示和听证会的方式。

2. 公众意见调查的内容

公众意见调查的内容应根据项目施工期和运行期产生的环境影响确定。问卷调查时，应注意调查问题的数量不应过多，以控制在20个以内为宜，问题应当按照简单、通俗、明确、易懂的原则设计。避免设计可能对公众产生明确诱导的问题，同时调查内容要与工程环境保护密切相关；走访咨询议题数量可以不限，但不能遗漏任何可能存在重大环境影响的问题，重点在于征求各方对工程建设各阶段环境保护的意见和建议，应尽可能全面、详细；小型座谈会可根据问卷抽样调查和走访咨询的结果，分析筛选出公众关注的热点、难点问题。座谈会要集中讨论主要议题，切忌过多。每个议题经深入讨论和相互交流后，最终确定其解决办法或各方均能接受的补救措施。

3. 结果分析

通过对问卷调查结果进行分类统计，结合走访咨询中了解的情况，重点分析公众对项目建设环保工作的态度、项目建设各个时期对社会和环境的影响、公众对有关环境保护措施落实情况及其有效性的评价，必要时结合座谈会讨论结果，提出热点、难点问题的解决方案和补救措施。

对反馈意见中出现的“非肯定意见”要进一步深入了解意见产生的原因，在调查报告中应针对这些意见，向建设单位提出改进建议或采取补救措施的建议，充分发挥公众意见调查的作用。

4. 结论

公众意见调查结论是对公众意见调查结果的简要总结。在结论中应简要说明公众最关注的环境保护问题；对建设项目环境保护的基本态度；遗留的主要环境影响和解决意见并应附具对有关单位、专家和公众的意见采纳或者不采纳的说明。

九、环境风险与事故应急措施调查

1. 调查内容

环境风险主要有两类，污染风险和生态风险。污染风险主要是大量污染物的突然集中排放，造成局部环境质量的急剧恶化，导致环境功能的暂时丧失或永久丧失；生态风险最突出的问题是工程带来的地质灾害，溃坝、突发污染事故对生态的影响风险等。对于航电枢纽项目来讲，上述两种风险影响都是存在的。

风险与事故应急措施调查应包括一下内容：

(1)工程施工期环境风险事故发生情况，以及采取的相关预防措施和制定的应急措施与预案。

(2)工程试运营期环境风险事故发生情况及几率统计。若发生事故，分析其原因和造成的危害。

(3)国家、地方及有关行业关于风险事故防范与应急方面的相关规定落实情况。

(4)建设单位或管理部门风险事故防范与应急管理机构的设置情况,以及各种应急物资配备和应急队伍培训等情况。

(5)是否按照环评及批复要求制定环境风险事故的应急措施、预案。

(6)针对存在的问题提出可操作的改进措施与建议。

2.调查重点

重视环境风险与污染事故的预防远比待事故发生后进行挽救重要,因此环境风险与事故应急措施调查的重点应包括预防措施和应急措施。预防措施主要应调查风险防范措施的落实情况,应急措施重点应围绕应急预案进行调查。

十、环境管理与应急计划调查

航运枢纽建设项目规模大,建设周期长,对工程区域内的环境影响相对较大,因此加强施工期和营运期环境管理是做好环境保护工作的关键。

调查内容包括:

1.施工期和营运期环境管理情况

调查内容包括机构设置、人员配备、规章制度、人员培训等方面。

施工期应调查建设单位是否有专职机构负责施工期间的环境管理工作,各部门环境保护职责是否明确,是否与各施工单位签有环境保护的责任书,或在施工合同中列入环境保护的有关要求。

营运期应调查建设单位是否有专职机构负责日常环境管理工作,环境管理规章制度是否完善。委托专业单位对环境保护设施进行管理的,应出具有关管理合同。

2.施工期和营运期环境监测计划落实情况

应对照环境影响评价文件及其审批文件有关施工期和营运期开展环境监测的要求,逐一调查环境监测计划的落实情况。

3.工程环境监理执行情况

如果在环境影响评价及其审批文件中提出了施工期进行环境监理的要求,竣工验收工作中应调查建设单位是否落实了这一要求。调查内容包括:与环境监理单位签订的工作合同、施工期环境监理记录、环境监理总结报告等。

4.营运期环境管理工作建议

根据对建设项目环境管理工作的调查结果,对发现的问题和不足,提出进一步完善和改进的意见。

第四章　某航运枢纽工程竣工环保验收调查案例

一、概述

1.某航电枢纽工程建设背景简介(略)

2.编制依据

(1)环境保护法规和规范性文件

(2)相关批复文件

①《印发国家计委关于某航电枢纽工程可行性研究报告的请示的通知》。

②交通部《关于某航运开发航电枢纽工程初步设计的批复》。

③省水利厅《关于某航运开发航电枢纽工程水土保持方案的批复》。

④省环保局《关于某航电枢纽工程环境影响评价标准执行的函》。

⑤省环保局《关于报送"某航运开发航电枢纽工程环境影响报告书"预审意见的函》。

⑥交通部《关于对"某航电枢纽工程环境影响报告书"预审意见的函》。

⑦国家环保总局《某航电枢纽工程环境影响报告书审查意见的复函》。

⑧省文物局《关于同意某航电枢纽下闸蓄水的函》。

⑨环保部"关于同意某航电枢纽工程变更申请的函"。

(3)主要技术资料

①《某航电枢纽工程环境影响报告书》、《水土保持方案报告书》。

②《某航电枢纽工程可行性研究报告》。

③《某航电枢纽工程初步设计报告》。

④《某航电枢纽工程施工期环境监测报告》。

⑤《某航电枢纽工程地下文物田野考古发掘工作简报》。

⑥《某航电枢纽典型应急预案(试行本)》。

⑦《移民安置监测与评估报告》。

⑧《某航电枢纽工程移民安置及专项迁建规划报告(库区、坝区)》。

⑨《交工验收报告》。

⑩《工程竣工环保验收监测报告》。

3.调查方法与工作程序

(1)调查方法

①原则上按照《建设项目环境保护设施竣工验收监测管理有关问题的通知》中的要求执行,并参照《环境影响评价技术导则》等规定的方法。

②施工期环境影响调查根据施工期环境监测资料，结合公众意见调查工作，通过走访咨询沿线地区相关部门和个人了解受影响部门和居民对本项目建设施工期环境影响的反映，并核查有关设计文件以分析施工期对环境的影响。

③试营运期环境影响调查以现场踏勘和环境监测为主，通过现场调查、监测来分析试营运期环境影响。

④环境保护措施调查以核实有关资料文件内容为主，通过现场调查，核查环境影响评价和设计所提出的环保措施的落实情况。

⑤环保设施和措施有效性分析通过采用效果实测与资料核查、现场检查等方法进行。

(2)调查工作程序(略)

4. 调查范围、调查因子和验收标准

(1)调查范围和调查项目

根据本工程环境影响评价范围、项目实际建设情况以及环境影响调查的具体要求，确定各专题的调查范围和主要调查内容见表4-4-1。

环境影响调查范围和调查内容　　表4-4-1

调查项目		调查范围	调查内容
水环境		坝址至上游枢纽共长96km的江段及其周围水域	地表水(pH、SS、化学需氧量、石油类等)和沉积物。调查本工程生活生产污水排放量、排放去向及各污水处理设施运行情况及处理效果；工程建设对饮用水源取水口的影响
环境空气		坝址及附属千吨级码头周围区域	施工扬尘、供暖设施以及员工餐厅油烟处理措施等
声环境		坝顶公路桥及连接线公路两侧200m；千吨级码头港界外100m以内	调查公路两侧交通噪声影响情况；调查码头噪声的港界达标情况、港界附近敏感点处声环境质量受工程建设的影响程度、噪声防治措施落实情况及其效果
生态环境	水域	与水环境调查范围相同	主要调查该水域浮游生物、底栖生物、渔业资源、水产养殖概况
	陆域	枢纽和码头工程直接影响的区域	工程占地类型，临时占地恢复效果、绿化工程及其效果及生态保护措施落实情况等
固体废物		同生态环境调查范围	重点调查施工垃圾，生活区、码头作业区和船舶等处生产、生活垃圾处置
社会环境		本工程建设的直接影响区域，包括水库淹没区	库区、坝区移民安置、水库淹没处理工作对当地社会环境的影响及文物保护情况等
公众意见		项目直接受影响的单位、居民及本工程作业人员和有关专家	调查公众对项目建设过程及试运营期间的意见或建议

注：本次调查范围与环评报告书中评价范围基本一致。

(2)验收标准

本次验收环境影响调查，原则上采用环评报告书所采用的评价标准，对已修订新颁布的标准则执行替代后对应时段的新标准。具体标准值略。

5. 环境保护目标情况

根据对现场的调查，各环境保护目标的现状相对环评阶段有一定变化，主要原因有：

(1)水环境功能区划有调整,有新增敏感点。

(2)千吨级码头的选址与环评阶段发生了变化,新港址周围有新增居民区。

(3)居民区敏感点由环评阶段的坝址附近居民区扩大为由于移民安置而新增的居民区。

验收阶段的环境保护目标主要包括:库区内的取水口;库区水生生物、渔业资源;区域植被;文物、景观;坝址附近居住区及移民安置新增居民点;千吨级码头附近居民区;连接线公路两侧居民区。

6.调查重点

本次调查的重点是项目建设对水环境和生态环境的影响,以及环境影响报告书及批复文件中提出的各项环境保护措施落实情况,必要时根据调查结果提出环境保护补救措施。

二、工程核查

1.工程地理位置(略)

2.工程建设过程

工程建设审批过程(略)。

3.工程建设基本情况核查

给出本项目工程技术经济指标和主体工程核查结果和水库主要特征参数。通过工程建设资料比对和现场核查,结果表明工程实际建设情况与环评设计阶段基本一致。具体结果从略。

(1)工程变更情况调查

环评阶段依据本工程可行性研究报告,将枢纽附属工程——其港千吨级码头港址选在县城关镇上游的金某村,该港址水域、陆域条件较优越,符合其县城市总体发展规划的布局,工可审查予以通过。港址上距县自来水厂550m,符合水工规范的环保要求,并经县主管部门认可。但以发展眼光看,环保方面特别是生活水源的保护可能会有更高要求;此外,县城地处枢纽水库库区,将来污染物扩散能力会有所减弱。因此,为了更好的保护水资源环境,工程初步设计阶段,建设单位和县政府、各相关部门对县城郊沿江岸线进行多次查勘、论证,重新选定县城大桥下游约3.6km处观某村作为新港址。重新选址后的港址,上距离县自来水厂6.5km,下距镇水厂7.5 km,该港址离城市较远,但符合城市发展要求,县城市规划部门已将该处规划为码头作业区,故港口千吨级码头选定在县城郊观某村处。具体位置图及港区平面布置图略。针对该项目变更,建设单位委托原环评单位编制了《某航电枢纽设计变更环境影响补充分析报告》,环保部以环审变办字[2008]30号文函复。

(2)工程概况核查

①工程永久占地。

②职工生产生活区。

③对外交通公路。

④弃渣场。

⑤水库淹没处理。

⑥千吨级码头。

4.实际营运工况调查

(1)水库运行方式、码头装卸工艺

枢纽建成后将与上游大源渡进行联合调度，汛期当大源渡下游某站入库流量小于或等于电站最大饮用流量时，水库水位维持正常水位，电站按天然来水发电；当入库流量大于最大引用流量后，水库开始逐步开启闸门泄洪，到电站水头小于3m时，则停机，枢纽完全进入行洪度汛状态；枯水期，当坝址下游江段通航水深不足时，可和大源渡联合调解补偿下游通航流量。本工程的航运效益十分显著。

港口千吨级码头装卸工艺采用固定式起重机装卸船。起重量5t，工作幅度18m。堆场、仓库选用起重量为1t和3t的叉车各2台进行水平搬运和库场作业，与环评设计阶段一致。

(2)试营运期运行工况调查

据统计，2006年船闸过闸货运量累计达242.97万吨；2007年1—4月的货运量总计约73.16万吨，已超过同期2006年62.83万吨的水平。货运种类主要为煤、钢铁、原油、建材、粮食、集装箱等。虽然距离1260万吨/a的设计货运量还有一定差距，但总体上货运量呈现上升趋势。

据统计，该枢纽2006年全年发电量为5.089亿千瓦小时，占设计多年平均发电量6.636亿千瓦小时的76.6%。

三、环境影响报告书及批复内容回顾

1.环境影响报告书主要结论(略)

2.环境影响报告书提出的主要环保措施落实情况调查(略)

3.环境影响报告书批复意见落实情况调查

国家环保总局、交通部和省环境保护局的批复及落实情况具体见表4-4-2。

批复及落实情况核查表 表4-4-2

单位	批复意见	落实情况
国家环保总局	1.加强生态环境保护措施。枢纽主体工程应与某岛及周围景观相协调；应在蓄水前落实农田保护措施；不得向河道倾倒施工废渣，采取工程与生物措施对施工营地及弃渣场进行生态恢复及复垦；落实鱼类等水生动物保护措施	基本落实。某岛已经平整，等待进一步开发
	2.细化施工期及营运期环保措施与环境管理监控计划，避免枢纽和港区泊位施工及营运对湘江下游河段区域水环境、特别是对县和镇水厂取水口水质的影响。库区蓄水应选在丰水或平水期，并与有关部门制定枯水期水质恶化时水库运用调度应急方案；落实新建泊位港区及船舶营运管理环境保护措施	已落实
	3.项目建设应严格执行环境保护设施与主体工程同时设计、同时施工、同时投入使用的环境保护"三同时"制度。工程竣工后，建设单位按规定程序申请环保设施竣工验收，验收合格后，项目方能投入正式使用	已落实
交通部	落实航电工程环境保护措施，注意保护取水口等重要环境保护目标	已落实

续上表

单位	批 复 意 见	落 实 情 况
省环保局	1.工程在初步设计阶段必须做好挡土墙、护坡、库岸防护等环保专业设计；业主在施工前应制订施工期环境保护管理实施计划，培训工程监理人员，督促施工单位按环保设计要求文明施工，防止水土流失	已落实
	2.业主和相关部门应制订枯水期针对万一水质恶化时的调水调度方案；为提高船舶运输突发性事故的应变防治能力，应建立应急保障制度和相应的组织机构以及人员和设备，以尽量减缓事故性灾难带来的污染与危害	已落实
	3.千吨级码头由于靠近水厂取水口，码头管理部门必须严格控制有害剧毒危险品运输船只的停靠，取水口上游1 000m和下游100m江段应指示船舶安全行使，码头与水厂应设立事故热线电话	已落实。某港位置移至远离取水口处
	4.人口搬迁应严格执行国家有关移民政策，保证其生活水平不降低；基础设施等应制订替代、补偿方案，落实资金来源；农田防护工程和库岸防护工程应与主体工程同步实施	已落实
	5.项目工程施工期各主要施工废水应设置沉淀池、隔油装置；某岛应合理规划生产、生活区，岛上生产和生活污水经处理达标后方可排放；岛上禁止使用燃煤锅炉	基本落实。某岛目前已经平整，待开发为科普乐园，规划岛上禁止使用燃煤锅炉

四、环保措施落实情况调查

1.工程环保设施调查结果

(1)污水处理设施调查

据调查，航电枢纽工程生活管理区和千吨级码头生活污水均采用WSZ-15地埋式污水处理设备进行处理，该设备由初沉池、接触氧化池、二沉池、消毒池、消毒装置、污泥池、风机房、风机、水泵等装置组成。目前，由于千吨级码头刚开始试运营，工作人员仅10人，生活污水发生量较少。

(2)千吨级码头油污水处理设施：

千吨级码头目前尚未配套建设船舶及机械维修含油污水处理设施。建设单位已经与县人民政府签订了《千吨级码头委托合同》，将港口委托当地政府管理，由于港口吞吐量不大，合同中已经明确，港区的油污水委托有资质的单位定期外运处理。目前建设单位已经与市某脱模油厂签订了码头油污水收集处理协议，由脱模油厂定期或根据建设单位通知将油污水运至厂区，并按有关规定进行处理。油污水处理费用按吨数计价。

(3)生活区油烟净化装置

根据调查，枢纽工程生活管理区配套建设的员工餐厅厨房，采用天然气为燃料，并已设置了油烟净化装置；生活管理区没有设取暖设施，因此对环境污染轻微。

2.环保措施调查结果

(1)征地拆迁补偿情况

据调查，坝区征地拆迁总共投资额为6 869.33万元，其中包括左、右岸进场公路征地拆迁；库区用于征地拆迁及防护的费用达到50 652.45万元。

(2)渔业资源补偿情况

截至本次调查为止，鱼类增殖工程已向湘江下游投放了11 700万尾鱼苗。品种主要为鲢、鳙、草鱼。

(3)绿化

枢纽范围内绿化面积达18万平方米，已形成园林式的生产和生活区。

(4)施工期环境监测

为了监测施工对环境的影响，建设单位委托有资质的监测单位对施工期的地表水、排污口废水水质，空气质量和噪声进行定期监测。监测结果表明，采取的环保措施比较得当，使施工对环境的影响得到了有效控制。

五、水环境影响调查

1.施工期水环境影响调查

(1)施工期水污染源调查

①施工生活污水。本项目为大型工程，施工生活区布置在坝址附近，施工人数平均在800左右。施工区生活污水经污水处理设施处理后达标排放，主要污染物为COD和SS。施工期生活污水排放量随着施工人员数量的变化波动，生活污水排放量在施工高峰期2003年最大，其日排放量约为200t/d。

②施工生产废水。项目施工期生产废水主要包括砂石系统洗渣废水、大坝混凝土养护冲洗废水等，生产废水主要污染物为SS，生产废水均经集中后经沉淀处理后排放。施工废水排放量随着施工阶段的变化波动，生产废水的排放量出现在土石方施工比较集中的2003～2004年。2003年围堰合拢后，工程重点转移到坝闸施工、防护工程及金结设备安装等，施工废水发生量逐渐减少。

③项目清库情况(略)。

(2)施工期水环境影响回顾

在项目施工期，建设单位委托监测单位进行了全程跟踪监测，本次调查主要依据项目施工期的水环境监测资料，结合公众意见调查情况进行回顾分析。

①施工生活污水排放口监测结果分析。除个别时段的SS和COD偶有超标外，在项目施工期间，各施工生活污水排放口废水中的pH、SS、COD、BOD_5和磷酸盐监测值均满足《污水综合排放标准》(GB 8976—1996)II时段的一级标准。

2003年6月，大坝左、右两岸生活污水排放口废水监测结果中，SS值超过《污水综合排放标准》II时段的一级标准，超标率为88.9%，根据实地调查，该点位当时已用于工程洗砂废水的排放口不再用于生活污水的排放。根据参加监督检查的世界银行环保专家的建议，取消了对这两个点位的生活污水的监测。同时为考察工程洗砂废水等施工生产废水的影响，在湘江中增设了围堰南-1、围堰南-2和围堰北3个监测点，监测结果表明，这3个监测点位的水质均符合相应的水质标准要求。

2004年12月，工程管理处污水处理设施排放口废水中COD、BOD_5和磷酸盐在监测期间超过了《污水综合排放标准》(GB 8978—1996)II时段的一级标准，超标率分别为33.3%、66.7%和100%，超标的原因是由于这一时段污水处理设备运转时间较长，没有及时进行维护、

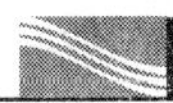

未及时清除污泥引起的。监测发现问题后建设单位及时进行了整改,在后期的运营中没有再发生类似的问题。

②围堰坝址水质监测点监测结果分析。为考察项目在水体中的施工对其水质的影响,围堰施工期间在围堰坝址附近设置了3个点进行水质监测。围堰施工前后,坝址附近的水质pH、SS、COD_{Mn}、BOD_5、Tp和NH_3-N监测值均满足《地表水环境质量》(GB 3838—2002)III类水质标准,项目在水体中的施工没有对其水质造成明显不利影响。

③某断面水质监测点监测结果分析。某断面从项目施工开始至结束一直进行监测,该处的监测结果反映了工程建设不同阶段对水质的不同影响程度。

除个别时段(2003年6月、2005年6月和2006年6月)的SS和COD偶有超标外,在项目施工期间,某水质监测断面的pH、COD_{Mn}、BOD_5、Tp和NH_3-N等各项监测值均能满足《地表水环境质量》(GB 3838—2002)III类水质标准,项目施工建设对所在水域的水质没有造成明显不利影响。

2003年6月和2005年6月,某断面SS监测值超过了《地表水环境质量》(GB 3838—2002)III类水质标准,超标率分别为66.7%和100%;2006年6月监测的COD和SS也没有达到相应的标准值,超标率为100%和67%。由于这几个监测时段正值洪水期,经分析大水是导致SS和COD超标的主要原因。

(3)施工期水环境保护措施效果分析

按照航电枢纽工程合同中的要求,各施工单位的施工排水做到了:

生产废水(主要是混凝土系统的冲碴废水)设沉淀池处理后反复利用;生活污水均采用地埋式污水处理装置处理达标后外排。

开工前即做好施工排水系统的布置图和施工排水设备配置计划,所有进入工区的基坑积水、地下水、表面径流、降雨、基坑过水、设备用水和施工废水等均采取控制性排除的方式排放。所有抽出的水均在一定地点排放,排放方式不引起侵蚀和污染。

本工程施工期生产废水主要来自砂石系统加工废水。分别在左、右两岸砂石加工系统附近设置平流式沉砂池和沉淀池,废水经收集自流进入沉砂池,经沉砂后平流进入沉淀池,达到《污水综合排放标准》(GB 8976—1996)一级标准后外排,如未达标,投入3号絮凝剂加速沉淀,使出水符合排放要求。

生活污水处理:在人员较为集中的生活区配套设计安装地埋式生活污水净化处理设备,生活污水经处理达标后外排。

含油废水处理:在工地下游布置一机修场,机修厂附近修建一处油水分离池,由明沟集中收集冲洗废水入油水分离池进行处理,含油废水经处理后,使其含油浓度低于19mg/L方可外排,油分则收集起来另作处理。

以上各项水环境保护措施起到了良好的效果,由前述施工期水环境影响回顾分析可知,工程建设没有对所在的水域水质造成明显不利影响。

2.试营运期水环境影响调查

(1)试营运期水污染源调查

①枢纽项目污染源调查。项目投入试营运后,主要水污染源为枢纽管理处产生的生活污水。目前枢纽管理处每天在岗人员约40人,每天发生生活污水量约4t/d。枢纽管理处生活污水经WSZ-15型地埋式污水处理设备处理后,达到《污水综合排放标准》(GB 8976—1996)

一级标准后外排。污水处理设备最大小时污水处理量为 15m³/h。根据每天生活污水发生量估算，项目每年排放 COD 0.075t/a。

枢纽电站在机组选型方面对设备的要求已考虑不漏油的问题。机组生产厂方保证不存在油渗漏问题，机组试运行的实际性能和实地考察也证明了设备不存在油渗漏。厂房内机组、旁通阀组、活动导叶接力器等装置的透平油系统均通向厂房地下的收集装置，以防备事故漏油。主变压器及电器设备做到没有油泄漏。发电机组每台均配有 1 个润滑油罐，润滑油流经发电机组后重新注入机组后面的润滑油罐，全过程密闭回路。润滑油定期检验，若水份含量超标则经滤油机进行处理。上述集(收)油装置中的油经型 ZJCA-4 透平油过滤机处理后，水分由尾水排出，处理合格的油回收利用。

②库区污染源调查。具体调查结果略。

由调查结果可知，项目所在库区污染源排放的污染物以 COD 为主，然后依次是氨氮、石油类、砷和铅等。库区主要排污单位包括某化肥化工有限公司等在内的化工、矿业、制药、有色金属等众多的工矿企业。库区排污单位的数量在逐年增加，但通过加强环保管理和企业的污染治理工作，排放入库区的污染物 CDO 总量与环评阶段略有增加，氨氮、重金属等污染物总量略有减少。

本项目营运期只向库区排放很少量的生活污水，在整个库区污染源中所占比重极小，排放的生活污水经处理设施处理后达标排放，不会对所在库区水质造成明显影响。

(2)试营运期水环境影响调查

项目投入试营运后，建设单位委托监测单位进行了水质监测，本次调查主要依据项目试运营期的水环境监测资料，结合公众意见调查情况进行分析。

①试营运期水环境现状监测。监测项目、点位、频次见表 4-4-3。具体监测结果略。

试营运期水环境现状监测点位、项目和频次 表 4-4-3

监测地点	监测项目	监测频次
管理处污水处理站排口	pH、SS、COD_{Cr}、BOD_5、磷酸盐	每天一次，连续三天
某断面	pH、SS、COD_{Mn}、BOD_5、总磷、NH_3-N	

本次管理处污水处理设施排放口废水监测结果中，除 BOD_5 超标 45%外，其他监测数据满足《污水综合排放标准》(GB 8978—1996)II 时段的一级标准。项目枢纽管理处的生活污水处理设施自 2003 年即投入使用，近几年来一直进行跟踪监测，排放废水监测结果满足《污水综合排放标准》(GB 8978—1996)的一级标准。本次验收监测并结合历年监测结果，枢纽管理处生活污水可达标排放。建议项目继续加强营运期监测和管理工作。根据监测单位对管理处污水处理设施排放口进行的补充监测(2007.12)，BOD_5 第一天的监测值为 9.4mg/L，第二天的监测值为 10.1mg/L，满足一级排放标准的要求。

试营运期某断面水环境监测结果满足《地表水环境质量标准》(GB 3838—2002)II 类水质标准。

另外，根据调查报告技术评估意见中的要求，为考察电站尾水排放对水域水质的影响，建设单位委托监测单位对大坝下游的水质进行了监测。监测结果表明，石油类两天的监测浓度分别为 0.03 和 0.04mg/L，满足《地表水环境质量标准》(GB 3838—2002)III 类水质标准的要求。

②项目所在库区水质现状调查分析。监测单位提供了库区两个断面 2007 年 1～7 月的水质历史监测资料。由监测资料可知，试营运期两个断面水环境监测结果基本满足《地表水环境质量标准》(GB 3838—2002)II 类水质标准，满足 III 类水质标准。

为调查项目所在库区的水环境质量现状，本次验收调查共设置了上游断面(坝址上游 95km)、县生活饮用水取水口断面(坝址上游 87.5km)、镇取水口断面(坝址上游 73.5km)和某镇断面进行水环境质量现状监测。由监测结果可知，库区大部分监测断面的石油类和个别断面的氨氮、总磷、溶解氧、高锰酸盐指数有超标现象。库区水环境质量现状监测数据统计及与项目建设前水环境监测数据比对，可知，项目建设前环评阶段库区相应水质现状监测断面的石油类、氨氮、总磷、溶解氧、高锰酸盐指数的监测结果已有超标现象，综合分析，库区水质相对本项目建设前没有明显变化。

③项目所在库区沉积物现状调查分析。本次验收调查沉积物监测结果略。

由监测结果可知，各监测断面监测因子有不同程度的超标。将本次验收调查沉积物监测结果与项目建设前环评阶段沉积物调查结果比对表明，目前库区沉积物的污染状况与本项目建设前基本持平。

④项目试营运期对取水口水质影响分析。项目所在水域范围内共有 3 处取水口，包括某化工厂冷却塔用水取水口(坝址上游 95km)、县饮用水取水口(坝址上游 87.5km)和镇饮用水取水口(坝址上游 73.5km)。根据水环境影响调查结果，化工取水口、县取水口和镇取水口断面水质与项目建设前比较没有明显变化，项目建设和投入试营运没有对各取水口水质造成明显影响。

⑤工程营运对水文情势影响分析

a. 对库区水温影响分析。枢纽库区为典型的混合型水库，水文结构属于混合型，不会因为大坝的修建而破坏天然的水温状态。目前库区基本保持原天然河道形态，水温特征没有大的变化。

b. 工程营运对库区水文影响分析。枢纽水库依据入库流量、库容、坝上水位、库区控制水位(在库区淹没补偿标准线内)、发电流量、大坝弧门泄流能力、船闸最低通航水位及通航最低保证泄流量等基本数据，确定水库调度任务，具体原则为：确保枢纽安全运行，确保枢纽安全度汛；科学合理地进行水库调度，充分发挥枢纽的航运发电效益；确保库区和下游工农业生产和人民群众的生命、财产安全。运行调度方案为：

i. 在确保库区、大坝厂房安全的前提下，最大限度地利用水能，保证通航，提高发电效益。

ii. 入库流量小于 330m^3/s 时动用库容保证下游通航流量的要求。

当入库流量大于 330m^3/s 而小于水轮机组最大过流量(2 440m^3/s)时库水位维持正常蓄水位 40.5 m。

iii. 涨水阶段：当入库流量大于 2 440m^3/s 时，调度上采取预泄逐步降低坝前水位运行。当入库流量大于 6 000m^3/s 时，闸门逐步全开敞泄，恢复天然行洪状态。

iv. 退水阶段：当入库流量少于 6 000m^3/s 时，逐步关闸蓄水。当入库流量少于 5 000m^3/s 时，坝前蓄水达到 38.5m，恢复发电。当入库流量少于 2 440m^3/s 时，坝前蓄水达到正常蓄水位 40.50m。

由前述分析可知，枢纽工程一般情况下是来多少水放多少水，不影响下游的水文情势；特殊情况时枯水期可联合上游的大源渡枢纽对坝下水量进行调节，有利于维持坝下水位和水量的稳定。洪水期开闸泄流，流量为天然状态，不影响下游水文情态，也不影响坝址区域的防洪安全。项目所在水域的水文情态与工程建设前比较没有显著的变化，数据波动在正常范围之内。由此可见，本工程营运没有对所在水域造成明显影响。

六、生态环境影响调查

1. 库区渔业资源影响及保护措施落实情况调查

枢纽大坝建成后，库区形成水深适宜、水流平缓的水域，水面面积由蓄水前的 $48km^2$ 增加到蓄水后的 $58.9km^2$，库区因水流相对平稳和淹没了部分农田等地及低山植坡、水质将相对富营养化，水生生物的初级生产力相应提高；湘江枯水期长，蓄水后库区水体和水面在平枯季节约 8 个月内形成了连续平静稳定的水域，不但有利于藻类和软体动物等水生生物的生长，也有利于鱼类的自然繁殖生长和人工养殖。但是青、草、鲢、鳙四大家鱼等为漂浮性洄游鱼类，大坝的修建阻隔了其洄游通道，对鱼类繁殖较为不利。为解决由于多级渠化对渔业资源的保护和补偿问题，得到世行认可，实施人工增殖洄游性家鱼鱼苗和定期放流的方案。该方案在位于本工程上游的枢纽工程完工时启动，由建设单位与省有关部门签订了《枢纽工程实施渔业资源增殖与保护的协议书》，提供有关部门资金 800 万元用于所在水域渔业资源增殖与保护，并委托其具体组织实施。上游枢纽工程与本工程同属一个建设单位，为本工程上游的上一梯级开发项目，因此本工程增殖放流工作与上游枢纽工程一并投资进行。

有关部门接收建设单位委托后，于 1996 年 7 月编制了《枢纽鱼类资源增殖工程可行性研究报告》。根据该报告，将新建和扩建省鱼类原种场、和 2 处鱼类人工增殖站、改造和建设 10 个鱼类苗种场，使其生产能力扩大，达到每年可生产鱼类亲本 1 000 组，人工孵化鱼苗 20 亿尾供下游鱼类资源补充放流，生产体长 30mm 的鱼苗 2 亿尾，提高鱼苗下行觅食过程中的成活率，供库区人工放流。鱼类增殖生产流程图(略)。另外，报告书中还确定了如下鱼类资源保护制度:(1)库区实行禁渔制度，在禁渔区江段设立标志牌。(2)取缔违法的渔具、渔法，严禁炸鱼、电鱼，控制渔网网目规格，最小网目尺寸不得小于 7cm。(3)实行渔业捕捞许可证制度，控制捕捞强度，减少捕捞渔船 20％，积极引导渔民从捕捞转向库区渔业养殖。

1997 年以来，《枢纽鱼类资源增殖工程可行性研究报告》提出的方案得到了实施，建设单位提供省有关部门的 800 万元资金中的 400 万元作为鱼类增殖工程基金，用于购买鱼苗、增殖站和原种场的运行维护费用等；另外 400 万元用于前述增殖站和原种场等配套设施的基建费用。1999 年 5 月，通过人工增殖的首批家鱼鱼苗 4 000 万尾向库区投放，以后每年定期投放家鱼鱼苗，使其所在水域鱼类得到不断的补充和增加，从而有效地保护了洄游性鱼类资源。截至本次调查为止，该鱼类增殖工程已向下游投放了 11 700 万尾鱼苗。据专家估算，该工程实施，将使鱼捕捞量由约 1 万吨提高到 1.6 万吨，使渔业生产得到新的发展。仅以其所在市为例，2000～2004 年市人工放流情况见表 4-4-4。建议建设单位进一步配合并督促省相关部门进行鱼类增殖放流工作，确保渔业补偿措施落实到位。

2. 工程占地影响情况调查

(1)永久占地

2003 年，中华人民共和国国土资源部以国土资函[2003]155 号文批复了某航电枢纽工程建设用地。坝区施工实际占用土地总面积 137.5 公顷，其中永久性占地 94.8 公顷(耕地 37.5

公顷)，临时性占地 42.7 公顷(耕地 24.3 公顷)。

2000～2004 年度市人工放流情况统计表 表 4-4-4

年 份	放流时间	放流地点	种 类	数量(万尾)	规 格	放流单位
2000	6.26	略	鲢、鳙、草鱼	35	10-16	有关部门
	6.12	略	鳙、草鱼	20	10-12	
2001	6.22	略	鲢、鳙、草鱼	35	10-16	
	6.17	略	鳙、鳙鱼	15	10-12	
2002	6.18	略	鲢、鳙、草鱼	40	10-16	
	6.18	略	鳙、鳙鱼	25	10-12	
2003	6.18	略	鲢、鳙、草鱼	40	10-16	
	6.20	略	鳙、鳙鱼	30	10-18	
2004	6.18	略	鳙、鳙鱼	60	10-16	
	6.20	略	鳙、鳙鱼	30	10-18	
	6.16	略	鳙、鳙鱼	30	10-16	

2007 年，中华人民共和国国土资源部以国土资函[2007]592 号文批复了某航电枢纽工程库区建设用地。工程库区淹没征地 416.19 公顷。工程永久征地具体情况见表 4-4-5。

工程占地情况表(单位:公顷) 表 4-4-5

用地种类	耕地	园地	林地	鱼塘	水库坑塘	河滩地	交通用地	荒草地	某岛	合 计
坝区永久征地	37.5	0.68	7.96	2.34	1.38	1.2	1.89	15.15	26.7	94.8
库区淹没征地	349.8	—	6.66	59.6	—	—	—	—	—	416.1

2002 年 10 月至 2003 年 1 月，建设单位组织某勘测设计研究院、枢纽库区所涉及的县、市政府有关部门，对库区淹没范围内征地拆迁移民安置、农田防护及专业项目改复建等实物指标，在初步设计阶段的基础上进行了全面的核查工作。

2003 年 6 月，某勘测设计院提交了该枢纽水库移民安置及专项迁建实施规划设计报告。2003 年 7 月由省有关部门主持召开了水库实施规划报告审查会，并以湘政办函[2003]183 号文批复了《某航电枢纽工程招标设计阶段水库移民安置及专项迁建实施规划报告》，批复确定水库移民安置及专项迁建实施工作由省移民开发局负责，按审定的规划项目和总投资实行总承包。2003 年 10 月 31 日，建设单位与省移民开发局签订了承包合同。2003 年 11 月 15 日省移民开发局与库区涉及的县、市政府签订了实施责任状。建设单位积极配合省移民局与当地政府开展工作，实际完成库区搬迁 57 户；完成库区农田防护工程共 1 056.8 公顷，新增养殖水面 139.1 公顷，农田防护区已基本种上农作物；防护库岸工程共 77 处，总长 44.32km。对占用的房屋和耕地都进行了合理补偿。

(2)临时占地

工程施工临时用地 42.7 公顷，主要是工程取料、弃渣和临时设施占地。

①取料场占地及恢复情况。本工程土石方开挖约 600 万立方米，其中约 200 万立方米用于船闸、厂坝工程回填，400 万立方米作为弃渣；土石方回填约 300 万立方米，其中 200 万立方米来源于开挖利用，100 万立方米来源于临时取料场。临时取料场主要用于工程黏土回填和

围堰修筑，工程取料场约13.3公顷，取量经估算为100万立方米，本工程的取料来自左汉俞家坝料场、为满足当地其他工程施工的需要，目前该料场仍在使用，建设单位与县人民政府签订了相关合同，绿化恢复等工作由县人民政府负责完成。

②弃渣场占地及恢复情况。工程共设4个弃渣场，一处是位于坝址左岸东西向的狭长冲沟内的左汉弃渣场，冲沟出口距左坝头约700m；一处是位于右岸坝址上游800m弃渣场，距河边1000m；一处是右岸坝址下游弃渣场；另一处弃渣场设置在某岛。某岛征用面积为26.6公顷(永久征地)，弃渣量经估算为100万立方米。其余3个弃渣场面积共约24.0公顷，弃渣量经估算为300万立方米。

工程完工后，建设单位与县人民政府签订了《某航电枢纽工程坝区临时用地还耕委托合同》，由当地政府负责对弃渣场以及临时施工占地等进行还耕和绿化恢复。弃渣场具体恢复情况略。

③施工临时占地及恢复情况。建设单位与县人民政府签订了《某航电枢纽工程坝区施工临时用地还耕委托合同》，本工程的临时施工用地目前都已经交由当地政府恢复还耕，还耕面积24.68公顷。

为满足当地其他工程施工的需要，坝区部分临时施工用地5.74公顷由地方政府征用给有关单位改建为预制场继续使用，建设单位以51 150元/公顷的价格支付该部分耕地还田的费用，按照协议，具体的还耕工作由县人民政府负责完成。

3. 工程绿化情况调查结果

枢纽工程非常重视绿化工作，枢纽生活区、船闸、电厂、上下引航道两侧、厂区道路两侧等均进行了绿化，同时进行了绿化园林小品规划设计，整个枢纽由专业的园林设计单位统一规划，将绿化与景观恢复相结合，按照“完工一处，美化一处，分步实施”的原则，取得了较好的效果。整个枢纽区域内绿化面积18万平方米，可绿化面积的绿化率超过80%，已形成园林式生产和生活区，绿化投资费用1 200万元，种植品种包括龙爪槐、榕树、柳树、木槿、紫叶小蘗等；渣场挡墙护脚至顶面之间的填方边坡坡面以种草为主，坡面植草面积5.43万平方米；建设单位计划将某岛建设成科普乐园，目前该岛土地已经平整、防护工程已经完成，等待进一步开发。建设单位的初步计划是将该岛填至设计高程后，对其表面植树和种草，绿化面积将达到11.26万平方米，其中植草5.63万平方米，树种以景观树和经济树种为主，如垂柳、竹子、龙柏、柑桔等。

4. 水土保持措施调查及有效性分析

根据《中华人民共和国水土保持法》、《中华人民共和国水土保持实施条例》等有关法律、法规的要求，建设单位委托有关部门编制了《某航电枢纽工程水土保持方案报告书》，该报告书于2003年1月得到了省水利厅的批复。

(1)坝区水土保持措施(略)。

(2)库区水土保持措施(略)。

5. 水生生态监测结果分析

建设单位委托监测单位对调查区域进行了水生生物监测，监测工作于2007年8月17日进行。

监测共设有2个断面，分别设在某化工厂上游与某镇。监测项目包括浮游植物、大型底栖无脊椎动物、浮游动物中的枝角类与桡足类、轮虫，样品采集、检测、分析按照《环境监测技术规范》生物监测(水环境)部分所规定的程序及要求进行。监测结果略。

监测结果表明：

(1)浮游植物

本次监测共检出4门28属。浮游植物的生物量在99 150～309 825个/L之间。以绿藻和硅藻占优势，优势种属为硅藻门的舟形藻、冠盘藻，其中化工厂上游左以冠盘藻占优，占总生物量的27.1%；化工厂上游右以舟形藻占优，占总生物量的26.7%；镇断面左右两监测点均以冠盘藻为优势种，分别占总生物量的23.4%与21.6%。

(2)底栖动物

本次调查底栖动物共检出17种，其中水生昆虫6种，软体类8种，寡毛类2，其他1种，种群密度在664～8104个/m^2之间。两断面种类数以镇为最多，共发现11种，化工厂上游较少，为7种。密度的变化情况以化工厂上游最高，平均达8 104个/m^2，镇较少为664个/m^2。两个断面的主要优势种为壳菜，河蚬；其中壳菜数量在化工厂上游左出现较多，约占该点总生物量的98%，河蚬主要分布在镇断面。

(3)浮游动物

本次调查两断面枝角类、桡足类发现的种类并不多，其中枝角类4种，桡足类3种(包括无节幼体)。枝角类各监测点生物量在1～20个/10L之间，主要优势种属为秀体溞、象鼻溞；秀体溞主要分布在化工厂上游左边监测点，约占该点总生物量的80%；象鼻溞在化工厂上游右边和镇右相对多一些。桡足类生物量在7～20个/10L间，无节幼体在各点均有分布且占的比例较大，为各点的优势类群。

(4)轮虫

本次调查轮虫共监测到11种。化工厂断面发现了8种，镇断面监测到9种，相差不大。生物量在143～834个/L之间，两断面主要优势种为针簇多棘轮虫、等刺异尾轮虫；其中针簇多棘轮虫在化工厂上游左及镇右两监测点分别占到总生物量的51.6%和60.6%；等刺异尾轮虫主要分布在化工厂右及镇左。

环评报告书中采用收集资料的方法对项目建设前调查水域的水生生态现状进行分析，该资料与本次验收调查监测结果可比性不强，在此不做进一步分析。本次验收监测结果结果表明，调查水域水生生物多样性现状良好。

七、社会环境影响调查

1.征地、拆迁和移民安置情况调查(略)

2.景观与文物保护工作情况调查(略)

3.对区域交通的影响情况调查(略)

八、环境空气影响调查

1.施工期环境空气影响调查(略)

2.试营运期大气环境影响调查

监测单位站于2007年6月14日至16日对枢纽工程试营运期的大气环境质量进行了监

测，监测结果表明：学校、两个村庄环境空气中 TSP 均未超过《环境空气质量标准》(GB 3095—96)二级标准。公路扬尘测点的颗粒物均未超过《大气污染物综合排放标准》(GB 16297—96)表 2 中颗粒物无组织排放标准 1.0mg/Nm^3 的标准限值。本工程投入试营运后工程本身无新增大气污染源，枢纽生活区内无锅炉，日常生活、员工洗浴等均使用电力，仅有很少量食堂餐饮油烟排放，枢纽运营对调查区域的大气环境质量影响较小。

九、声环境影响调查

1.施工期声环境影响回顾调查

项目施工噪声主要来自施工船舶机械设备，如运输机械、混凝土拌和装置、振捣器和施工船舶噪声，其中以运输机械噪声和混凝土振捣器噪声为主。施工船舶施工产生的噪声不大；相对而言，陆上打桩、强夯和混凝土浇筑施工振捣器噪音比较突出。

施工期采取了下列环保措施：

(1)合理安排施工人员作息制度，减少接触高噪声时间，施工生活区的布设尽量远离高噪声作业区。

(2)合理选择施工机械，尽量选用低噪声设备，并经常对施工设备进行维修保养。

(3)对发电机等高噪声设备设置隔声和消声设施。

(4)采石场爆破安排在白天进行作业。

建设单位在工程开工前按照本项目环评报告及世行要求，委托监测单位进行本项目施工期声环境影响监测。监测单位自 2002 年 8 月开始，在学校、拌和场界北、拌和场界南、拌和场界东和周围的村庄每月监测 1 次，直至 2007 年 6 月为止。

通过分析本项目施工期监测结果可知，工程附近各监测站位处监测结果均出现不同程度的超标，结合本次验收调查公众意见调查情况，各监测站位处出现超标的主要原因为本项目施工期存在夜间施工的现象。

2.声环境影响调查

本次验收调查主要针对工程坝顶公路桥东、西两岸连接线沿线的交通噪声影响进行了监测。

根据现场调查，目前有部分拆迁户已将新房安置在连接线两侧路边，本次验收将只对连接线两侧非拆迁户受交通噪声的影响程度进行调查，因此，本次验收根据当地环境特征和敏感点分布及工程建设情况，本次调查在水域东岸的村庄、中学和西岸的村庄、中学布设了监测点位。

由监测结果可知：坝顶公路桥两岸连接线沿线的两处村庄处昼间和夜间噪声监测结果可以达到《城市区域环境噪声标准》(GB 3096—93)的 1 类标准的要求；两处中学昼、夜间噪声值可以满足《城市区域环境噪声标准》(GB 3096—93)的 2 类标准的要求。连接线公路交通噪声对沿线敏感点的声环境质量影响不大。

十、固体废物处置情况调查

1.施工期固体废物处置情况调查

工程施工期固体废物主要包括建筑垃圾、施工泥浆废水沉淀后的弃渣、施工废渣、施工营地生活垃圾、施工机械维修废物等，枢纽工程指挥部在施工期与当地环卫部门签订了协议，由

当地环卫部门统一负责清理、运输和处置所有施工期产生的固体废物。根据现场调查结果，各施工基地没有遗留的施工废物，施工期固体废物做到了合理处置。

2.试营运期固体废物处置情况调查

工程试营运期固体废物主要为员工生活垃圾、电站生产垃圾（维修废物等）、过闸船舶的生活垃圾和船闸水面漂浮物等，试营运期固体废物的处置措施调查结果如下：

枢纽现有定员40人左右，平均每天在岗人员20人，生活垃圾发生量为20kg/d；电站运行以来尚未进行检修，产生的固体废物以生活垃圾为主；目前所有生产、生活垃圾均有专人清理，枢纽内设有垃圾桶等收集装置，垃圾集中后交由当地环卫部门集中处理。建议枢纽管理处在目前垃圾收集的基础上进行垃圾分类和袋装化。现场调查时，所在水域水面清洁，没有发现水面有垃圾等飘浮物。建议船闸管理处组织人员对水域水质进行维护，定期对船闸水面的漂浮物进行打捞，同时加强对过闸船舶垃圾的管理、集中收集上岸处置。

十一、环境风险事故影响调查

1.环境风险事故调查

(1)水库诱发地震风险调查(略)

(2)库岸失稳风险调查(略)

(3)库区水污染事故风险调查(略)

2.环境风险应急预案落实情况调查

根据《中华人民共和国安全生产法》的有关规定，为规范和指导某航电枢纽管理处各部门做好安全生产事故的应急救援工作，有效防止安全生产事故的发生和扩大，减少人员伤亡和经济损失，航电枢纽管理处组织编制了《某枢纽典型应急预案》，结合航电枢纽安全生产的特点，针对人身伤害、自然灾害、公用系统、火灾与交通、公共卫生（含环境）等5个方面50类事故，制订了相应的应急救援预案，适用于航电枢纽项目。

(1)水电厂垮坝应急预案(略)

(2)环境污染事故应急预案(略)

(3)有毒有害气体扩散应急预案(略)

(4)与大源渡枢纽联合调水应急预案

水库的调度任务包括确保枢纽安全运行，确保枢纽安全度汛和确保库区和下游工农业生产和人民群众的生命、财产安全。因此在项目运营过程中，会依据入库流量、库容、坝上水位、库区控制水位（在库区淹没补偿标准线内），与大源渡航电枢纽联合调度，确保库区的安全运行。具体方案如下：

入库流量小于330m^3/s时动用库容保证下游通航流量的要求：①当入库流量大于330m^3/s而小于水轮机组最大过流量（2 440m^3/s）时库水位维持正常蓄水位40.5m。②涨水阶段：当入库流量大于2 440m^3/s时，调度上采取预泄逐步降低坝前水位运行。当入库流量大于6 000m^3/s时，闸门逐步全开敞泄，恢复天然行洪状态。③退水阶段：当入库流量少于6 000m^3/s时，逐步关闸蓄水。当入库流量少于5 000m^3/s时，坝前蓄水达到38.5m，恢复发电。当入库流量少于2 440m^3/s时，坝前蓄水达到正常蓄水位40.50m。

(5)其他与环境相关应急预案(略)

十二、某港千吨级码头环境保护情况调查

由于航电枢纽中的子项目千吨级码头工程建设地址进行了调整，根据《中华人民共和国环境保护法》、《中华人民共和国环境影响评价法》和《建设项目环境保护条例》的要求，建设单位委托原环评单位进行本项目设计变更的环境影响补充分析。因航电枢纽工程中只有千吨级码头工程场址发生的变更，其他工程内容在设计前后均未发生变化，因此该"航电枢纽工程设计变更环境影响分析报告"只针对千吨级码头工程进行。

1. 千吨级码头简介

千吨级码头概况及设计船型(略)。千吨级码头工程设计变更情况表略。可知：千吨级码头工程设计变更后，工程建设规模不变，投资额也不变，运输货物种类不变。码头位置发生变化后，新址位于原规划港址下游约 6.0km。

2. 工程变更后的环境保护目标

工程变更后的主要的环境保护目标包括县自来水厂、镇自来水厂和观某村居民，其与工程变更前后港址的相对地理位置关系如表 4-4-6 所示。

工程变更前后港址与环境保护目标的相对地理位置 表 4-4-6

类别	保护目标	与新港址相对位置 m	规模	与原港址相对位置 m	保护级别
环境空气	观某村	N30～1000，WS100，EN100	80 多户	EN 6000	GB 3095—1996 二级
地表水	县取水口	上游 6550	取水量 3 万 t/d	上游 550	饮用水源保护区 GB 3838—2002 II 类
	镇取水口	下游 7500	取水量 2 500t/d	下游 13500	饮用水源保护区 GB 3838—2002 II 类
声环境	观某村居民	最近的为 N30	3 户	EN 6000	GB 3096—93 2 类

3. 工程污染源

工程设计变更前后，码头吞吐量、设计工艺流程、设备等均不变化。只是港址在原设计港址的基础上下移了 6.0km。因此设计变更前后废水、废气、噪声等污染源均没有发生变化。设计变更前后污染物变化情况见表 4-4-7。

设计变更前后污染物变化情况表 表 4-4-7

项目	污染物类型	设计变更前	设计变更后
废水	生活污水	污水量为 4 440m^3/a，COD 排放量为 0.44t/a，BOD 排放量为 0.13t/a，SS 排放量为 0.31t/a	无变化
	地面冲洗水	地面冲洗水量为 6 000m^3/a，SS 排放量为 0.42t/a	无变化
	船舶污水	废水量 160t/a，外排石油类 0.002kg/a	无变化
废气	作业机械和运输车辆尾气	主要污染物为 TSP、SO_2 和 NO_X，微量	无变化
噪声	车辆及机械噪声	75～85dB(A)	无变化
固废	生活垃圾	生活垃圾 11.1t/a	无变化

本库区范围为港址上游 15km 的航电枢纽大坝至港址下游 81km 的航电枢纽大坝的江段，根据“三场”的分布情况，可以确认本库区内无“三场”分布。项目上游离港区最近的“三场”为某滩，距离港口 110km；下游离港区最近的“三场”为某洲，距离港口 83km。故港区不会对水域鱼类的“三场”造成影响。

4. 环境影响分析

(1)噪声对敏感点影响

噪声源为码头前沿装卸机械，噪声值为 75～85dB(A)。

经预测，变更后工程在厂界的噪声贡献值为 45～66.94dB(A)，叠加现状值后南厂界昼夜间、东厂界昼夜间、西厂界夜间噪声超标，东厂界 58m 外、西厂界 60m 外、南厂界 84m 外可实现噪声达标。从周围环境看，东厂界 135m、西厂界 130m 范围内并无居民，南边为江面，故港址变更后会造成观某村噪声的增加，但噪声不扰民。

村北部三户居民距北厂界 30m，距离噪声源 130m，叠加背景值和贡献值后，昼夜间噪声值分别为 50.33dB(A)和 48.75dB(A)；观湘村东、西两侧居民均在噪声源 150m 以外，本项目在这两处的噪声贡献值小于 41dB(A)，叠加现状值后东、西部居民昼间噪声小于 53.27dB(A)，夜间噪声小于 47.97dB(A)，均满足《城市区域环境噪声标准》(GB 3096—93)的 2 类标准。

(2)水环境影响分析

①码头对县生活饮用水取水口的影响。该港址位于县自来水厂取水口下游，取水量约 3 万 t/d，根据航电枢纽工程可研中的水文预测可知，港口附近水域位于株航库尾，蓄水后在平水期湘江流速达 0.62m/s 左右，枯水期达 0.25m/s 左右，正常情况下不存在江水倒流的可能；而且本工程码头排污量很小，污水排放量仅为 14.8t/d，枯水期占水域流量的比重为 1∶1 926 486，加上码头位于县自来水厂取水口下游 6 550m，距离较远。综上三个因素考虑，码头不会对上游的县生活饮用水取水口水质产生显著影响。

②码头对镇取水口的影响。本工程外排废水为生活废水，港区采用地埋式生活污水处理设备处理达标后外排，主要污染物为 SS、COD，水质简单。

根据平水期和枯水期的预测，在达标排放和事故排放的情况下，码头生活污水对镇取水口的影响不大，镇饮用水取水口及其水源保护区水质满足《地表水环境质量标准》(GB 3838—2002)的 II 类标准要求。

(3)对鱼类资源的影响

港口营运后产生一定的生活污水和船舶废水，生活污水采用 WSZ 地埋式污水处理设备，处理达到《污水综合排放标准》(GB 8978—1996)中一级标准后回用。船舶污水交由市某脱模油厂进行处理，委托处理协议书《千吨级码头油污水收集处理协议》和该脱模油厂的资质证书复印件。地面冲洗水经过沉淀池处理后回用不外排。污水主要污染因子为 SS、COD，废水量排放量较少，对鱼类的生存和繁殖影响较小。

(4)风险分析

①风险识别。工程营运期经营货种为件杂货，包括非金属矿石、石膏、纳长石、水泥、建材、粮食等，无危险化学品。因此本项目在装卸、储存货物过程中并不存在环境风险，本工程风险因素主要为停靠船舶的含油污水未经处理直接排放和轮船相撞造成的油仓破裂两者所造成的环境灾害。

②油品泄漏对水环境的影响。一般情况下，如果船舶含油污水为连续排放，则漂油只对排放点附近水域产生影响。

如果为船舶含油污水为瞬时排放，则排放强度远大于经处理后的排放强度。漂油对排放水域影响范围较大。

③轮船相撞油箱破裂对环境的影响。由预测可知，在发生轮船相撞时，油舱破裂导致石油倾倒的风险排放，对镇取水口的影响较大。

5. 工程设计变更后环境保护措施

(1)水污染治理方案

①生活污水处理。生活污水主要来自办公楼，采用WSZ地埋式污水设备，由隔栅、生物接触氧化池、二沉池、消毒池、消毒装置、污泥池、风机房、风机、水泵等装置组成，处理工艺略。

污水处理采用WSZ-A/O-3地埋式污水设备可实现废水达标，为保护库区水质，建议污水设备投入运行后，公司应加强营运期处理设备的监测和管理工作，处理后的污水进行回用不得排入库区。

②含油污水处理。码头到港船舶的船舶污水(含油污水)禁止在库区内直接排放，采用外委给脱模油厂收集上岸处理。目前还未发生到港船舶需要卸载油污水的情况。

③地面冲洗水。地面冲洗水主要含SS，经沉淀池处理后上清液回收利用不得排入库区。

(2)大气污染防治措施(略)

(3)噪声综合控制措施(略)

(4)生态环境保护措施(略)

(5)固体废物处置方案

本工程不进行危险品作业，同时运输的为件杂货，基本无工业废物产生，生活垃圾产生量11.1t/a，送县城市垃圾填埋场处理。

同时建议如下：

①督促在港船舶严格执行我国《船舶污染物排放标准》(GB 3552—83)及《73/78防污公约》附则V《防止船舶垃圾污染规则》的规定。

②到港船舶垃圾及时接收并予以处理。同时由港监部门向船方签发垃圾接收证件。

(6)环境风险事故预防与应急计划

①油品泄漏应急预案。码头可能发生的环境污染事故主要为溢油泄漏事故。应急预案中规定了包括指挥部、总工室、日常管理办公室、保安队、维护部、运行部在内的各应急机构的组织和职责，环境污染事故的预防措施和一旦发生风险事故的应急处置方案。

一旦发生溢油事故，应及时启动应急预案，通知镇水厂停止取水，采取措施尽可能减小泄漏物的漂移扩散影响范围。

其中应急处置预案主要是利用围油栏和吸油剂等应急物资进行围救，防止油流入下游河道内，避免发生大面积水域的污染，导致下游镇取水口污染。其相应的事故应急材料略。

②其他应急预案(略)。

6. 环保投资估算

工程设计变更后相比变更前环保投资增加了20.6万元的应急救助物资，调整后的环保投资为87.6万元，占总投资的5.2%，本项目环保投资一览表略。

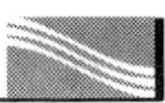

7. 结论和建议

因千吨级码头工程建设在原设计港址下游，并处于同一水域，且相对远离了县自来水厂取水口，码头货物种类、货运量、运输工艺设备等均无变更，只是港址发生了变化，各污染物防治措施在工程变更前后均无变化，设计变更前后工程对环境的影响相似。在码头正式运营后，要严格执行有关环保管理制度和本报告提出的各项污染防治措施，加强宣传教育和培训，加强污染治理设施的养护管理，努力控制环境风险事故的发生。

十三、公众意见调查

1. 调查对象和方法

(1)调查对象

本次公众意见调查主要在项目所在地周围的影响区域内进行，调查对象以枢纽地区受影响的民众和库区移民为主，主要包括：①项目所在地周围直接受工程影响的公众；②库区周围有关单位；③因本项目建设搬迁的居民。

(2)调查方法

本次公众意见调查采取两种方法：①问卷调查方式，即被调查对象按设定的表格采取划“√”方式回答。针对不同人群，问卷调查分别使用枢纽地区公众意见调查表和库区淹没地区公众意见调查表；②咨询询问调查方式。重点对项目建设直接受影响的村民以访问的形式进行调查。

2. 调查结果分析

(1)枢纽地区居民意见调查结果统计与分析(略)。

(2)库区淹没地区居民意见调查结果统计与分析(略)。

(3)工程附近单位及文物保护单位意见调查。

在本次调查中，调查单位专门走访了工程坝顶公路桥两岸连接线附近的两处中心，工程坝区下游约 1km 的寺庙以及库区沿线的镇水厂、县水厂和某化工厂。

通过走访两处中学，上述两所学校的老师认为本工程坝顶公路桥两岸连接线的交通噪声对学校基本没有影响；通过走访寺庙，该寺内的僧人认为本项目的建设对该寺没有太大的影响；通过走访库区沿线的镇水厂、县水厂和化工厂，我们了解到除了化工厂取水口所取水源用于冷却用水外，镇水厂和县水厂取水口所取水源均用于城市饮用水。通过对镇水厂和县水厂工作人员的调查，我们了解到本工程建成后，由于水流速度变缓，库区内湘江江段藻类生殖速度加快，除使得上述两处水厂取水口处的水源浊度增加外，还未对饮用水源的水质安全造成较大影响。通过走访渔业部门，我们了解到，自从枢纽鱼类资源增殖工程实施后，截至本次调查为止，已向下游投放了 11 700 万尾鱼苗，有效地保护了洄游性鱼类资源，本工程库区段鱼类资源较工程建设前没有发生明显变化。

(4)地方环境主管部门意见调查(略)。

3. 公众意见反馈(略)

十四、环境管理计划调查

1. 设计阶段环境管理工作回顾

建设单位于 2000 年 8 月委托环评单位完成本工程的环境影响评价工作，环评中针对水环境保护、库区淹没防护、渔业资源保护等提出了切实可行的环保措施，并制定了施工期环境监测计划；《航电枢纽工程初步设计》中也设置了相关的环境保护章节，就环评提出的各项措施落实了投资概算和库区防护等环保措施实施方案。根据调查结果，环评、设计阶段提出的各项环保措施在施工期和试营运期基本得到了落实，环评提出的施工期环境监测计划也得到了全面、充分的执行。

2. 施工期环境管理与监测计划落实情况

本工程在设计、施工、管理过程中，始终把项目周围的环境保护作为一项重要工作，制定了工程施工规范，有专人负责。工程在施工过程中，以保护工程附近陆域和水域环境为重，要求各施工单位重视环保工作，在施工中认真落实各项环保措施，每一个施工标段均把环境保护列为重要目标，每个施工标段由专人负责，确实做到有措施、有落实。

总体来说，本工程施工期建立了较完善的环境管理体系，及时处理施工过程中发现的违反文明施工与环境保护要求的行为。

同时建设单位严格按照环评报告书的要求落实了施工期的环境监测计划：委托有资质的监测单位定期对施工区生活污水、施工机械噪声、施工区汽车扬尘等污染源进行了监测，并定期监测施工场界附近敏感点的环境噪声和环境空气质量，便于一旦出现超标情况，立即采取相应的防护措施。

3. 投资落实情况调查

由表 4-4-8 可以看出本工程实际环保费用为 2 052.6 万元，约占总投资的 1%，高于环评阶段设计费用，高出部分主要应用于水土保持工程中的岸坡防护、土地复垦和绿化及港口的环境保护等项。总体来看，本工程对环境保护工作投入的资金到位，符合环评时的要求，从资金投入上有力保障了建设过程中各项环保措施的落实。

环评提出环保投资落实情况核查表 表 4-4-8

类别	项目		环评设计费用	实际投资费用
环境保护	施工期环境监测	环境空气监测	7 万元	7 万元
		声环境监测	7 万元	7 万元
		水环境及生态环境	16 万元	14 万元
	施工区生产和生活污水处理	生产废水处理	20 万元	20 万元
		生活污水处理	35 万元	35 万元
	施工区扬尘及噪声防护	施工扬尘防护	10 万元	10 万元
		施工噪声防护	10 万元	10 万元
	职工环保意识及能力培训		15 万元	2 万元
	卫生防疫		15 万元	20 万元
	枢纽区绿化		160 万元	600 万元
	生活区绿化		120 万元	600 万元
水土保持	施工区复垦措施		120 万元	640 万元
	岸坡防护		列入工程投资	列入工程投资
生态				
其他	港口环境保护投资		30 万元	87.6 万元
合计			565 万元	2 052.6 万元

注：渔业资源增殖放流费用 800 万元与大源渡工程一并投资完成，未计算在内。

4. 试营运期环境监测计划落实情况调查

工程投入试营运以来建设单位对水、气、声、生态环境均进行了监测，较好的落实了环评报告书中所提出的环境监测计划。根据项目环评提出的监测方案(表4-4-9)及本工程的实际情况，本次调查有针对性提出下一步营运期环境监测计划见表4-4-10，监测点位有所增加，但频次不变。

环评提出的运营期环境监测计划　　表4-4-9

项　目	监测点位	监测项目	监测频次
水环境	管理区和港口生活污水处理设备进出口水质	pH、CODcr、SS、石油类	2次/年
	化工厂取水口、县和镇生活饮用水取水水质	pH、CODcr、SS、石油类、总磷、氨氮	营运初期(前三年)1次/季度，以后1次/年
水生生态	库区	鱼类资源	营运初期(前三年)1次/年

验收阶段营运期环境监测计划　　表4-4-10

项　目	监测点位	监测项目	监测频次
水环境	管理区和港口生活污水处理设备进出口水质	pH、CODcr、SS、石油类	2次/年
	化工厂取水口、县和镇生活饮用水取水水质	pH、CODcr、SS、石油类、总磷、氨氮	营运初期(前三年)1次/季度，以后1次/年
水生生态	库区	鱼类资源	营运初期(前三年)1次/年
噪声	两处中学(名称略) 三处村庄(名称略)	等效声级	1次/年

十五、环保补救措施与建议

(1)建设单位与县政府已签订了有关委托管理的手续，建议建设单位配合县政府做好港口开港后的日常环境保护管理工作。

(2)建设单位已对某岛弃渣场进行了平整，拟建成科普乐园，建议建设单位尽快完成该岛的规划和开发工作，合理规划该岛生产和生活区，并注意与周围景观协调性，禁止在岛上设置燃煤锅炉，生产、生活污水须经处理达标后排放。

(3)建议建设单位进一步加强营运期的污水处理设备等各项环保设施的运行维护管理，保证各项污染物稳定达标排放。

(4)建设单位已经与省有关部门签订协议并提供资金800万元委托其组织湘江渔业资源增殖与保护，建议建设单位配合并督促该项工作的进行，确保渔业补偿措施落实到位。

(5)完善应急预案、健全应急组织，严格执行事故报告制度。

十六、竣工验收综合结论

略。

第五篇　公路工程竣工环保验收技术应用

第一章　公路工程竣工环保验收技术

第一节　公路工程概况

一、公路等级的划分

根据交通部《公路工程技术标准》(JTG B01—2003)，公路分为高速公路、一级公路、二级公路、三级公路、四级公路等五个等级。

1. 高速公路

为专供汽车分向分车道行驶并应全部控制出入的多车道公路。主要用于连接政治、经济、文化上重要的城市和地区，是国家公路干线网中的骨架。一般能适应将各种汽车折合成小客车的年平均日交通量25 000辆以上。

设计行车速度较高，在野外大多按地形的不同，分为80、100、120和140km/h四个等级；通过城市大多采用60和80km/h两个等级。平面线形大多以圆曲线加缓和曲线为主，并重视平、纵、横三维空间立体线形设计。

要求路线顺畅，纵坡平缓，路面有4个以上车道的宽度，在郊外大多为4或6个车道，在城市和市郊大多为6或8个，甚至更多。路面现多采用磨光值高的坚质材料(如改良沥青)，以减少路表液面飘滑和射水现象。路缘带有时用与路面不同颜色的材料铺成。硬路肩为临时停车用，也需用较高级材料铺成。在陡而长的上坡路段，当重型汽车较多时，还要在车行道外侧另设爬坡车道。必要时，每隔2～5km在车行道外侧加设宽3m、长10～20m的专用临时停车带。

与铁路或其他次要公路相交，可修筑分离式立体交叉；当与其他重要公路相交而转弯车流较多时，应修筑互通式立体交叉。在高速公路两旁适当地点，应修筑集散道路以及加速和减速车道，以控制汽车进出高速公路。

通过城市时，大多沿城市周围的环道绕过，如有必要穿过城市交通繁忙地区，为减少车辆

拥挤、废气和噪声污染，多修成高架式、路堑式或隧道式，有时还要修筑多层式立体交叉或天桥，形成立体交通网。

公路中间设置分隔带，将往返交通完全隔开，如果中央分隔带较窄，则须于其上设置防眩板或防护栅。公路上应设置夜间能发光或反光的交通标志牌。中央分隔带和渠化岛的边缘以及路面标线上均宜镶设反光器，桥梁、隧道、立体交叉以及城市地区设置大型照明设备。沿线每隔一定距离要设置收费站、加油站、公用电话、停车场、饭店和旅馆等服务设施。在高速公路交通繁忙地区，可设置交通监视中心，整个地区车辆运行情况，由电视摄像机传到荧光屏，据以指挥交通，还可利用无线电将信息传送给汽车驾驶员。当路上发生交通事故，监视中心可派巡视车或直升机到现场进行处理。

2. 一级公路

为供汽车分向、分车道行驶，并部分控制出入、部分立体交叉的公路，主要连接重要政治、经济中心，通往重点工矿区，是国家的干线公路。一般能适应将各种汽车折合成小客车的年平均日交通量为 15 000～55 000 辆。一级公路的设计速度有 100、80、60km/h 三种，为干线公路时，取 100 或 80km/h，为集散公路时取 80 或 60km/h。

3. 二级公路

为连接政治、经济中心或大工矿区等地的干线公路，或运输繁忙的城郊公路。一般能适应各种车辆行驶，二级公路一般能适应将各种汽车折合成小客车的年平均日交通量为 5 000～15 000 辆。

4. 三级公路

为沟通县及县以上城镇的一般干线公路。通常能适应各种车辆行驶，三级公路一般能适应将各种汽车折合成小客车的年平均日交通量为 2 000～6 000 辆。

5. 四级公路

为沟通县、乡、村等的支线公路。通常能适应各种车辆行驶，四级公路一般能适应将各种汽车折合成小客车的年平均日交通量为：双车道 2 000 辆以下；单车道 400 辆以下。

通常，高速公路、一级公路被称作高等级公路，二、三、四级公路被称作一般等级公路。公路的主要技术指标有：计算行车速度、行车道宽度、路基宽度、极限最小平曲线半径、停车视距、最大纵坡、桥涵设计车辆荷载及桥面车道数等。

二、公路工程的项目组成及主要构造物

公路工程包括主体工程(路基及桥涵、隧道、立交、路面铺设)、配套工程(服务区、收费站、绿化工程等)、辅助工程(取土场、弃土场、采石场、施工辅道、加工作业场所如混凝土拌和场、砂石料洗选场、沥青拌和站等)、公用工程(施工营地、供水供电供热供油、通讯、机修汽修等)。

公路工程主要构造物包括：路基、路面、桥梁、涵洞、隧道、排水系统、安全防护设施、绿化和交通监控设施，以及施工、养护和监控使用的房屋、车间和其他服务性设施。

三、公路建设项目对环境的影响

1. 公路建设项目的主要环境影响分析

公路建设项目对环境的影响在规划设计阶段是以整体的形式体现的，主要是对沿线规划、

敏感区域的影响。勘察设计阶段主要对项目沿线地形地貌、工程地质和水文地质条件等进行勘察并进行测量放桩等活动，该阶段是少数技术人员进驻场地，同时少量小型机械设备进行地质钻探等，周期较短、人员较少，对环境影响甚微。

公路建设项目在施工期，对环境的影响由各组成工程具体实施，公路运营后，其产生影响由线路、各配套服务设施等实施。详见表5-1-1公路建设项目构成和主要环境影响。

公路建设项目构成和主要环境影响

表5-1-1

项目构成			时段	工程环节	主要环境影响内容	影响环境要素
主体工程	路基工程	挖方、填方等	施工期	征地拆迁	耕地减少、植被破坏、干扰野生动物、公共设施拆迁	生态环境、社会环境
				土石方工程	水土流失、施工扬尘、施工噪声、植被破坏	生态环境、环境空气、声环境
				排水防护工程	水土流失、路面径流、混凝土溢洒	生态环境、水环境
	路面工程	路面铺设		路面铺筑	扬尘、沥青烟气、施工噪声	环境空气、声环境
	桥涵工程	桥梁、互通立交、分离式立交、涵洞、天桥、通道等		桥梁基础施工	泥浆、废渣、水土流失	水环境、生态环境
				桥梁下部结构施工	混凝土和泥浆的溢洒	水环境、生态环境
				桥面铺装	TSP等	环境空气
				材料运输	扬尘、运输散失、废气、交通事故等	环境空气、社会环境
				施工管理区	生活污水、生活垃圾	水环境、环境空气
	隧道工程	隧道	施工期	超前支护	泥浆、废渣、水土流失	水环境、生态环境
				洞身开挖	隧道弃渣、隧道排水对水体、洞顶居民和生物的影响、施工振动、噪声、扬尘、废气	水、气、声环境、固废、生态环境、社会环境
				初期、二期支护	泥浆、废渣	水环境、固废、生态环境
				施工管理区	生活污水、生活垃圾	水环境、环境空气
			营运期	车辆行驶	汽车尾气	环境空气
				洞口形式	与当地景观的相容性	生态环境（生态景观）
	公路工程	线路	营运期	车辆行驶	噪声、废气、路面径流、危险品运输引发环境风险事故	水、气、声环境社会环境
				交通运输	沿线城镇规划协调性、交通通行、地区经济发展、社会经济效益	社会环境
辅助工程		取土场、料场、拌和站、施工便道等	施工期	施工场地选择	占地、噪声污染、生产生活污水	生态环境、水环境、声环境
				场地修建	水土流失	
				取料场选择	占地、植被破坏、水土流失	
				开挖取土取料	水土流失	
配套工程		服务区、停车区、收费站、养护工区等	施工期	土建工程	占地、施工噪声、施工扬尘、施工废水	水、气、声、固废、生态环境
			营运期	站场营运	生活垃圾、生活污水、锅炉废气	水、气、声、固废

(1)公路施工期环境影响分析

①路基施工工艺及其环境影响分析

场地清理:路基施工应符合《公路路基施工技术规范》(JTG F10—2006)的有关规定。因路基施工带来的农田、树木、灌草丛等植被的清除或移植必然导致原有的自然景观和生态环境的破坏,导致地表裸露,并且在一定范围内造成一定量的水土流失。同时在清理过程中伴随着机械的噪音和施工所带来的扬尘使得施工作业环境变差,并对周围的环境造成污染。

路基填筑:路基的取土必然造成地表植被破坏,从而造成局部地表裸露,增加了开挖的水土流失,对沿线农业生态环境造成不利影响。填筑材料在运输和施工过程中将会产生机械施工噪声与扬尘,影响周围的声环境与环境空气质量。若距施工场地附近100m之内有居民点时,将可能受到施工噪声与扬尘的污染影响。

路堑开挖:路堑由天然地层构成,开挖后亦造成局部地形改变,破坏地表植被,可能造成水土流失。路堑区域施工时在排水设施没有完善的情况下,施工过程中的工程用水会沿自然沟壑排出,造成对周围受纳水体的影响。

②路面施工工艺及其环境影响分析。路面施工严格按照《公路路面基层施工技术规范》(JTJ 034—2000)的有关规定进行施工。路面底基水泥稳定碎石以路拌法施工,基层水泥稳定矿石以集中拌和、摊铺机摊铺法施工,沥青混凝土面层采用拌和厂集中拌和、摊铺机摊铺法施工。

当进行基层、底基层、垫层施工时,因采用水泥稳定级配碎石,场拌工序中,可能产生TSP,在运输、摊铺、压实过程中,因施工机械产生的噪声,也可能对近距离的居民点构成影响。面层沥青熬炼、搅拌和摊铺过程中产生的沥青烟污染,将有损操作人员和周围居民的身体健康。

③桥涵施工工艺及其环境影响分析。桥涵施工严格按照《公路桥涵施工技术规范》(JTJ 041—2000)的有关规定进行,大桥工程通常可先于路基工程开工,先施工桥下部构造物,再施工桥面。每个桥涵工程根据不同的结构形式及部位分别采用机械、机械与人工相结合或全部人工方案进行施工。

上部结构施工:通常桥面铺装采用两层铺设。下层钢筋混凝土,在钢筋网上浇筑混凝土由于混凝土的洒落会造成桥面的污染。上层沥青混凝土面层在铺设过程中会产生沥青烟气,烟气中还有多环芳烃等有害物质。在混合料拌和过程中也会产生有毒气体。另外,施工过程中原材料的洒落也会造成对周围环境的污染。

桥梁下构结构施工:桥墩形式根据桥型和路基填土高度,可采用柱式桥墩或轻型桥墩;桥台型式采用、肋板式、柱式、薄壁式、轻型桥台。桥梁部分基础采用钻孔灌注桩的方法进行施工。钻孔灌注桩的方法现今已比较成熟,施工过程中产生的主要污染物为泥浆和钻渣。钻孔的泥浆由水、黏土和添加剂组成,采用泥浆悬浮钻渣和护壁。施工中钻孔输送出来的泥浆、弃渣要妥善处理。这些污染物如不采取有效的回收处理措施,将给周围的水环境及生态环境造成很大影响。要求开钻前挖好沉砂池,泥浆进入沉砂池进行沉淀后循环使用,定期清理沉砂池,清出的沉淀物运至弃渣场。其施工工艺详见图5-1-1。

桥梁墩台的施工通常采用立模(一次或几次)现浇施工,主要有两个工序:一是制作与安装墩台模板;二是混凝土浇筑。安装模板时泥浆会从模板连接的密封性保证接缝中露出,造成资源的浪费和对周围水体的污染。模板安装后进行混凝土浇筑,墩台身混凝土浇筑施工前,对基础顶面进行冲洗,凿除表面浮浆,浮浆如果落入水中会造成局部河水污染。

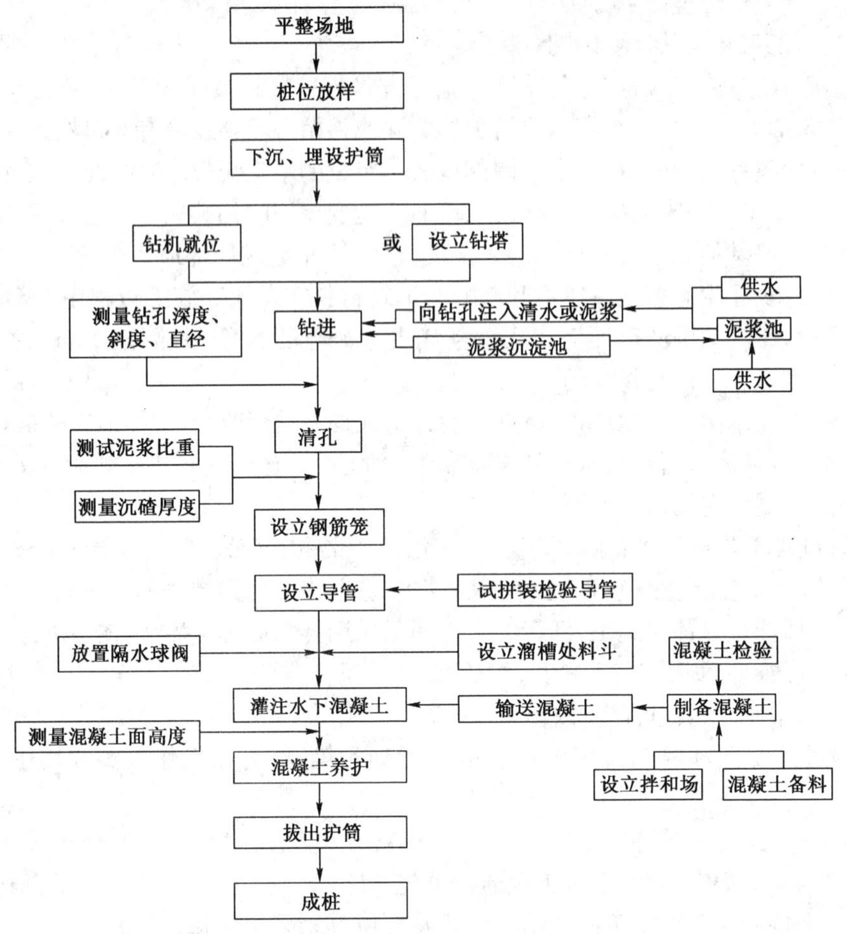

图 5-1-1　桥涵施工钻孔灌注桩施工工艺流程图

④隧道施工工艺及其环境影响分析。隧道施工需要钻爆作业，超前支护，洞身开挖，进行注浆，清理施工残渣，衬砌、防水层施工。将产生较大的振动、噪声、扬尘、固体废物和植被破坏，会导致较大的水土流失。

⑤临时工程施工作业对环境影响分析

临时道路：临时道路是满足公路工程建设的需要，施工便道在利用原有乡间道路的同时也会新占少量土地，造成生态环境的破坏。由于施工便道等级低，很少铺设面层，营运过程中的扬尘等将会对局部环境造成污染。与此同时当遇到大雨和大风天气时，将使新开辟的施工便道产生一定量的水土流失。

临时用地：公路临时用地包括施工营地、搅拌站等临时性占地。对于施工营地的建设其选址应结合工程的需要，施工场地产生的噪声将对施工人员及附近居民造成噪声污染；施工过程中产生的生产废水对沿线水体的产生影响。

⑥取土场施工工艺及其环境影响分析。取土前在取土场外缘设排水设施，以截取土丘及开挖坡面汇水，将坡面汇水排走，出口附近设置浆砌石沉沙池，排水至天然沟道或农用渠道。取土场开挖一般采取挖掘机开采、汽车运输。开挖边坡率不大于 1∶1.5。在施工前将表土耕作层预先剥离，将表土运到指定的临时堆料场堆放，并做好临时防护措施。取土结束后回填表

土并恢复植被或复耕。

(2)公路营运期环境影响分析

营运期是从竣工验收后直到公路报废结束,在此期间,意味着项目巨大的经济效益和社会效益开始发挥作用,同时也意味着对沿线环境产生长期负面影响的开始。公路运营期将对生态环境、自然环境和社会环境产生影响。

①对生态环境的影响。营运期对生态环境的影响,主要有公路对原有生态区域的分割阻断、人类活动的延伸、交通事故、沿线服务设施排放的污水和垃圾、筑路改变地表径流流向等造成的生态影响。

阻隔效应:公路是城市间、地区间连接的通道,但对生物尤其是对生活在地面上的动物却是一道屏障,起着分割与阻隔的作用,即廊道效应。公路的分割将自然生态环境切割成块、即生境岛屿化,使生长在其中的生物变得脆弱,生物不能在更大的范围内求偶与摄食。如果隔离延续若干世代后,则有可能产生生物物种内分化,不利于生物多样性保护。

迫近效应:公路的开通使沿线地区的人流和物流强度增加,同时也扩大了人类活动的范围,使许多原来人类难以到达的或难以进入的地区变的可达和易于进入,这对自然环境保护和珍稀资源的保护构成巨大的威胁。虽然迫近效应是公路对生态环境的一种间接影响,但却可以成为导致生态资源破坏的原因之一。

②对自然环境的影响

水污染:汽车尾气的排放和生活服务区的废水进入河道对水源造成污染。此外,化学危险品的运输中的泄漏,或是交通事故的发生,则可能对环境水质造成破坏。同时,公路将形成一条穿越沿线地区的长坝,使原来的地表径流流向改变,必要的涵洞尽管对这种影响有所缓解,但个别地段仍会排水不畅,易积水成涝,存在次盐渍化的潜在威胁。

大气污染:大气污染源于汽车尾气的排放,污染物主要为烃类、CO 及 NO_x。他们在公路两侧形成的污染强度及范围主要受源强、车流量、车速、工况等因素控制,气象风速、风向及大气稳定度类型和地形条件等多因素的影响而变化,并在 200m 范围内影响环境空气质量。

噪声污染:噪声污染是公路两侧单位与居民反映敏感的污染问题,交通噪声主要是发动机和轮胎与路面的摩擦噪声构成,其噪声对敏感点的影响强度主要取决于车辆的辐射声功率级,同流量、车型、车速、路面、线形、公路两侧的环境特征及敏感点的距离有关。交通噪声也将形成公路两侧 200m 范围内的噪声污染带。

固体废弃物污染:公路运营期间,服务区的生活垃圾将会对周围环境造成污染。垃圾的堆放不仅侵占了土地,而且还成为蚊蝇、老鼠和病原体的滋生场所。随着时间的推移,混合垃圾腐烂、发臭以及发酵甚至发生反应,产生刺鼻的气味,垃圾的渗滤液可能会污染水体和土壤。

③对社会环境的影响

阻隔影响:由于高速公路全线封闭,公路的建设分隔了土地利用功能,割裂村庄间的原有关系,使沿线居民人口结构及需求发生变化,线路两侧原有的通行道路和人员往来被阻隔,造成出行不便,改变了原有居民的联系及交往方式,对路线两侧人员交往产生阻隔。

廊道效应:由于新建公路的建设运行,使原有行驶于城镇村落中的车辆流失,导致原有线路服务业的衰落,或迁移至新建公路的沿线,产生新的产业格局。交通运输的发展必然会刺激各种产业活动的增加,各种各样的服务会随之兴起。

景观影响:高速公路的投资巨大,占用了大量资源,是国家重要的永久性建筑物,公路景观建设和边坡防护在公路运营过程中逐渐形成独具特色的公路路界景观，会对路线所经区域的地形地物，文化风情和人文景观产生冲击，从而产生景观影响。

2. 公路建设项目的主要环境影响区域

公路对环境的影响集中表现在公路交通沿线两侧地带范围内的各类敏感点，如学校教室、医院病房、疗养院、宾馆、集中居民点、饮用水源、各类自然保护区、地质不良路段以及需要保护的野生动植物和农牧业生态环境等。公路的环境影响形态为带状的影响，宽度一般在公路两侧几百米，长度可达数百公里，对社会环境影响的范围还要扩大一些。

施工期影响范围为沿公路布置，呈接近等距的点状影响，这主要受施工形式影响，影响范围除公路沿线两侧一定距离区域外，还包括沿线施工营地等点块区域；另外，公路建设线路较长，新建线路施工，物料运输需依靠地方交通网，因此造成的地方交通网压力和物料运输造成的粉尘、噪声影响在一定程度上将施工期影响扩大到周边地域的较大范围。因此，施工期影响范围完全由施工组织决定，但至少包括既定的施工便道。

营运期的影响范围除以上所说的宽度一般在公路两侧几百米，长度可达数百公里的带状范围外，营运辅助设施同样存在点块的影响范围；而且，公路的营运将影响周边公路网建设，带动地区经济、教育、卫生条件等一系列关系居民生活质量的因素的发展，这种有益的影响同时也使公路运营的环境影响范围扩大到公路的直接和间接影响区域。

公路建设项目的生态环境影响范围一般考虑为：生态环境——路中心线两侧 300m 范围及工程取土场、料场等，涉及自然保护区、森林公园等环境敏感目标时适当扩大；水环境——路中心线两侧 200m 及跨河桥梁上游 500m，下游 1 000m，涉及敏感水体适当扩大；环境空气——路中心线两侧 200m，如果附近有城镇、风景旅游区、名胜古迹等保护对象，可适当扩大到路中心线两侧各 300m，涉及拌和站等施工场地适当扩大；声环境——路中心线两侧 200m；社会环境——公路建设的直接影响区域。

3. 公路建设项目的环境影响对象

可能产生环境影响的对象包括：

(1)需特殊保护地区：国家法律、法规、行政规章及规划确定的或经县级以上人民政府批准的需要特殊保护的地区，如饮用水水源保护区、自然保护区、风景名胜区、生态功能保护区、基本农田保护区、水土流失重点防治区、森林公园、地质公园、世界遗产地、国家重点文物保护单位、历史文化保护地等。

(2)生态敏感与脆弱区：沙尘暴源区、荒漠中的绿洲、严重缺水地区、珍稀动物栖息地或特殊生态系统、天然林、热带雨林、红树林、珊瑚礁、鱼虾产卵场、重要湿地和天然渔场等。

(3)社会关注区：人口密集区、文教区、党政机关集中的办公地点、疗养地、医院等，以及具有历史、文化、科学、民族意义的保护地等。

4. 公路建设项目的环境影响特点

(1)影响形态

公路是一种带状的人工构造建筑物，相对其他建设项目而言，其污染宽度相对较窄，一般为公路两侧一定范围的宽度，单向污染距离大，沿公路延伸方向从公路起点直至终点的范围。总之其污染形态特点为一带状的污染排放源。

(2)影响重点

公路建设项目主要环境影响为生态环境影响、声环境影响。公路等级、沿线生态环境、敏感点分布、区域社会环境等情况会影响环境影响的重点，例如高等级公路相比一般等级公路，由于设计通过车流量大，必将产生更大噪声，但由于高等级公路通常建设在城市外侧，居住人群较少，故而产生声环境影响程度可能不及后者严重；一般等级公路由于多数位于城镇间，其建设将对城镇社会经济发展产生明显影响；如果高等级公路建设在地势起伏地区，势必带来大量土石方工程，因而产生较大生态环境影响，一旦工程跨越水环境功能较高的水体，则需要深入考虑环境风险事故影响。

(3)影响时效

公路建设项目对环境的影响从项目规划确立开始产生。

施工期的影响集中在施工期这一个短期的时间范围内，污染由施工伊始，随施工强度和施工阶段而发生强弱变化，施工结束后随即消失。

营运期的影响同样贯穿于营运期始末，就公路的营运特点来说，营运期的主要影响是一种流动性的影响，并随着线路沿线车流量而变化。

第二节　公路建设项目环境保护的特点

一、公路建设项目的环境管理概况

1.我国公路建设项目环境管理法规要求

公路建设项目环境管理法规要求是公路建设项目环境保护工作的重要组成部分。从1980年颁布《交通部环境监测工作条例(试行)》后，又相继颁布了《交通建设项目环境保护管理办法》(1987年、1990年、2003年)、《交通行业环境保护管理规定》(1994年)、《公路建设项目环境影响评价技术规范(试行)》(1996年)、《公路环境保护设计规范》(1998年)、《公路建设项目环境影响评价技术规范》(2006年)、《建设项目竣工环境保护验收技术规范　公路》(2010年)《建设项目环境保护竣工验收技术规范　生态影响类》(2007年)等法律法规。

2.公路建设项目全程环境管理的内容

(1)项目建设前期

项目建议书阶段，建设单位结合选线，对建设项目组成投产后可能造成的环境影响，进行简要说明或环境影响初步分析，同时环保部门参加厂址现场踏勘并让省级环境保护部门签署意见，纳入项目建议书作为立项依据。

可行性研究阶段，国家环保总局及行业主管部门根据国家计委及有关部门立项批复，督促建设单位执行环境影响报告书表审查制度建设单位与环评单位开展评价工作，编制环境影响报告书。

设计阶段，在环保设计规范的指导下，审查初步设计、施工图设计中的环保设计与环境保护措施的落实情况。

(2)项目施工期

施工准备阶段，检查与监督建设单位“七通一平”中环境保护落实情况和拆迁安置工作。

施工阶段，落实公路施工阶段的环境监理、各项工程的环境保护工作，以及环境保护设施的“同时施工、同时投产”任务落实。

竣工验收时，依据有关规定，对公路工程的环保达标进行验收，同时对公路环保设施进行竣工验收。

(3)营运期环境管理

对公路建设项目环境影响进行后评价，调查与总结环境保护措施的操作、运行情况，分析各项环保工作存在的问题及需改进之处。

3.公路建设项目环境管理的实施效果

各项公路建设项目环境管理法规要求的颁布实施，使我国的公路建设项目环境保护与环境管理法制建设得到不断的加强。根据分析公路建设前期、施工期和运营期对环境造成的影响，以及项目所在区域的资源、环境条件，制定切实可行的环保措施并实施，不仅可以针对性地避免和减轻各阶段环境影响，还可能通过前阶段环境保护工作，避免后续阶段有关环境问题的发生。

另一方面，由于我国公路建设项目环境管理法规体系不完善，某些环保要求缺乏强制性，也很少被监督，特别是公路项目施工期，工程繁多，工序复杂，人员众多，施工中可能发生工程变更，很容易出现这样那样的环境问题，如随意取弃土，向河滩排放废水，猎杀保护动物等。

二、线位摆动与工程变更对公路建设项目环境保护的影响

线位摆动是公路建设过程中发生的较小的变化，指工程实际路线情况与工可阶段设计线位发生偏移。

工程变更指公路建设过程中发生的较大的变化，主要体现在三个方面：①建设规模、建设方案的变更(包括地理位置、主要控制点、建设规模如路线的长度调整30%以上、运输货种、设计交通量、设计工程量等的变化)；②生产工艺、运行方案的变更(指项目建设过程中施工组织、施工工艺、施工计划安排等方面的变化，如桥梁工程是否围堰施工、是否安排在枯水期施工，取弃土场位置有无变化等)；③环保设施、措施的变更。

线位摆动和工程变更现象在公路建设项目中比较常见，根据资料，40个公路建设项目进行竣工环境保护验收时，新增敏感点的项目有38个，新增敏感点数量占实际敏感点数量的46.7%。

1.影响范围

线位摆动与工程变更使公路实际影响范围与环评考虑影响范围(环评多是根据工可阶段线路进行分析)发生错动，因此公路可能远离环评考虑地区或环评阶段环境敏感点，也可能对未考虑的地区产生环境影响。

如果前者情况发生，公路环境影响变小，环评中建议的措施可能不需要采取。

如果后者情况发生，公路可能遇到新的环境敏感点，产生新的环境问题，由于环评范围没有包括新的区域，也就没有提出相关环保措施，因此环评不能解决新的环境问题。为了解决新的环境问题，需要进行再次的环境影响评估，对公路建设项目实际影响区域进行调查分析并提出有效防治措施，这是项目竣工环保验收调查工作内容的重要部分。

2.影响时间

线位摆动与工程变更一旦发生，对环境的影响也就随之产生。最适当的是发生的同时即采取措施。虽然环评中没有给出解决方案，可以根据经验参考其他项目采取措施。但由于施

工过程缺乏有力监督，环评等文件也没有给出强制要求，部分责任心不强的施工单位一味追求低投入和加赶工期，导致因线位摆动与工程变更带来的直接环境问题一直没能解决，由此可能产生新的间接环境问题。项目竣工环保验收调查是工程正式运营前的最后一次全面环保检查，通常能解决这些历史环境问题。

第三节　公路建设项目竣工环保验收调查

一、公路建设项目竣工环保验收依据

公路建设项目竣工环保验收依据不仅包括国家和地方的有关环保法律法规、技术规范、相关批复文件及工程技术资料等，更要依据于公路项目的工程特点以及环境保护特点。

主要技术规范包括：《环境影响评价技术导则》(HJ/T 2.1—93，HJ/T 2.3—93，HJ 2.2—2008，HJ 2.4—2009，HJ/T 19—1997)；《公路建设项目环境影响评价规范》(JTG B03—2006)；《建设项目竣工环境保护验收技术规范　公路》(HJ 552—2010)；《建设项目竣工环境保护验收技术规范　生态影响类》(HJ/T 394—2007)。

主要批复文件包括：交通部有关公路项目工可、初步设计的批复，项目设计和施工中的变更情况及其相应的报批手续和批复文件，项目生产和环境保护设施的工艺或规模发生变更的情况说明、请示及有关环境保护行政主管部门的审批文件；环保部门有关项目环境影响评价审批意见(包括环保审批部门的审批意见，下一级环保部门的初审意见以及行业主管部门的预审意见，国家级的项目就是环保部，省环保局、交通部的意见，省级的项目就是省局、地区环保局的意见，有的省份还有交通厅的预审意见)。

主要技术资料包括：项目环境影响评价文件、项目初步设计及其环保篇章、项目的实际工程情况(如实际规模、主要构造物及配套服务设施、建设环保设施和措施的工艺及流程图等)、项目的变更情况说明、项目施工设计、项目交工报告、项目监理总结报告(含环境监理)、项目环保执行报告及其他相关工程资料。

二、公路建设项目竣工环保验收调查范围

在确定验收范围前，首先应做好线位摆动、工程变更情况调查，即工程地理位置的变化和工程内容的变更，在此基础上，根据实际变化情况确定验收调查范围。

1. 调查工作的地理范围

(1)环境影响文件所确定的评价范围

验收调查范围原则上与环境影响评价文件的评价范围一致，即工程建设内容及工程建设所造成的实际环境影响与环境影响评价文件的内容基本一致，验收调查范围应与环境影响评价文件一致。

(2)工程的实际影响范围

根据工程实际的变动情况以及环境影响的实际情况，结合现场踏勘情况对调查范围进行适当的调整。如对项目附近有需要保护的特殊敏感区域，则调查范围应适当扩大，如，公路跨越敏感水体时，应将公路发生化学品运输风险事故可能威胁的下游(赶潮河段需包括上游上溯段)各个取水口和饮用水源保护区全部列为调查范围。公众意见调查范围应包含直接受影响

的单位和住户(个人)。

2.项目所涉及的环境保护工作范围

(1)《建设项目竣工环境保护验收管理办法》的规定

根据总局13号令《建设项目竣工环境保护验收管理办法》中第四条的规定，所有污染防治设施和生态保护措施都属于竣工环境保护验收的范围。建设项目竣工环境保护验收范围包括：

①与建设项目有关的各项环境保护设施，包括为防治污染和保护环境所建成或配备的工程、设备、装置和监测手段，各项生态保护设施。

②环境影响报告书(表)或者环境影响登记表和有关项目设计文件规定应采取的其他各项环境保护措施。

公路建设项目的有关污染防治设施和生态保护措施应当涉及以下几个方面：

①施工期设置的多处取土场、弃渣场等，施工完成后，这些场地的恢复、平整、绿化或复耕。

②施工临时占地，包括拌和站、施工营地、施工便道等，施工完成后，这些场地的恢复、平整、绿化或复耕。

③防治水土流失的有关工程措施，如排水设施、渣场的挡墙、工程护坡等。

④工程永久占地的植被补偿、绿化、美化。

⑤收费站、服务区、管理区、停车区、生活区等配套服务设施的大气污染源防治设施。

⑥收费站、服务区、管理区、停车区、生活区等配套服务设施的污水处理设施。

⑦声环境敏感点防护措施。

⑧收费站、服务区、管理区、停车区、生活区等配套服务设施的固废处理处置措施。

⑨其他，如对野生动植物的保护、文物保护、移民安置、对当地饮用水源地和农业生产的影响防治等。

(2)环境影响评价文件、预审意见、批复文件的有关要求

通过立项批文、“环境影响报告书(表)”及其批复、工程设计的有关要求和对项目完成情况的现场调查等确定进行验收调查的范围。

3.公路建设项目竣工环保验收调查范围

对于公路建设项目，其竣工环保验收调查范围不仅包括公路线路沿线，也包括收费站、服务区、管理区、停车区、生活区等配套服务设施；不仅包括《建设项目竣工环境保护验收管理办法》中规定的范围，也包括环评及其批复意见有关要求的区域；不仅要考虑环评阶段评价范围，更要根据项目实际工程情况、工程变更情况，结合现场考察确定验收调查的范围。有“以新带老”要求的建设项目要将“以新带老”内容纳入验收范围(调查时应对原项目工程情况、原项目与验收项目相关的原工程改造及环境保护治理要求进行了解，说明验收项目与原有工程的依托关系，并将其确定为验收监测与环境保护检查内容)。

调查范围通常为：

(1)生态环境：公路沿线两侧各300m以内区域，以及公路中心线两侧所有的工程取弃土场、临时占地、拦渣工程、护坡工程、土地整治工程、绿化工程、排水工程以及相关的生态敏感区，若附近有其他生态敏感点时则适当扩大。

(2)水环境：公路跨越或相邻的水域(作为饮用水源的水库、河流、湖泊、蓄水池等)；所有与公路工程有关的设施(包括服务区、管理站、停车区、收费站和加油站等)的废水排放口及生活

污水、油污水处理设施。

(3)大气环境:收费站、服务区、管理区、生活区等配套服务设施的废气排放处理设施(锅炉)。

(4)声环境:公路中心线两侧200m范围内主要声环境敏感点,重点调查100m内的敏感点。

(5)固体废弃物:公路各服务区、管理站和收费站等沿线设施产生的垃圾,以及公路上各种货车在运输过程中洒落的颗粒物。

(6)文物:公路沿线200m范围内的重要文物古迹。

(7)公众意见:公路沿线直接受影响的单位和住户(居民),曾在公路上行驶的驾乘人员。

主要调查对象为:取、弃土(碴)场、拌和站、施工便道、路基及边坡、农田及灌溉渠系、野生动植物种类与生境、配套服务设施(收费站、服务区、管理区、生活区等)、声敏感点等。

三、公路建设项目竣工环保验收技术方法及主要内容

1.工程概况调查

工程概况调查是以查阅资料和现状调查为基础,客观、真实地反映公路建设的基本情况,采用工程建设资料的查阅和公路实地情况的调查。

(1)明确建设项目所处的地理位置、项目组成、工程规模、工程量、交通量、主要经济或技术指标(应对设计指标值与竣工指标值进行对比说明)。

(2)说明公路沿线配套设施的设置情况(重点说明沿线环境保护设施的设置情况)、工程总投资与环保投资(环保投资应列表分类详细列出)。

(3)工程建设过程中发生变更时,应重点说明其具体变更内容及有关情况。

(4)提供适当比例的项目地理位置图(1∶1 000 000)和工程路线走向图(1∶50 000)。

(5)应说明项目立项时间和审批部门,可行性研究报告完成及批复时间,初步设计完成及批复时间,环境影响评价文件完成及批复时间,工程开工建设时间,环保设施设计单位、施工单位和环境监理单位,投入试运行时间。

(6)说明环境影响评价文件中预测的交通量;调查公路试营运期间的实际交通量。

2.环境影响报告书回顾

环境影响报告书是进行公路环境保护验收的重要参考资料之一,能够如实的反映公路在全过程中提出的环保措施。采取环境影响报告书查阅的方法,以查清公路工程在设计、施工及运营中对环境的影响及其批复中要求的环保措施和建议,为环境保护验收起到指导作用和对比作用。

3.环保措施落实情况调查

环保措施落实情况调查是进行公路环保达标验收的两个重要内容之一,依据环境影响报告书及其批复中的环保措施的要求和建议,判断环保措施的落实情况。采用社会调查、环境监测资料查阅的方法,了解施工中产生的环境影响问题,包括公路与途径地区的协调性、阻隔、公路用地、排水及路基防护、水污染、大气污染、噪声污染等了解施工对环境影响的程度,公众对施工过程环境影响的满意度等,以此判断环保措施的落实情况。

4.环保设施落实情况调查

环保设施落实情况调查是进行公路环保达标验收的另一个重要内容,环保设施包括声屏

障、污水处理设施等。采用资料回顾、现场勘察、监测等方法进行环保设施调查。资料回顾，以了解声屏障或污水处理等设施的设置位置现场勘察，以了解环保设施是否按照相关规定和要求进行建设，建设质量是否达到标准监测，以了解环保设施运行效果是否符合相关规定。

5. 环境影响调查

环境影响调查是调查公路试运营期内环境影响状况及采取措施的效果。环境影响调查的内容包括公路沿线生态环境、水环境、大气环境、声环境、污染事故应急预案、环境管理、社会环境等内容。采取资料收集、现状监测、现场踏勘、社会调查等方法进行环境影响调查。以了解公路工程建设对沿线的自然环境和社会环境的影响状况，服务区等附属设施的污水达标排放情况，危险品运输的管理情况，应急预案操作情况等。

(1)生态环境

生态环境影响调查可针对不同时期、不同的调查因子或内容采取不同的调查方法；主要包括文件资料核实(或调研)、现场勘察、公众意见调查、遥感调查、理论分析评估等技术手段和方法。

①主要生态调查指标

a. 永久占地：包括占地类型、占地面积，重点是占用耕地、林地和草地的数量等。

b. 临时占地：包括便道、站场、施工营地等的数量、恢复措施和恢复效果等。

c. 取、弃土场：包括取、弃土场的位置、占地面积、占地类型、土石方数量、与公路的距离、采取的恢复措施及恢复效果。

d. 不良地质：公路用地范围内的不良地质路段分布状况及工程采取的防护措施。

e. 工程防护和水土流失：包括主体工程和取、弃土场所采取的防护工程、水土保持措施的数量及实施效果、公路用地范围内扰动面积的治理率等。

f. 绿化工程：包括绿化方案、绿化面积、绿化投资、绿化植物的种类、数量、重点区域(包括互通立交、边坡、取、弃土场、服务区、收费站、管理处等)景观绿化、公路用地范围内的绿化率等。

g. 河流水系、水利设施、农业灌溉系统：公路用地范围内扰动的河流水系、水利设施及农业灌溉系统的分布状况及相应的防护措施，改沟改河工程的数量、投资等。

h. 其他生态指标：每公里平均土石方量、公路工程特有的生态保护措施等。

②生态影响调查与分析

a. 自然环境概况。调查公路所在区域内自然环境基本特征，包括区域气象气候因素、地形地貌特征、河流水系、土地利用、土壤类型和性质、水土流失、动植物资源、珍稀濒危动植物资源的分布和生理生态习性、历史演化情况及发展趋势等。调查公路所在区域内的生态环境敏感目标和人文景观的历史和现状情况等，并应对不良地质状况做出必要说明。调查公路所在区域内生态环境演变的基本特征等。

b. 自然生态影响调查与分析。根据工程建设前后影响区域内受保护的野生动植物生存环境的变化情况，结合工程采取的保护措施，分析工程建设对野生动植物生存的影响。结合公路绿化工程及重点区域景观绿化情况，分析公路用地范围内植被类型、数量、覆盖率的变化情况。分析工程建设对自然保护区、湿地、风景名胜区、森林公园、历史遗产地、地质剖面等生态敏感区的影响，并提供工程与敏感目标的相对位置关系图，必要时提供图片辅助说明调查分析结果。分析公路主体工程和取、弃土场、施工营地、站场、便道在施工期及运营期对自然生态环

境的影响、采取的保护措施及其实施效果。公路工程建设及运营造成水生生物生存环境变化时，应调查环境影响评价文件中的减免、补偿措施的落实情况，分析对水生生物生存的影响。分析公路建设对沿线生态环境阻隔效应的影响。

c. 农业生态影响调查与分析。列表说明工程占地的情况，包括占地类型、占地面积、位置、采取的恢复措施和恢复效果，分析公路占地对沿线农作物产量的影响以及建设过程中所采取的减少占地措施，分析工程采取工程、植物、节约用地、保护和管理措施后，对区域内农业生态环境的影响。调查工程对项目影响区域内河流、水利设施、农业灌溉系统的影响，包括改沟、改河工程、占压水利设施的情况、采取的保护措施。

d. 水土流失影响调查与分析。列表说明工程土石方量调运情况，占地位置、原土地类型、采取的生态恢复措施和恢复效果；采取的护坡、排水、防洪、绿化工程等。分析采取工程、植物和管理措施后，公路建设对沿线水土保持的影响。根据建设项目建设前水土流失原始状况，对工程施工扰动原地貌、损坏土地和植被、弃渣、损坏水土保持设施和造成水土流失的类型、分布、流失总量及危害的情况进行分析。调查公路主体工程及临时工程采取的水土流失防治措施及防护效果；调查公路用地范围内滑坡、崩塌、沉陷、软土路基等不良地质路段的分布状况及工程采取的防护措施，并分析其实施效果。

③生态保护措施有效性分析与补救措施建议

a. 主要从自然生态影响、生态敏感目标影响、农业生态影响、水土流失影响等方面分析采取的生态保护措施的有效性。分析指标包括生物量、特殊生境条件、珍稀濒危物种的增减量、景观效果、公路用地范围内扰动面积的治理率等；评述生态保护措施对生态结构与功能的保护、生态功能补偿的可达性、预期的可恢复程度等。

b. 根据上述分析结果，对存在的问题分析原因，并从保护、恢复、补偿、建设等方面提出具有操作性的补救措施和建议，有针对性地避免或减缓项目建设所造成的实际生态环境影响。

c. 分析内容可根据环境影响评价文件进行评价的内容和工程实际情况进行调整或增减。

d. 对短期内难以显现的预期生态影响，应提出回顾性评价建议。

(2)水环境

①现状调查

a. 调查与本工程废水排放相关性的政策，规定和要求。

b. 调查公路施工期污水排放情况，施工期采取的防治水环境污染措施。

c. 调查公路途经的水环境敏感点的分布情况及公路距敏感点的距离，公路排水、沿线设施污水外排、弃渣堆放等对水环境敏感点的影响。

d. 调查公路沿线各设施的污水排放情况，包括污水主要来源、污水种类、排放量、污水排放特征、污水排放去向等。

e. 调查公路沿线各污水处理设施情况，包括污水处理方式、处理装置名称、处理规模、处理工艺流程、处理效果及设备处理能力及型号。

f. 调查施工期和营运期固体废物的主要来源及处理方式；对危险固废的来源、排放量应重点调查。

②现状监测。一般情况下，水环境现状监测的对象是与公路建设项目配套的污水处理设施以及与外部水环境相沟通的界面。公路项目中主要需对服务区的污水进行监测。

a. 对沿线服务区等配套服务设施的污水处理设施运行效果的监测。监测点设在各污水处理设施的进、出口，监测项目为 pH、CODcr、SS、石油类、动植物油、氨氮及流量等，监测频次以 4 次/日、连续监测 3 天为宜(通常为 4 次/日、连续监测 2 天)。

b. 对沿线河流水质的监测。选择在跨河大中型桥梁下游 200m 处进行水质监测(如果项目没有进行施工期水环境监测，可以在桥梁上游 100m 和下游 1 000m 处设置对比断面进行水质监测)。监测项目为 pH、CODcr、SS、石油类等，监测频次以 4 次/日、连续监测 3 天为宜(通常为 4 次/日、连续监测 2 天)。

监测方法：按照《环境监测分析方法》中有关规定进行。

③影响分析

a. 分析施工期水环境保护措施的有效性。

b. 根据水质监测结果，分析评价水污染源超达标情况。

c. 论述设计和环评要求的沿线设施需采取的污水处理设施的落实情况，现有水污染治理措施的实施效果及存在问题。

d. 分析公路排水对沿线居民的生活、生产造成的影响。

e. 针对存在的问题提出水污染防治补救措施。

(3)环境空气

①调查对象：《环境影响报告书》批复时间之前已经存在的环境空气敏感点。一般以 200 人以上的学校教室，50 户以上的居民住宅，20 张床位以上的医院病房、疗养院住房及特殊宾馆等作为重点调查对象；其他环境空气敏感点为一般调查对象。

②调查内容

a. 调查目前公路沿线 200m 范围内环境空气敏感点分布情况。可参考声环境敏感点调查内容。

b. 调查施工过程中采取的减少粉尘污染的措施。

c. 调查施工过程中采取的减少沥青烟气等有害气体污染的措施及效果。

d. 调查营运期环境空气质量现状。

e. 调查服务区、管理处等锅炉废气排放情况，烟囱高度，除尘器的型号、除尘效率，锅炉燃料来源等。

③现状监测

a. 环境空气污染影响监测

布点原则：

隧道出口 100m 以内的村庄应布设环境空气污染影响监测点位；

特长隧道的竖井的出口处应布设环境空气污染影响监测点位；

绝对车流量较多的路段应布设环境空气污染影响监测点位。

选点原则：

在公路线路平直，两侧开阔路段，避开村庄、在村庄的上风向处设置大气监测点位。必要时可设置 2 个监测点位；其一为距离公路中心线 40m 处的污染点位；另一为距离公路中心线 200m 处。

监测项目：TSP、PM_{10}、NO_2，

监测方法：按照国家污染物排放标准和环境质量标准等相关要求进行。

监测时同时记录风向、风速、气温等常规气象因子。

b. 锅炉废气污染物浓度监测

布点原则：除投产时已经做过达标监测的锅炉外，服务区的锅炉需逐个监测。

在有监测条件的情况下，可在除尘器前后各布设1个监测点位。

监测项目：SO_2 浓度、烟尘排放浓度、林格曼黑度。

监测方法：按照国家污染物排放和环境质量标准等相关要求进行。

④影响分析

a. 对施工过程中采取的减少环境空气污染措施的有效性进行分析。

b. 充分利用施工期的环境监测资料进行分析。

c. 通过对公路沿线主要敏感点大气污染物浓度的测定，评估公路沿线环境空气质量状况，对比公路建设前后环境空气质量的变化，对有可能产生大气污染的路段，提出处理措施或建议。

d. 通过对服务区、管理处等处的锅炉废气污染物浓度的监测，分析锅炉废气排放的达标情况，对不能达标的锅炉分析其超标原因，并提出补救措施和建议。

(4)声环境

①设计期和施工期环境影响调查

a. 通过核查文件资料方法，了解公路设计期采取的声环境保护措施。

b. 通过核查文件资料和公众意见调查的方法，了解公路施工期主体工程、施工营地、站场、施工便道对附近居民点声环境的影响及采取的保护措施。

②试营运期声环境影响调查

a. 试营运期声环境影响调查范围原则上与评价范围一致。

b. 调查对象为公路路中心线两侧各200m内的声环境敏感点，声环境影响保护目标为《环境影响报告书》批复时间之前已经存在的声环境敏感点。一般以50人以上的学校教室，20户以上的居民住宅，10张床位以上的医院病房、疗养院住房及特殊宾馆等作为重点调查对象；其他声环境敏感点为一般调查对象。

c. 调查内容

i. 调查目前公路沿线200m范围内声环境敏感点分布情况。给出相关的市镇、村庄、学校、医院、敬老院、疗养院等声环境敏感点与公路相对位置关系、名称、桩号、距公路中心线距离、建筑物地面与路面的高差、房屋的数量、楼层、朝向、居民户数及常住人口数等。

ii. 列表说明环境影响评价文件中的声环境敏感点和现状公路沿线200m范围内的环境敏感点的变化情况、变化原因。

③现状监测

a. 监测布点原则。环评文件要求采取降噪措施且试运营期已采取措施的敏感点应监测，监测比率不少于50%；环评文件要求采取降噪措施但试运营期未采取措施的敏感点应监测，监测比率不少于50%；环评文件要求进行跟踪监测的敏感点可选择性布点；交通量差别较大的不同路段、位于不同声环境功能区内的代表性居民区敏感点和距离公路中心线100m以内的有代表性的居民集中住宅区和120m以内的学校、医院、疗养院及敬老院等应选择性布点；同一敏感点不同距离执行不同功能区标准时应相应布设不同的监测点位，敏感点执行的声环境功能可查看当地的声功能区划文件，或参照94号文执行；敏感点为楼房的，宜在1、3、5、9等楼层布设不同的监测点，一般选择底层、顶层、中间层；国家和地方重点保护野生动物和地方特有野生动物集中的栖息地宜选择性布点；位于交叉道路、高架桥、互通立交和铁路交叉路口附近的敏感点应选择性布点。

b. 监测点分布尽可能反映不同路段相对高差、路况、车流量等差别给敏感点带来的噪声影响。通常应进行一般噪声敏感点监测、典型路段24h连续监测。对于设置了声屏障的敏感点，应选择敏感点进行声屏障降噪效果监测，以判断、评价声屏障的隔声降噪效果。

一般噪声敏感点监测：监测时在临路较近的住宅、教室的窗外1m处设测点，每天监测4次，每次监测20min。24h连续监测：监测时，应同步监测每一测点的每小时的等效连续A声级，连续24h，监测1天。

声屏障降噪效果监测测点设在声屏障中部屏后10m和20m、声屏障边缘及敏感点窗前1m，并在同路段无屏障开阔地带同等距离设置对照点。

为了解公路交通噪声沿距离的分布情况，应设置噪声衰减断面进行监测。断面数量可根据路段交通量及地形地貌的差异程度酌定，一般不少于2个监测断面，监测断面不受当地生产和生活噪声影响。设置噪声衰减断面监测宜选择线路平直，与弯段、桥梁距离大于200m，纵坡坡度小于1%，运营车辆能够正常行驶，公路两侧开阔无屏障，监测点与高速公路的高差较小的地段，监测时，当车道数≤4时，布点于距离路中心线20m、40m、60m、80m、120m处，当公路车道数>4时，布点于距离公路中心线40m、60m、80m、120m、200m处。也有的，布点于距离路肩20m、40m、60m、80m、120m处。

④措施有效性分析及补救措施建议

a. 根据现状噪声的监测结果和交通量，验证项目环境影响报告书中噪声的预测结果，评价各敏感点昼、夜噪声超标、达标情况。

b. 比较各主要声环境敏感点环评时噪声预测结果与现状监测结果，分析声环境质量变化情况及其变化原因。

c. 根据24h连续监测结果，给出公路的噪声与车流量随时间的变化规律。

d. 根据衰减断面的监测结果，给出当前车流量状况下交通噪声的达标距离。

e. 根据监测结果，明确给出声环境保护措施的降噪效果。分析、评估声环境保护措施是否达到设计要求，声环境敏感点是否达到相应标准要求。

f. 分析论述环评报告书提出的噪声防治措施的有效性、在对措施有效性分析基础上，提出声环境保护补救措施。

(5)社会环境

①现状调查

a. 调查公路沿线区域社会经济发展、规划和产业结构等。

b. 调查公路建设征用土地和拆迁安置等情况。

c. 调查征地、拆迁安置补偿措施及落实情况。

d. 调查公路沿线立交、通道、桥涵的设置是否合理，公路建设对沿线民众的生计方式、生活质量、健康质量、通行交往等的影响。

e. 调查公路通车试营运期间危险化学品运输事故的发生与处置情况。

f. 调查公路危险化学品运输的管理制度、风险预防及事故应急制度。

g. 调查公路施工区、永久占地及调查范围内的具有保护价值的文物，明确保护级别、保护对象和工程的位置关系等。调查环境影响评价文件及环境影响评价审批文件中要求的环境保护措施的落实情况。

②影响分析

a. 公路建设对居民交往、生产生活便利性的影响分析。

b. 公路征地、拆迁安置对当地居民生活、农业生产及居民居住条件的影响分析。

c. 公路危险化学品运输的管理制度、风险预防及事故应急制度的有效性分析,必要时应提出改进措施和建议。

(6)公众意见调查

为了了解建设项目在不同时期存在的环境影响,发现工程前期、施工期曾经存在的及目前可能遗留的环境问题,试运营期公众关心的环境问题,以及工程建设对当地经济的作用、对工程影响范围内的居民工作和生活的影响情况,需开展公众意见调查。

①调查对象。以公路沿线直接受影响的居民和公路上往来的司乘人员为主,包括公众个人、政府部门、院校、感兴趣的团体、企事业单位和专家。

②调查方法。在公众知情的原则下开展,一般可采用问询、问卷调查、座谈会、媒体公示等方法,较为为敏感或知名度较高的项目也可采取听证会的方式。

③调查内容。一般包括如下内容,可根据项目的工程特点和周围环境特征进行调整。

a. 公众对公路建设的一般性意见和基本态度。

b. 工程施工期间是否发生过环境污染事件或扰民时间。

c. 施工期的主要环境问题以及采取的有关环保措施。

d. 试运营期的主要环境问题以及采取的有关环保措施。

e. 运营期可能存在的环境影响方式及希望采取的有关措施。

f. 调查公众最关注的环境问题及希望采取的环境保护措施。

g. 调查公众对建设项目环境保护工作的总体评价。

④调查结果

a. 给出公众意见调查逐项分类统计结果及各类意向或意见数量和比例;定量说明公众对公路建设环境保护工作的认同度,分析公众反对公路建设的主要意见和原因。重点分析公路建设各时期对社会和环境的影响、公众对项目建设的主要意见和合理性及有关环境保护措施有效性。

b. 调查单位应将公众意见反馈给项目建设单位。对于提出意见的个人和单位,要求建设单位以适当方式反馈其最终决策情况和决策理由。

四、公路建设项目竣工环保验收调查重点

公路建设项目竣工环保验收调查的重点为:核查实际工程内容及方案设计变更情况;环境敏感保护目标基本情况及变更情况;实际工程内容及方案设计变更造成的环境影响变化情况;环保规章制度执行情况;环境影响评价制度执行情况;环境影响评价文件及环境影响审批文件中提出的主要环境影响;环境质量和主要污染因子达标情况;环境保护设计文件、环境影响评价文件及环境影响审批文件中提出的环境保护措施落实情况及其效果、污染物排放总量控制要求落实情况、环境风险防范与应急措施落实情况及有效性;工程施工期和试运营期实际存在的环境问题以及公众反映强烈的环境问题;验收环境影响评价文件对污染因子达标情况的预测结果;工程环保投资情况。

五、公路建设项目竣工环保验收调查准备工作

1. 资料收集

(1)环境影响报告书及其批复文件。

(2)工程可行性研究报告的批复、初步设计文件的批复等。

(3)项目征地拆迁、移民安置、文物保护等相关批复文件。

(4)项目设计更改的批复文件。

(5)工程可行性研究报告、初步设计、设计更改、施工图、竣工图等相关设计文件。

(6)环境保护行动计划、水土保持方案、文物踏勘报告等。

(7)项目的开工报告。

(8)项目的施工监理总结报告。

(9)项目的竣工验收总结资料。

(10)项目有关合同协议,如农田补偿协议、生态恢复工程合同、委托处理废水、废气、噪声的相关文件、合同等。

(11)项目已有的施工期和试营运期现场监测资料(包括环境质量监测与水文监测资料等)。

(12)项目施工期的环境监理报告或相关文字记录。

(13)项目文物踏勘成果报告、征地拆迁与移民安置成果报告等相关资料。

(14)项目环境管理机构、人员、制度建立和执行情况的资料。

(15)公路试运营以来至今的现状交通量。

(16)危险品运输事故应急制度。

(17)有关部门的管理要求,如水土保持方案报告、有关规划等。

(18)其他各类审批文件:环境功能区划、风景区、自然保护区、文物古迹等各类保护区相应管理部门允许穿越的许可文件。

2. 现场踏勘

(1)走访环保局、水利局、林业局等相关部门,了解核实公路沿线是否存在影响重大的环保问题,以及上述部门对该公路环保工作的看法等。

(2)调查公路沿线受噪声影响的环境敏感点已采取的噪声防治措施情况及报告书中规定的声环境保护措施落实情况。

(3)调查对比公路环境影响报告书和现状公路沿线200m范围内的环境敏感点的变化情况(环境敏感点的名称、桩号、距路中心线的距离、与路面间高差、敏感点的规模、临路住户数及人口等)、变化原因(线路摆动、搬迁、名称更改等),市镇、村庄、学校等与公路相对位置关系等。

(4)调查公路沿线主要的环保措施建设情况(如声屏障、锅炉污染物治理措施、污水处理设施等的位置、分布及数量等情况)。

(5)调查公路取、弃土场的位置、规模、恢复措施及其恢复效果。

(6)调查公路及其附属工程临时占地(拌和站、施工便道、料场等)的生态恢复措施及恢复效果,查看施工场站、营地的清理平整情况。

(7)调查公路水土保持工程、绿化工程、排水工程的实施情况及其效果。

(8)调查公路建设对沿线农田、水利设施的影响，桥梁和涵洞建设、弃土(渣)场堆放对主要河流以及行洪的影响。

(9)调查工程设置的通道是否方便道路两边村民、车辆及牲畜的通行。

(10)调查公路建成后对沿线景观的影响。

(11)调查各个收费站、服务区、养护工区的生活污水及生活垃圾的排放去向。

(12)针对过往司乘人员及周围居民发放公众参与调查表。

六、公路建设项目竣工环保验收报告书的编制

1.报告书编制要求

公路建设项目竣工环境保护验收报告书编制内容全面，文字简洁、图文并茂，数据详实、方法正确，结论清晰准确。调查报告编制深度满足环保验收要求，符合建设项目环境保护设施竣工验收管理条例规定。

调查报告主要内容一般包括总论、建设项目基本概况、环境影响报告书回顾、环保措施落实情况调查、环保设施落实情况调查、竣工验收环境影响调查分析、结论建议和附件等八部分。

2.报告书内容

公路因地域和等级的不同，调查因子、调查范围、调查重点和主要保护目标等具体情况有一定的差别，所以要求的主要内容也应该有一定的差异。从调查报告的科学性和完备性考虑，建议验收调查报告包括以下内容：

(1)总论。包括调查目的与原则、编制依据、调查方法、调查范围与因子、验收标准、调查重点与主要调查对象等。

(2)工程概况。包括公路建设过程回顾、地理位置、路线走向及主要控制点、工程主要技术指标及建设规模、沿线管理设施、交通量等。

(3)环境影响报告书回顾。包括环境影响报告书的主要结论、环保措施及建议、环评批复回顾等。

(4)环保措施落实情况调查。包括施工阶段的环境影响情况，环境监测情况，公众调查意见情况，分析环境措施落实情况等。

(5)环保设施落实情况调查。包括设计阶段环保措施落实情况、施工阶段环保措施落实情况、运营期环保措施落实情况等。

(6)竣工验收环境调查分析。包括生态、声、水、大气等环境影响调查分析、危险品运输的管理和应急预案落实情况调查、环境管理及环境保护监测计划落实调查、社会影响调查分析等。

(7)调查结论与建议。

(8)验收依据的相关文件附件。

第二章 公路工程竣工环保验收实例

第一节 项 目 背 景

河南××高速公路是上海至武威国家重点公路在河南省的重要路段，也是河南省规划的“五纵、四横、四通道”高速公路主骨架的组成部分。该项目全长 183km，路基宽 34.5m，采用全封闭、全立交、分道分向行驶并具有完善的监控和通讯系统，计算行车速度 120km/h，工程总投资概算 69 亿元，实际环保投资 26 770 万元，环保投资占总投资 3.9%。该项目环境影响评价报告书已于 2004 年 9 月底获得原国家环保总局的批复。2007 年 3 月天津水运工程科学研究所被委托进行该项目竣工环保验收工作。

根据调查，××高速公路建设中线位进行过调整、工程发生过变更，所经区域有 2 个省级自然保护区、1 个国家级森林公园和 1 个林场，同时线路穿越了 1 个市级生态工业园区和 1 个油田矿区，多次跨越水体功能为 III 类的河流，沿线 200m 范围内的居民区、学校 166 处(其中超过半数为新增敏感点)，公路运营后日平均交通量较小，不到近期设计车流量的 20%。同时发现该项目施工期各项环保措施均得到了较好实施，未造成明显的生态破坏、水土流失和环境污染，未发生环境事故和污染纠纷。节约和保护耕地以及挖方弃土改造低洼地的举措得到了较好的落实，临时占地基本得以恢复。边坡植被、绿化美化、生态廊道、污染防治、排水系统等环境工程投资基本落实。营运期污染防治设施基本配套，环境风险防范措施基本到位。对于环评报告中提出的需要设置声屏障的敏感点，已经根据实际情况，对沿线部分距路较近的敏感点设置了声屏障或降噪土墙，对工程营运后需要加设隔声窗的情况进行了承诺。总体上，该项目在施工和试营运阶段较好地执行了国家环保法规、规章和环境保护部对于建设项目环境保护工作的各项要求。2008 年 7 月该项目竣工环境保护验收报告书通过环境保护部环境工程中心的技术审查，随后不久完成现场环保验收。以下将结合该项目对公路建设项目竣工环保验收调查工作作全面介绍。

第二节 工 程 调 查

通过工程调查了解工程建设过程、工程概况，同时核查实际工程内容及方案设计变更情况。

一、工程建设过程

工程建设过程应说明项目立项时间和审批部门，可研完成及批复时间，初步设计完成及批复时间，环境影响评价文件完成及批复时间，工程开工建设时间，环保设施设计单位、施工单位和工程环境监理单位，投入试运营时间。

二、工程概况

工程概况包括线路的地理位置、路线方案起止点及主要控制点(应明确给出适当比例的地理位置图、路线走向图)、建设规模(路线长度、服务区等沿线服务与管理设施建设与投入运营情况等)、主要技术标准(公路等级、设计地形标准、路面及路基宽度、桥涵的设计洪水频率等)、预测交通量、主要工程量(土石方量、桥梁及涵洞的数量、占地与拆迁类型与面积等)、环保投资概算等。

核查时针对主要工程数量和技术经济指标进行实际建设情况与环评、设计批复情况的对比,对调查阶段实际交通量进行统计并与设计交通量比较(即“工况负荷调查”,收集公路试运营阶段的实际交通量,并根据公路工程工可报告中的交通量预测结果及公路试运营阶段的实际交通量进行统计。根据两表统计结果,计算出环保竣工验收阶段车流量与公路运营初期工可研报告中预测交通量的比例,以数据说明环保竣工验收阶段车流量的实际情况,并分析原因)。工程建设过程中发生工程设计变更时,应出具变更批复文号,重点说明具体变更内容、变更原因,简单分析变更后的影响。有“以新带老”要求的项目,应对原项目工程情况进行调查,对原项目与验收项目相关的原工程改造及环境保护治理要求进行调查,说明验收项目与原有工程的依托关系,并将其确定为验收监测与环境保护检查内容。

本项目主要工程数量核查情况见表 5-2-1。

××高速公路工程主要工程数量和技术经济指标调查表　　表 5-2-1

序号	项目名称		单位	环评阶段	竣工落实
1	基本指标	公路等级		高速公路	高速公路
		计算行车速度	km/h	120	120
		征用土地	公顷	1 440.5	1 355.6
		拆迁建筑物	m^2	147 243	72 040
		拆迁电力电讯	处	247 107	59 182
		总投资估算	亿元	69.2	69.2
		路线长度	km	180.986	182.904
2	路基、路面	路基宽度	m		
		土石方量	$1\,000m^3$	25 472.32	14 432.82
		选用河砂量	10^4m^3	—	2 167.65
3	桥涵	特大桥	m/座	3 831/3	3 796.84/3
		大桥	m/座	4 911.88/21	10 611.4/45
		中桥	m/座	4 394.68/78	6 024.74/110
		小桥	m/座	2 060.84/80	1 375.48/62
		涵洞	道	256	272
4	路面交叉	互通式立交	处	9	9
		分离式立交	处	42	24
		天桥	处	80	98
		通道	道	135	98

续上表

序号	项目名称		单位	环评阶段	竣工落实
5	沿线设施	服务区	处	3	3
		停车区	处	3	3
		养护工区	处	5	5(其中3处与收费站合并)
		管理分中心	处	2	1
		收费站	处	7	7

调查表明,本工程建设各项技术指标,除减少征地84.9公顷,减少工程土石方量1 103.95万立方米外,其他与环评及设计批复的规模要求基本相同。根据调查,本工程实际工程量与环评阶段相比有一定的变化,包括:大桥增加5 699.52m/24座;中桥增加1 630.06m/32座;小桥减少685.36m/18座;天桥增加18处、涵洞增加16道、通道减少37道;将原工可规划的王岗互通式立交东移至查山,分离式立交减少18处。

工程发生上述变化的主要原因是:

(1)本工程沿线经过两种地形:丘陵地区和地势平坦地区。在丘陵地区,且工程所在区域降水量较为丰沛,河网密集,为了保证工程路基安全,工程在实际施工过程中,大多采用以桥梁代替涵洞的方式跨越工程沿线地表径流汇集区,这样不但保证了公路自身的安全,同时也减轻了工程建设对区域内地表径流的阻隔作用。在地势平坦地区,采用低路基方式建设,且工程所在区域降水量较为丰沛,河网密集,若设置通道,雨季通道将不可避免有积水现象发生,从而影响公路两侧居民的出行,工程采用以桥梁代替通道的方式既能够方便公路两侧居民出行,又不会阻断地表径流,因此,本工程实际建设的桥梁、涵洞数量较环评阶段多。

(2)对于本工程实际建设的通道数量减少,而天桥数量增加,主要是因为本工程采用了低路基方案进行施工,实际路基高度约2m,为了便于工程两侧居民出行,工程选择了造价相对较高的天桥代替通道。

(3)对于原工可规划的王岗互通式立交东移至查山的工程变更,已经在交通部对本工程初步设计批复中进行明确,调整该互通式立交位置,主要是为了更好的适应出山店水库区域发展规划,避免因本工程的建设对该水库造成不利的影响。本工程原线路K194+400~K213+400之间离规划出山店水库300年一遇淹没区范围边界在2km以内,3处位于淹没区内,按照环评报告书要求,本工程对该段线位进行了部分调整,远离了出山店水库,因此此路段比环评阶段多出了部分敏感点。

(4)由于本工程为了尽量减少工程永久占地量,采用了低路基方案进行施工,多处分离式立交采用主线下穿的方式通过,因此,工程实际建设的分离式立交数量较环评阶段减少了18处。

本工程根据对沿线各收费站2008年3~5月车流量以及车型的统计,本工程投入试运营后日平均交通量为3 231辆/日(折合成小型车),占近期设计车流量的16.0%。这是由于上武高速全线还未建成通车,因此目前本工程日平均交通量较小。

本工程达不到75%的工况负荷,但根据《建设项目竣工环境保护验收技术规范　生态影响类》(HJ/T 394—2007),“生产能力达不到设计能力的75%时,可以通过调整工况达到设计能力的75%以上再进行验收调查。如果短期内确实无法调整生产能力(或交通量)达到设计

能力的75%或以上的，验收调查应在主体工程运行稳定、环境保护设施运行正常的条件下进行，并注明实际调查工况”，只要公路正常运行，其配套服务环保设施正常运行，该项目亦可进行环保验收。

第三节　环保措施落实情况调查

核查工程在设计、施工、试营运阶段针对生态、水、气、声影响和社会影响等所采取的主要环保措施，并对环境影响评价文件和环境影响审批文件所要求的各项环保措施的落实情况予以说明，对于没有落实的措施或是变更措施的情况进行说明。环评审批文件除环境保护行政主管部门的批复意见外，还应包括地方环保部门的预审意见，有行业主管部门的还应包含行业主管部门的预审意见。

原国家环保总局、交通部、河南省环境保护局对本项目环评报告进行了审批，提出的主要环保措施及其落实情况如下：

(1)加强基本农田的保护，进一步优化设计，降低路基高度，减少路基占地，临时占地首先考虑选择在公路征地范围内，合建部分辅助设施，减少工程占地。

已落实。工程通过优化设计，严格控制服务区、停车区及互通立交的占地数量，全线平均路基高度为2m，减少征地84.9公顷。

(2)对路基和取弃土场等临时占地做好水土保持工作，预防水土流失。

基本落实。取土场的恢复原则是全部复耕，取土前全部收集表土。线外取土中半数以上的土方来自沿线岗地集中取土，设计中明确岗地取土深度以取平岗地为目标，变坡耕地为平地；部分路段路基采用河砂填筑，并尽可能的利用工程挖方以减少工程取土量。现阶段取土场经过土地整治后，已恢复为耕地、林地或自然草地，植被恢复较好。沿线大部分弃土场已经植树或复耕，同时还结合工程弃土为沿线村庄造田，但部分委托当地村民进行恢复的弃土场尚未完全恢复。沿线各施工单位的施工营地或租用当地民房或与拌和站合并建设，施工便道尽量布设于永久征地范围以内。

(3)加强区域生态和动植物的保护工作。调整和避让占用××林地线位方案。征地范围内的树木，尽可能移植在道路两侧或立交内，增加道路景观，减少砍伐量。严禁砍伐古树名木和损坏珍稀植物。在平昌、双井局部地段施工，要避开鸟类繁殖高峰期，禁止猎杀或伤害鸟类和野生动物。要设置足够的动物通道，并应在桥涵下种植当地草灌植物，减轻对动物的阻隔影响。绿化和植被恢复应与地区生态建设、绿色通道建设相结合，按照因地制宜的原则，选择本地优势植物，发挥其保持水土、改善或维持原有生态环境的作用，尽量使沿线的景观与自然景观相协调。要制止在基本农田和耕地上进行绿色通道建设。

基本落实。对线位进行了局部调整，但没有全部调出，仍有100m穿越××林地，对××林地附近征地范围内的树木没有进行移栽，工程以天桥、涵洞及桥梁形式设置了13处动物通道。工程结合路线两侧地形、地貌进行了绿化。公路建设过程中没有发现古树名木。采用遮光设计、精心组织动物通道的施工。

(4)加强河流水体水质的保护。严禁在河岸200m范围内设立料场、废弃物堆放场、施工营地等。对服务区和停车区生活污水进行处理，做到达标排放。对毛集河大桥等路段采取环境风险防范措施。

已落实。服务区、停车区和收费站均设有地埋式生活污水处理设施，生活污水处理达标后排入边沟；河岸200m范围内未设有料场等临时占地；毛集河大桥已设置桥面径流收集系统；建设单位已经编制了本工程风险事故应急处理预案。

(5)防止施工和运输过程中产生的废气、扬尘对居民区、学校等环境敏感点造成的污染，并落实具体措施。施工现场、储料场、施工材料运输公路及便道应采取定时洒水降尘措施。

已落实。

(6)对沿线声环境敏感点提出相应噪声防治措施。

基本落实。对有要求的声环境敏感点采取了搬迁、设置声屏障或降噪土墙等措施。鉴于目前上武高速公路全线还未建成通车，来往车流量较小，建设单位已经做出承诺、预留足够资金，并加强营运期对沿线敏感点的声环境监测，一旦监测结果超标，将对超标敏感点处设置隔声窗。具体措施采取情况略。

(7)路线穿越南阳市生态工业园区路段建议局部采取高架桥形式。

已落实。工程穿越南阳市生态工业园区路段，在跨越地方道路、该工业园规划道路和铁路处均按照南阳市规划局的要求，设立高架桥跨越。

(8)加强路基和边坡的防护，或者采用桥梁形式跨越，以减小项目建设与规划出山店水库的不利影响。

已落实。工程将位于出山店水库内的线位略向北移，并设有老鸦河1、2号大桥。

(9)加强施工期环境管理及监测。

基本落实。建设单位委托河南省公路环境监测站进行了施工期环境监测。在施工期建立了完善的环境管理制度，并将环保措施纳入到招标、施工承包合同与工程监理中，各施工单位和监理代表处均有专人负责环保工作，同时本工程还委托南阳市环境工程评估中心环境监理所进行专门的环境监理工作。夜间偶尔有施工现象发生。

第四节　生态环境影响调查

一、生态环境影响调查主要内容介绍

根据本项目特点，对以下方面进行了调查分析：

(1)工程沿线生态环境现状：主要生态系统类型、珍稀动植物的种类、保护级别和分布状况等。

(2)调查工程永久、临时占地情况。

①调查各种占地类型、位置和数量规模变化情况，特别是占用耕地和基本农田的数量。

②调查永久、临时占地是否符合《公路建设项目用地指标》的要求，是否充分考虑了避开基本农田，是否充分采取了严格控制占地面积、在平原或微丘区降低路基高度、占用耕地路段收缩边坡、合理设置取弃土场、提高土石方利用率减少弃方数量等措施。对工程降低路基高度、占用耕地路段收缩边坡、严格控制互通立交区、服务区等占地面积的实施措施的有效性进行分析。对工程施工过程中所采用的合理设置取弃土场、提高土石方利用率减少弃方数量、充分利用民房或闲散荒地作为施工营地、利用原有道路或征地范围内布设施工便道等措施的有效性进行分析。

③调查工程设置的取、弃土场是否采取了临时性防护措施，各标段之间取、弃土量是否能做到调配平衡。对取、弃土场、预制场、拌和站等临时占地的生态恢复措施落实情况及恢复效

果逐一进行调查，必要时提出应进一步采取的恢复及保护措施建议。如果已经进行了恢复造田，应对其收成情况进行调查。如果没有恢复，应说明原因并补充措施。如果是委托他人进行恢复，应提供有关证书或协议。

(3)根据本工程征地补偿实施情况的调查，对已采取的征地补偿措施，分析其对沿线农业生产的影响，对工程利用取弃土场改造为农田的措施进行有效性分析。

(4)从拦渣工程、路基护坡工程、土地整治、防洪工程等水土保持工程以及排水工程、临时占地的恢复等措施的实施效果，分析工程建设对水土流失的影响。调查中可以借助水土保持单项验收结论，说明项目的水土流失防治状况，以简化水土流失防治措施的调查。

(5)调查公路建成后对沿线景观的影响。从路基边坡和挖方边坡、路侧绿化带、中央隔离带、互通立交区、收费站、管理所、养护中心、服务区的品种、数量、株距、混交方式、成活率、绿化效果等方面进行核实检查。分析本工程绿化和植被恢复对保持水土、改善或维持原有生态环境以及保持沿线景观与自然景观相协调的措施的有效性。

(6)对工程在生境较好路段所采用的加强生态和野生动植物保护措施进行调查，并就其有效性进行分析。

(7)调查工程对沿线生态敏感区的特殊影响。明确保护区核心区、缓冲区、实验区与工程影响范围的相对位置关系、保护区级别、保护物种及保护范围等。提供适当比例的保护区位置图，注明工程相对位置、保护区位置和边界。调查有关环保措施及其有效性，必要时提出补救措施。

二、目前公路沿线生态环境现状调查

工程沿线地形地貌主要为岗地平原、山地丘陵、河流冲积平原。沿线以农业生态系统为主，部分路段呈现森林生态系统特征，天然植被基本不存在，主要为人工植被，其中在平原地区主要分布的农作物，以种植小麦、玉米、谷子、红薯、大豆、棉花、芝麻烟草等旱地作物为主。但在少数河岸和微丘岗地上分布少量人工林，主要为杨树林、马尾松林等，工程沿线区域没有需要保护的珍稀濒危野生动植物分布。目前本公路沿线的植被群落、生态系统类型以及生态环境与“环评报告书”描述一致。

三、公路永久占地对沿线生态环境影响调查分析

1.路基占地对沿线生态环境影响调查分析

本工程环评报告书中路基永久占地1440.5公顷，其中占耕地1 177公顷(基本农田960.9公顷)，而实际占用土地1355.6公顷，其中占耕地1 291公顷。本公路路宽未变，并没有扩大其影响范围，且本公路充分利用地形特征，提高纵坡比例，实际路基平均高2m，降低路基高度，减少路基占地。另外，本工程通过主线下穿方式、少设通道多架天桥方式降低了路基高度。工程实际节约占地84.9公顷，占总永久占地的6.3%。

本公路在处K233+350～K233+450穿越××林场，占马尾松林约0.3公顷。公路施工过程中，没有发现古树名木，重要保护植物物种主要分布在远离公路线路的自然保护区等生态敏感区内。

本公路建设导致沿线评价范围内耕地、林地数量减少，但通过对取、弃土场的造田、造林改造可弥补部分影响。工程建设对沿线农业生态系统和森林生态系统环境影响还是可以接受的。而且公路绿化，使公路两侧的绿地面积得到了适当的补偿，通过公路绿化和工程防护措施，降低了因工程建设对沿线水土流失及生态环境的影响。

2. 沿线服务设施占地对沿线生态环境影响调查分析

根据统计，本公路沿线服务设施占地54.2公顷，与环评中的服务设施占地93.9公顷比较，节约占地39.7公顷，降低了施工期服务设施占地对其附近农业生态系统环境的影响。目前沿线服务设施绿化面积1公顷，乔、灌、草相结合的绿化群落结构降低了因工程建设对周围生态环境的影响。

四、临时占地对沿线生态环境影响调查分析

本工程沿线设置的取、弃土场、拌和站、施工营地等临时用地均与当地村委签订了租用和恢复补偿协议，并明确了恢复责任(均由村委负责恢复)。植被恢复工作与工程建设同期进行。

1. 取、弃土场对沿线生态环境影响调查分析

(1)取土场对沿线生态环境影响调查分析(略)。

(2)弃土场对沿线生态环境影响调查分析(略)。

2. 拌和站、施工营地等临时占地对沿线生态环境影响调查分析

3. 施工便道等其他临时占地对沿线生态环境影响调查分析

五、水土保持措施调查及有效性分析

公路建设中水土保持措施主要应包括取土场、弃土场、路基路堑边坡、拌和站等临时施工场所的生态恢复和水土流失防护措施，本次调查着重对这些水土流失防护措施的有效性进行分析。

1. 取土场生态恢复及水土保持措施有效性分析(略)

2. 弃土场生态恢复及水土保持措施有效性分析(略)

3. 拌和站等临时场所生态恢复及水土保持措施的有效性分析(略)

4. 防护、排水工程的水土保持措施有效性分析(略)

六、公路绿化对沿线生态环境影响调查分析

略。

七、公路对沿线动物影响调查

由于本公路K231＋000～K234＋000(工可K43＋000～K46＋000)、K257＋000～K260＋000(工可K69＋000～K72＋000)路段的森林连接性较好，森林生境比较完整，为野生动物创造了良好生存条件。为了降低公路建设对野生动物通行影响，在K231＋000～K234＋000路段间共设置4处天桥(含1处专用动物通道)，6道涵洞；在K257＋000～K260＋000路段间共设置1处天桥，2道涵洞，1道专用动物通道。

本公路K233＋350～K233＋450(工可K45＋500～K45＋600)路段经过毛集林场，该处森林连通性较好路段，本路段为挖方路段，为了降低对野生动物的阻隔影响，本公路在K233＋400(工可K45＋400)设1处动物通道(天桥)，桥宽7.5m，但桥栏两侧暂无遮光板，桥面没进行覆土植草、栽树，并未给动物穿越天桥创造良好环境，可能会影响动物通行效果，而其余4处天桥主要用途

为沟通公路两侧农民通行，由于人类活动较频繁，对野生动物通行作用较小。通道 K258＋500（工可 K70＋465）为动物专用通道，通道宽 4.0m，高 3.6m，可供野生动物通行。涵洞修建有利于两栖动物、爬行动物和小型兽类通过。根据实地走访沿线群众和林业部门，了解到沿线动物主要是环颈雉（野鸡）、草兔（野兔）、黄鼬（黄鼠狼）等，没有大型野生动物出没，沿线的野生保护动物主要分布在天目山、高乐山等自然保护区的核心区内，距离本公路都在 10km 以外，本工程沿线出现的野生动物主要为当地常见物种，没有国家重点保护动物。此外为了减轻公路建设对野生动物的阻隔影响，本工程设置了专用动物通道和桥涵，降低了对沿线野生动物阻隔影响。

本公路沿线野生动物主要是常见的环颈雉、草兔、黄鼬、蛇类等，由于人为活动的增加，野生动物数量和种类较少，但本公路沿线设置了桥梁 220 座，合计平均每 0.8km1 座桥；涵洞 272 道，合计平均每 0.7km1 道涵洞；通道 98 道，合计平均每 1.9km1 道通道；天桥 98 处，合计平均每 1.9km1 处天桥，公路沿线桥涵的设置降低了公路屏障对其活动的阻隔影响，而对于家禽家畜等饲养动物的活动，并没有产生明显影响。

八、对生态敏感区影响调查分析

本公路所经区域有 2 个省级自然保护区、1 个国家级森林公园和 1 个林场。

（1）其中××省级自然保护区为森林生态系统和野生动植物类型，本公路与自然保护区最小距离为 5km，离核心区 12km，且本公路与自然保护区之间分布较多村庄、省道 335 和条山支线铁路，本公路对该自然保护区的森林生态系统和生物多样性基本上没有造成影响。

（2）××省级自然保护区为森林生态系统和野生动植物类型，本公路与自然保护区最近距离为 2.5km，离核心区 10km，且本公路与自然保护区之间分布较多村庄、省道 335 和条山支线铁路，本公路附近的保护区生态系统整体性很差，本公路没有对该自然保护区的生态环境和生物多样性造成影响。

（3）本公路与××国家级森林公园最近距离为 2km，且间隔一些村庄、省道 335 和条山支线铁路，本公路没有对该森林公园及其景观造成影响。

（4）本公路在穿越××林场路段按照环评报告书要求，进行了线位调整，但是由于从工程技术角度考虑，线位没有全部调出××林场，在 K233＋350～K233＋450 路段公路仍有约 100m 穿越××林场，占马尾松林约 5 公顷。比环评阶段的占用的 10 公顷减少了一半。通过现场调查，工程建设没有涉及古树名木和国家、地方重点保护植物，没有破坏永久占地范围外的林木，没有对区域马尾松林种群分布造成明显影响。且在 K233＋400 设 1 处天桥式的动物通道，降低了公路建设对森林生态系统的影响。

第五节　水环境影响调查

一、水环境保护目标分布状况调查

路线跨越的河流主要有淮河、老鸦河、毛集河、唐河、桐河、白桐干渠和白河。其中白河执行《地表水环境质量标准》（GB 3838—2002）中的 V 类标准，其余河流水质均执行《地表水环境质量标准》（GB 3838—2002）中的 III 类标准。通过走访相关主管部门，调查单位了解到，本工程所跨越的上述河流在调查范围内没有集中式饮用水源取水口。

二、施工期水环境影响调查

应调查施工期采取的水环境保护措施，收集施工区域河流水质监测数据（给出监测单位名称、监测时间、地点、监测项目等）、了解其水质达标情况（如超标，说明原因），分析施工期桥梁、路面等工程生产废水以及施工营地生活污水等对沿线水体的环境影响。

1. 施工期水环境保护措施回顾调查

跨越河流时，桥墩的建设采用钻孔灌注桩基础，围堰法施工，附近设有泥浆沉淀池，对钻出的泥浆进行再处理，采用泥浆池循环方式，泥浆没有排入河流水域。

加强了跨越河流桥梁的施工管理，施工机械严格检查，没有发生油料泄漏等情况。含有有害物质的沥青、水泥等建材没有堆放在民用水井、河流附近，施工废物堆弃至合理的地点统一收集处理，并备有临时遮挡的帆布，不影响行洪能力或原水体功能。施工生产废水不准排入河流、水井等水体，在施工场地设临时蒸发池，待施工结束后覆土掩埋并恢复植被。

混凝土搅拌场地尽量使用距河流 200m 外的陆地，搅拌好后运来灌注。桥梁施工结束后施工单位对桥墩弃渣、施工废料、垃圾等进行了清除。

2. 施工期地表水环境影响调查

某监测站在本工程施工期间分别于 2005 年 10 月和 2006 年 9 月针对施工区域淮河、毛集河、唐河和桐河的水环境质量进行了跟踪监测。根据区域内施工期间水污染源及其排放的主要污染物，确定其监测项目为 SS、COD 和石油类等。监测断面设在桥位上下游各 100m 处。质量标准采用《地表水环境质量标准》(GB 3838—2002)III 类标准，SS 参照《农田灌溉水质标准》(GB5084—2005)的一类标准。监测结果略。

根据监测结果，淮河水质中 SS 含量符合标准，COD 和石油类含量超标严重，分析其主要原因为淮河上游有工业污水和生活污水的排入所致；毛集河水质中 SS 和石油类含量均符合相应的水质标准，但 COD 含量超标，造成毛集河水质中 COD 含量超标的主要原因为毛集河上游有生活污水排入所致。唐河水质中 SS 和石油类含量符合标准，COD 含量部分时段超标，分析其主要原因为唐河上游有沿岸村庄生活污水的排入所致；桐河水质中 SS 和石油类含量均符合相应的水质标准，但 COD 含量超标，造成桐河水质中 COD 含量超标的主要原因为桐河上游有生活污水排入所致。根据监测结果，各河流上下游水质情况相近，故本工程施工没有对其水质产生明显不利影响。

3. 施工营地水环境影响调查

据调查，本工程施工期间施工营地尽量租用附近村庄农民的民房，租用民房的施工人员的生活污水与当地农民的生活污水一并用于肥田，对当地环境影响不大，也没有引起环境纠纷和当地居民投诉。不能租用民房的施工营地基本都建在征地范围内，施工人员的粪便生活污水产生量较少，使用简易旱厕，生活污水由施工场地设置的临时蒸发池处理，施工结束后蒸发池覆土掩埋。

可见，施工期水环境保护措施的落实有效减少了项目施工期间对沿线河流水质的影响。

三、营运期水环境影响调查

营运期污水主要是产生于服务区等配套服务设施的污水和路面径流初期雨污水。应调查公路沿线服务区等的用水情况，污水排放情况（包括污水排放量、污水排放去向等，是否设有集水池

收集处理后的污水用于区内绿化)，各污水设施处理情况(包括污水处理工艺、处理规模、处理效果以及是否符合环评要求)。如果区内存在污水外排的情况，应评估污水排放对环境敏感目标的影响程度，分析对受纳水体的影响程度、范围及环境功能区管理目标的可达性。调查公路路面与桥梁排水对沿线河流的影响(有关环境风险防范的内容具体放在环境风险影响调查章节)。

调查方法主要是进行环境监测，监测方法按照《环境监测分析方法》中有关规定进行：

(1)对沿线服务区等配套服务设施的污水处理设施运行效果的监测。监测点设在各污水处理设施的进、出口，监测项目为 pH、COD_{cr}、SS、石油类、动植物油、氨氮及流量等，监测频次 4 次/日、连续监测 2 天。监测时可以针对全线所有污水处理设施设点，也可以按照污水处理设施的型号选择典型配套服务设施进行监测。监测结果应给出污水处理设施去除效率、明确超达标情况，并分析未达标原因。

(2)对沿线河流水质的监测。选择在跨河大中型桥梁下游 200m 处进行水质监测(如果项目没有进行施工期水环境监测，可以在桥梁上游 100m 和下游 1000m 处设置对比断面进行水质监测)。监测项目为 pH、COD_{cr}、SS、石油类等，监测频次 4 次/日、连续监测 2 天。将监测结果与相关标准进行对比，与环评阶段、设计施工期的水质监测结果对比，分析工程建设前后沿线河流水质的变化情况，评价水环境质量状况。不具备水质监测条件的，可以同条件类比河流水质情况。

1. 工程沿线服务设施的污水处理设施情况调查

(1)建设情况

公路沿线设有 4 处服务区、2 处停车区和 6 处匝道收费站，沿线设施发生的主要污水类型为生活污水。沿线服务区、停车区和匝道收费站均采用江苏惠友环境工程有限公司生产的 WSZ 生物接触氧化法污水处理装置。污水处理设施处理工艺图略。本工程沿线服务设施所设置的污水处理设施具体情况(略)。

(2)验收监测情况

为进一步了解现阶段公路沿线服务设施污水处理设施的运行效果，调查单位选择对泌阳服务区、查山收费站污水处理设施的进、出口水质进行了监测。某监测站于 2007 年 12 月1～3 日，对泌阳服务区、查山收费站、唐河服务区和翟庄收费站污水处理设施的进、出口水质进行了监测。监测结果(略)。

监测结果表明，所监测项目出水均符合《污水综合排放标准》(GB 8978—1996)中一级标准要求。由于上武国家重点公路尚未全线贯通，来往车流量较小，在服务区停车、用餐和住宿的人员很少，沿线设施污水产生量很小，且较为清洁，进口浓度比较低，因此污水处理设施的处理效率目前较低。另外，根据现场调查，工程沿线的桐柏停车区、古城停车区和汉冢停车区尚未启用。工程沿线各服务设施生活污水经处理达标后，排入边沟自然蒸发。

2. 地表水环境影响调查

公路沿线具有完整的排水系统，按工程设计要求，公路排水系统由截水沟、边沟、排水沟、急流槽等直接排入沿线天然沟渠中，没有随处漫流现象出现。根据向当地环保部门调查毛集河现在不是二级水源保护区，是一般的农业用水河流。但是本项目已严格按照原国家环保总局批复的要求，对于工程跨越毛集河的毛集河大桥桥梁两侧设置了防撞墙，在桥梁两侧设置了桥面径流收集管道，通过收集管道将桥面径流引到毛集河大桥西桥头下方的应急池内(已做防渗处理)。

本次验收调查，委托某监测站于 2007 年 12 月 1～3 日对淮河、老鸦河、毛集河、唐河、桐河、白桐干渠水质进行了监测。监测频次为:连续监测2天,每天2次。监测因子为:SS、高锰酸盐指数和石油类。监测结果(略)。

监测结果表明,工程沿线所跨越的淮河、老鸦河、毛集河、唐河、桐河、白桐干渠水质中高锰酸盐指数和石油类含量均可以满足《地表水环境质量标准》(GB 3838—2002)中的III类标准的要求。上述河流水质中SS含量均满足《农田灌溉水质标准》(GB5084—2005)中的一类标准要求。与环评阶段相比,工程沿线所跨越河流的水质中高锰酸盐指数和悬浮物含量较工程施工前没有发生明显质的变化,石油类含量较工程建设前有明显减少。由此可见,本工程的建设对沿线河流水质影响很小。

第六节　环境空气影响调查

一、施工期环境空气影响调查

对施工期环境空气保护措施进行回顾调查,收集施工区域环境空气质量监测数据(给出监测单位名称、监测时间、地点、监测项目等)、分析其是否达标(如超标,说明原因)。本项目在施工期委托河南省公路环境监测站对沿线12个环境敏感点TSP现状进行了7期跟踪监测,每次监测12小时,1次/2月。由监测结果可知,其TSP日平均值在0.23~0.612(mg/m^3)之间,一些敏感点不同程度的超过了《环境空气质量标准》(GB 3095—1996)中的二级标准日平均值浓度的限值0.30mg/m^3,可见公路施工期对沿线的大气环境产生了一定的影响。监测单位及时将监测结果告知建设单位,建设单位根据监测结果及时整改检查各单位在施工过程中措施不到位的环节,各施工单位及时采取加强洒水等措施减少了扬尘对环境空气的影响。

二、营运期环境空气影响调查

对于营运期,高速公路上来往车辆的汽车尾气、服务区等配套服务设施的厨房和锅炉排放的烟气是沿线主要的大气污染源。为了解污染现状,可以采用环境监测的方法(也可以类比同类项目):环境空气质量监测项目多为TSP、PM_{10}、NO_2,锅炉等大气污染源监测项目多为烟尘排放浓度、烟气黑度、SO_2,监测频次与方法按照《空气和废气监测分析方法》等文件要求执行,监测时同时记录风向、风速、气温等常规气象因子。由于本项目目前公路车流量较小,汽车尾气对沿线的环境空气质量没有明显影响;公路沿线的7处匝道收费站、3处服务区、3处停车区、5处养护工区均使用的是空调采暖和电锅炉,服务区、停车区、收费站内和养护工区所设置的厨房或食堂均配有油烟净化装置,因此本工程沿线服务区、停车区和收费站等设施,基本没有向环境空气中排放废气,对环境空气的影响较小。试营运期间还加强了道路管理及路面维修养护,使道路保持良好运营状态,减少塞车现象发生;收费站加强了收费管理,提高收费速度减少公路营运对沿线空气质量的影响,可见,公路营运对沿线环境空气影响较小。

第七节　声环境影响调查

一、施工期声环境影响调查

应调查施工期采取的声环境保护措施,收集施工区域声环境质量监测数据(给出监测单位

名称、监测时间、地点、监测项目等)、分析声环境质量达标情况(如超标,说明原因),以此了解项目施工对沿线声环境质量的影响。

1.施工期声环境保护措施回顾调查

在本工程施工期间,各标段施工单位基本上能较好的控制施工时间,在临近集中居住地的路段,要求晚22:00至次日凌晨6:00停止施工,不进行强噪声机械作业。对打桩机、推土机、铲平机、挖土机等强噪声源设备加装消声器,并给操作人员及现场施工人员发放耳塞等措施进行个人防护。运送物料的车辆保持车况良好,选择尽可能远离村镇学校等敏感点的道路作为主要运输道路,以减轻运输车辆噪声对周围的影响;料场设置均距离敏感点至少大于100m,减轻了料场作业噪声扰民。

2.施工期声环境影响调查

建设单位委托某监测站于2005年10月~2006年12月对本工程施工期调查区域的施工期噪声影响情况进行了跟踪监测,监测20个点位,1次/2月,昼、夜各监测1次,每次20min,监测结果略。

根据各敏感点的监测结果可知,昼间偶尔有个别敏感点在个别时间超过70dB;夜间有个别敏感点偶尔超过55dB,由此可见由于公路施工对沿线的声环境质量产生了一定影响。监测单位及时将监测结果告知建设单位,建设单位根据监测结果及时整改检查各单位在施工过程中措施不到位的环节,各施工单位及时采取调整施工时间、避免强噪声设备同时施工等措施减少了施工噪声对沿线声环境质量的影响。

二、营运期声环境影响调查

声环境敏感点调查、采取环保措施调查、声环境现状监测、现状声环境质量评估、声环境影响校核、声环境保护措施有效性分析是营运期声环境影响调查的主要内容。

1.声环境敏感点调查

根据对试营运期高速公路沿线主要声环境敏感点进行实地调查,同时根据这些敏感点与公路的方位、相对高差、与路中心线距离和敏感点的规模、有无隔声墙、临路有无窗户、是否为新建等情况,并对照环评中涉及的敏感点,沿线200m范围内的居民区、学校共有166处,作为本次调查的声环境敏感点,其中新增敏感点88处。环境影响报告书中推荐线评价范围内环境敏感点共有87个敏感点,由于线位调整,其中有9处敏感点已不在重点调查范围内。

新增或减少敏感点主要有两方面原因:一方面环评时主要是依据1∶10000的图纸和现场调查确定评价的敏感点,而验收调查主要是依据现场激光测距仪实测确定应调查的敏感点;另一方面线位在施工阶段发生局部摆动和线位调整,线位调整路段主要是在,原线路K194+400~K213+400之间离规划出山店水库300年一遇淹没区范围边界在2km以内,3处位于淹没区内,按照环评报告书要求,实际线路与环评报告中的线路进行了部分调整,远离了出山店水库,因此此路段比环评阶段多出了部分敏感点,此外在毛集林场附近等路段,线位也进行了微调,调整幅度都在一二百米以内,但是敏感点却发生了明显的变化,比环评时期多出了79个新的敏感点,原环评报告中有9个敏感点已不在本次调查范围以内。公路沿线敏感点情况见表5-2-2、保护目标现状情况图(略)。

表 5-2-2

××高速公路沿线声环境敏感点统计表(摘)

桩号	名称	与路中心线距离(m)	与路面相对高差(m)	现状临路情况	与环评中敏感点对照情况			评价标准
					名称	与路中心线距离(m)	相对环评变化情况	
K185+600	付庄	74	−2	路右,临路4户,房屋门窗朝路	沈湾	路右,66	名称变更	4、1
K186+000	郭庄	167	−3	路右,临路5户,其中1栋2层楼,房屋门窗朝路	—	—	新增敏感点	1
K186+400	大杨湾	43	−3	路两侧,临路12户,其中3栋2层楼,部分房屋门窗朝路,部分房屋后墙朝路	同	路两侧,50	路线摆动,距离变小	4、1
K187+800	鲁堂	50	−3	路左,临路8户,其中1栋2层楼,房屋后墙朝路,有后窗	同	路左,50	情况相似	4、1
K188+500	马庄	34	−5	路两侧,临路9户,其中2栋2层楼,部分房屋侧墙朝路,部分房屋门窗朝路	同	路两侧,45	路线摆动,距离变小	4、1
K189+400	柏树林	44	−2	路右,临路5户,房屋门窗朝路	—	—	新增敏感点	4、1
K190+500	董庄	47	−4	路左,临路7户,部分房屋后墙朝路,部分房屋门窗朝路,部分房屋侧墙朝路	—	—	新增敏感点	4、1
K191+600	王庄	52	−2	路左,临路2户,房屋后墙朝路	—	—	新增敏感点	4、1
K191+800	北丁	93	−3	路右,临路2户,房屋门窗朝路	—	—	新增敏感点	1
K192+000	丁岗	55	+5	路左,临路3户,其中2栋2层楼,房屋侧墙朝路	—	—	新增敏感点	4、1
K192+500	上涂庄	80	−2	路左,临路2户,房屋侧墙朝路	同	路左,70	路线摆动,距离变大	4、1
K193+100	下涂庄	41	−7	路左,临路3户,部分房屋后墙朝路,部分房屋侧墙朝路	—	—	新增敏感点	4、1
K193+500	吴湾	120	−4	路右,临路3户,房屋门窗朝路	—	—	新增敏感点	1
K194+500	冯湾	76	+4	路右,临路3户,其中1栋2层楼,房屋正侧墙朝路	—	—	新增敏感点	4、1
K197+100	袁庄	51	0	路两侧,临路10户,部分房屋门窗朝路,部分房屋后侧墙朝路	同	路左,85	路线摆动,距离变小	4、1
K198+000	韩庄	47	+2	路右,临路8户,其中2栋2层楼,房屋门窗朝路,有高3.5m,长120m彩钢声屏障	同	路右,42	路线摆动,距离变小	4、1

2. 采取环保措施调查

本项目根据沿线声环境敏感点的实际情况，对沿线3处敏感点进行了搬迁，对23处敏感点设置了单侧或双侧的彩钢声屏障或轻质水泥板声屏障（声屏障的长度、高度、材质等情况亦应调查，同时应了解是否符合环评要求），对处敏感点采取了以路堑作为降噪土墙的防治。鉴于目前上武高速公路全线还未建成通车，来往车流量较小，建设单位已经做出承诺、预留足够资金，并加强营运期对沿线敏感点的声环境监测，一旦监测结果超标，将对超标敏感点处设置隔声窗。

3. 声环境现状监测

(1)布点原则

布点应结合环境影响报告书中的噪声监测，重点关注环评报告中预测结果超标、拟采取环保措施以及实际情况变化较大的敏感点。监测点分布尽可能反映不同路段相对高差、路况、车流量等差别给敏感点带来的噪声影响。通常应进行一般噪声敏感点监测、典型路段24h连续监测。对于设置了声屏障的敏感点，应选择敏感点进行声屏障降噪效果监测，以判断、评价声屏障的隔声降噪效果。

一般噪声敏感点监测用于了解沿线声环境质量状况，考察敏感点达标情况，分析相关环保措施的有效性；选择在高差、距离、垂直分布等方面有代表性的典型点位作为监测点（可以更好地了解沿线声环境质量情况，也便于对未监测点的噪声进行评估）；敏感点为楼房时，应增加垂直分布测点。监测时在临路较近的住宅、教室的窗外1m处设测点，每天监测4次（白天2次6:00～22:00，上午一次，下午一次；夜间2次22:00～24:00，24:00～6:00），每次监测20min。同时在监测期间应按大、中、小车型等不同类型记录小时流量，测量各点与路面的相对高差及路中心线（路肩）的相对距离。

24h连续监测用于了解公路交通噪声的时间分布、24h车辆类型结构和车流量的变化情况以及不同车流量下的噪声变化趋势；原则上宜选择与公路路肩水平的距离在40m内的车流量有代表性的路段的环境敏感点。监测时，应同步监测每一测点的每小时的等效连续A声级，连续24h，连续监测2天。给出昼间16h（早6:00至晚22:00）和夜间8h（晚22:00至早6:00）的等效连续A声级。监测时同时分大、中、小车型记录小时车流量。对学校进行昼间监测时应避开学生课间休息的干扰。

声屏障降噪效果监测测点设在声屏障中部屏后10m和20m、声屏障边缘及敏感点窗前1m，并在同路段无屏障开阔地带同等距离设置对照点。

为了了解公路噪声随距离增加衰减的情况，以便对未监测的沿线声敏感点的噪声超达标情况进行分析、判断及噪声防治，可以选择线路附近比较开阔、不受人为干扰地段，设噪声衰减监测断面。宜选择线路平直，与弯段、桥梁距离大于200m，纵坡坡度小于1%，营运车辆能够正常行驶，公路两侧开阔无屏障，监测点与高速公路的高差较小的地段，点位设置为距高速公路路肩20m、40m、60m、80m、120m处，并同步测试。

(2)监测项目

本项目综合考虑工程沿线敏感目标与公路相对位置的差别、居民住户或学校规模大小以及初步踏勘后对环境影响报告书敏感点的核实结果等因素，从沿线166处敏感点中选择对公路沿线大杨湾等31处声环境敏感点进行了一般噪声敏感点监测（监测点比例接近20%）；根据车流量呈路段分布的特点选择在大南庄（K253+000）、老潘庄（K326+400）开阔处进行了24h噪声监测；根据车流量及声屏障所用材质不同，对查山等6处声环境敏感点进行了声屏障降噪效果监测。声环境监测点情况见表5-2-3。

表 5-2-3

××高速公路声环境监测点选取情况说明

序号	名称	桩号	监测点与路中心线距离(m)	与路面相对高差(m)	测点位置
1	大杨湾	K186+400	43	−3	路左，在距离路最近的房屋和第3排房屋窗前1m处进行监测
2	马庄	K188+500	34	−5	路两侧，在路右侧距离路最近的2层房屋1、2层和第3排2层房屋1、2层窗前1m处进行监测
3	袁庄	K197+100	51	0	路两侧，在路两侧距离路最近的房屋和第3排房屋窗前1m处进行监测
4	龚岗小学	K201+300	67	+1	路左，在教学楼1、2层后窗外1m处同时进行监测
5	周冲	K201+700	120	+1	路右，在距离路最近的2层楼房1、2层窗前1m处进行监测
6	肖店	K203+300	55	−3	路右，在距离路最近的2层楼房1、2层窗前1m处进行监测
7	查山	K206+300	67	−2	路右，在声屏障后方中间被保护的第1排和第3排房屋窗前1m处、该村东侧受声屏障边缘距路最近房屋窗前1m及该村西侧同等距离不受声屏障防护的一对照点处进行监测
8	大付庄	K207+100	37	−2	路右，在声屏障后方中间被保护的敏感点窗前1m处、该村东侧受声屏障边缘距路最近房屋窗前1m及该村西侧同等距离不受声屏障防护的一对照点处进行监测
9	尹桥	K214+400	104	−3	路右，在距离路最近的房屋窗前1m处进行监测
10	王庄	K223+400	60	+2	路右，在距离路最近的房屋窗前1m处进行监测
11	蔡庄小学	K230+300	108	+7	路右，在教学楼1、2层窗前1m处同时进行监测
12	孙寨	K240+150	41	−6～+4	路两侧，在路左侧距离路最近的房屋和第3排房屋窗前1m处以及路右侧距离路最近的2层房屋1、2层和第3排房屋窗前1m处进行监测
13	半截楼	K249+950	37	0～+5	路右，在距离路最近的房屋和第3排处的房屋窗前1m处进行监测
14	大南庄	K253+000	62	0	路右，在距离路最近的房屋窗前1m处监测每小时的等效连续A声级，连续24h，并同时记录车流量及车型比
15	大栗园	K259+100	42	−7	路右，在声屏障后方中间被保护的敏感点窗前1m处、该村东侧受声屏障保护边缘距路最近房屋窗前1m及该村西侧同等距离不受声屏障防护的房屋窗前1m处进行监测

续上表

序　　号	名　　称	桩　　号	监测点与路中心线距离(m)	与路面相对高差(m)	测 点 位 置
16	冯庄	K264+800	97	0～−7	路左，在距离路最近的房屋窗前 1m 处进行监测
17	羊角河	K271+800	82	−1	路右，在距离路最近的房屋窗前 1m 处进行监测
18	柴铺	K276+900	68	−3	路左，在距离路最近的房屋窗前 1m 处进行监测
19	韩庄	K280+100	50	−2	路左，在声屏障后方中间被保护的第 1 排和第 3 排房屋窗前 1m 处、声屏障东侧边缘距路最近房屋窗前 1m 处及该村西侧同等距离不受声屏障防护的一对照点处同时进行监测
20	下洼	K285+000	52	+1	路左，在距离路最近的房屋 1、2 层后窗外 1m 处同时进行监测
21	杨树底	K286+650	58	+8	路右，在距离路最近的房屋和第 3 排房屋窗前 1m 处进行监测
22	黄棚学校	K290+800	150	+7	路左，在教室窗前 1m 处
23	黄棚	K291+200	40	−1	路右，在声屏障后方中间被保护的敏感点窗前 1m 处、该村西侧受声屏障边缘距路最近房屋窗前 1m 及该村东侧同等距离不受声屏障防护的一对照点处同时进行监测
24	赫马庄小学	K296+400	40	0	路左，在教学楼 1、2 层后窗外 1m 处同时进行监测
25	小金庄	K296+900	47	−1	路左，在临路最近的房屋和第 3 排房屋窗前 1m 进行同时监测
26	刘楼小学	K301+600	160	−4	路右，在教学楼 1、2 层窗前 1m 处同时进行监测
27	老潘庄	K326+400	60	−3	路左，在临路房屋 1、2 层后窗外 1m 监测每小时的等效连续 A 声级，连续 24h，并同时记录车流量及车型比
28	果园小学	K326+600	147	−3	路左，在教室后窗前 1m 处进行监测
29	方庄小学	K339+200	127	−5	路左，在教学楼 1、2 层后窗外 1m 处同时进行监测
30	邢庄学校	K351+900	150	−5	路右，在教学楼 1、2 层窗前 1m 处同时进行监测
31	新田庄	K355+000	32	−3	路左，在声屏障后方中间被保护的敏感点窗前 1m 处、声屏障东侧边缘距路最近房屋窗前 1m 处及该村西侧同等距离不受声屏障防护的一对照点处同时进行监测

4.现状声环境质量评估

(1)24h连续监测结果分析

大南庄、老潘庄24h监测结果略。由监测结果可知大南庄连续2天的噪声监测值很小,昼间为38.5~51.2dB(A),夜间为32.7~44.3dB(A),各时刻的监测值均满足《城市区域环境噪声标准》(GB3096-93)的1类标准。老潘庄昼间为47.1~55.7dB(A),夜间为41.8~49.9dB(A),各时刻的监测值均满足《城市区域环境噪声标准》(GB 3096-93)的4类标准。

根据对大南庄、老潘庄24h噪声值连续监测结果及车流量的统计,分析监测时段内各车型昼间、夜间以及全天的绝对、相对车流量,给出大、中、小型车的车型比例及绝对车流量的昼夜比。由此可以得出:①前半段公路车流量较小,后半段公路车流量相对较大,后半段沿线敏感点受噪声影响相对较大;②试营运期交通噪声与车流量变化有较好的一致性,且噪声随着车流量的增大而增大;③公路在营运过程车流量的昼夜比接近4∶1,目前运行的车辆以小、大型车为主,中型车较少,车流量随时间的变化明显。

(2)敏感点声环境质量现状评估

验收采用标准原则上与环评标准相同,本次验收调查声环境质量执行《城市区域环境噪声标准》(GB 3096—93),具体标准是:沿线为乡村居住环境,参照国家环保总局《关于公路、铁路(含轻轨)等建设项目环境影响评价中环境噪声有关问题的通知》(国家环保总局环发[2003]94号),执行1类标准;道路规划红线外50m范围内执行《城市区域环境噪声标准》(GB 3096—93)的4类标准;沿线评价范围内的特殊敏感点学校、医院等执行2类标准。本次调查对沿线29处环境敏感点进行了一般环境现状监测,监测结果略。由监测结果可知,公路建成后敏感点实际监测值全部满足《城市区域环境噪声标准》(GB 3096—93)标准。

根据各实际监测点的监测结果,对未进行实际监测的声环境重点敏感点逐个进行影响评估。根据监测结果对各敏感点进行评估,其原则通常为:①充分考虑本次验收现状监测结果、项目建设前监测的所在地区噪声现状等具体情况,根据敏感点概况(与路距离、高差、朝向)、车流量等因素进行类比;②项目沿线查山等敏感点均已设置了声屏障,因此校核时根据敏感点不同情况考虑声屏障的降噪效果;③根据自然环境、工程概况、交通量、通行状况、车型比等因素适当类比其他路段衰减断面的监测结果。本项目类比了营运初期实际车流量相近的上海至洛阳国家重点公路平顶山至临汝高速公路噪声衰减断面监测结果。

根据以上原则,得出现阶段沿线各敏感点噪声情况(略)。其结果显示,各敏感点噪声值均达到相应标准要求。

5.声环境影响校核

根据《建设项目竣工环境保护验收技术规范生态影响类》(HJ/T 394—2007),“验收调查的建设项目未达到设计能力(或交通量)75%时,原则上按实际工况进行调查,并按环境影响评价文件近期的设计能力(或交通量)对主要环境影响要素进行校核”,同时,《建设项目竣工环境保护验收技术规范　公路》(HJ 522—2010)要求,“在车流量未达到预测交通量的75%时,应对中期预测交通量进行校核,并按校核的中期预测交通量对主要环境保护措施进行校核。”本项目通过对沿线各收费站2008年3~5月车流量以及车型的统计,工程投入试营运后日平均交通量为3231辆/日(折合成小型车),占近期设计车流量的16.0%。因此应推算工程达到设计近期车流量时沿线敏感点声环境质量。

表 5-2-4

××高速公路达到设计中期交通量时对声环境敏感点拟采取的噪声防治补救措施(摘)

序号	桩号	敏感点	首排距路中心线距离(m)	与路面相对高差(m)	执行标准	超标情况 dB(A)		拟采取的噪声污染补救措施	预留资金(万元)
						昼间	夜间		
1	K185+600	付庄	74	−2	4	0	0	与路中心线距离变大,根据预测结果,工程营运中期不超标,无需补设降噪措施	—
2	K186+000	郭庄	167	−3	1	0	0	根据预测结果,工程营运中期不超标,无需补设降噪措施	—
3	K186+400	大杨湾	43	−3	4	0	2.3	在路两侧各补设长 150m 的声屏障	75
4	K187+800	鲁堂	50	−3	4	0	0	路基高度变化,根据预测结果,工程营运中期不超标,无需补设降噪措施	—
5	K188+500	马庄 1 层	34	−5	4	0	2.7	路右侧补设 150m 声屏障,为路左临路前 4 排 35 户安装隔声窗	44.5
		马庄 2 层				0	4.0		
6	K189+400	柏树林	44	−2	4	0	2.3	为临路前 4 排 20 户安装隔声窗	4.0
7	K190+500	董庄	47	−4	4	0	1.3	为临路前 4 排 26 户安装隔声窗	5.2
8	K191+600	王庄	52	−2	4	0	1.3	为临路前 3 排 6 户安装隔声窗	1.2
9	K191+800	北丁	93	−3	1	1.6	7.6	为临路前 4 排 10 户安装隔声窗	2.0
10	K192+000	丁岗	55	+5	4	0	0	根据预测结果,工程营运中期不超标,无需补设降噪措施	—
11	K192+500	上涂庄	80	−2	4	0	0	环评阶段营运中期预测值不超标,根据本次预测结果,工程营运中期不超标,无需补设降噪措施	—
12	K193+100	下涂庄	41	−7	4	0	0	根据预测结果,工程营运中期不超标,无需补设降噪措施	—
13	K193+500	吴湾	120	−4	1	0	5.8	为临路前 2 排 7 户安装隔声窗	1.4
14	K194+500	冯湾	76	+4	4	0	0	根据预测结果,工程营运中期不超标,无需补设降噪措施	—
15	K197+100	袁庄左	1	0	4	0	0	距离变小,环境功能区由 1 类变为 4 类区,根据预测结果,工程营运中期不超标,无需补设降噪措施	—
		袁庄右				0	0		
16	K198+000	韩庄	47	+2	4	0	0	已经设置声屏障,根据预测结果,工程营运中期不超标,无需补设降噪措施	—

注:建设单位已经承诺加强营运期监测,并预留资金,一旦发现监测结果超标,将严格按照本次调查所提出的环保补救措施,对受影响敏感点设置相应的降噪措施。

推算采用能量叠加的方法，同时综合考虑敏感点与路距离、与路高差、周围地表植被情况、现状车流量情况等因素的影响。

推算达到营运初期交通量时，若在不采取任何降噪措施和不考虑房屋朝向的情况下，首排执行《城市区域环境噪声标准》(GB 3096—93)4 类标准在距路中心线 60m 内的敏感点将会出现不同程度的超标，超标范围在 0～5dB(A)；首排执行《城市区域环境噪声标准》(GB 3096—93)1 类标准距路中心线 200m 内的敏感点将出现不同程度的超标，超标范围在 0～9dB(A)。调查报告建议，对可能超标的敏感点应进行跟踪监测，并预留治理经费。

为进一步提出下一步具体的监测计划、治理措施和预留治理经费预算，本项目推算了车流量达到营运中期交通量时的敏感点噪声超标情况(同样采用能量叠加的方法)。

达到设计中期交通量时各敏感点的噪声预测值略。由此可知达到设计中期交通量时大杨湾、马庄、周庄等 72 个敏感点出现不同程度的超标，其中昼间超标范围为 1.1～5.6dB(A)，夜间超标范围为 1.0～9.0dB(A)，所以应对这些敏感点选择有代表性的点进行跟踪监测，根据监测结果适时采取声屏障、隔声窗等有效的降噪措施，并预留资金。××高速公路达到设计中期交通量时对声环境敏感点拟采取的噪声防治补救措施表见表 5-2-4。

目前，建设单位已经郑重承诺，在工程营运期委托具有环境监测资质的单位进行跟踪监测，为了保证工程正式营运后环保措施及时落实到位，将预留工程环保投资 1000 万元，随时采取相应措施，由营运管理单位实施。如果出现物价上涨等因素出现资金不足，营运单位也坚决负责完成。相关附件(略)。

6. 声环境保护措施有效性分析

分析声环境保护措施有效性，一方面应了解有关措施的降噪原理、技术指标参数，对实际防护效果进行监测，另一方面应了解该措施是否满足如声屏障的长度、隔声窗的面积等数量上的要求。

本项目主要采用了声屏障的防治措施。为验证声屏障的实际降噪效果，在查山、大付庄、大栗园、韩庄、黄棚、新田庄进行了声屏障中部和对照点的同步监测，监测结果及分析略。

第八节　固体废物影响调查

一、施工期固体废物影响调查

施工期固体废物主要是施工人员生活垃圾，沿线杂物、拆除临时建筑，清除临时用地的垃圾杂物，以及施工废方、弃方等生产垃圾。据调查，各施工单位在施工营地处均设有生活垃圾储存处，各标段租用当地民房的施工人员生活垃圾均与当地农民的生活生产垃圾一并处理，对当地环境影响不大，也没有引起环境纠纷和当地居民的投诉。施工结束后公路建设单位认真清理了沿线杂物、拆除临时建筑，清除临时用地的垃圾杂物。施工废方、弃方等生产垃圾由施工单位集中统一收集，运至已有弃土场堆砌并平整，其他生活垃圾集中收集运走。施工废方、弃方等生产垃圾统一堆放，及含有有害物质统一收集处理，不但防止了对周围环境的影响及对公路沿线景观的破坏，而且防止了因被雨水冲刷而可能造成的土壤及水环境的污染。

二、营运期固体废物影响调查

试营运期沿线产生的固体废物主要为各收费站的生活垃圾，本工程沿线设有 3 处服务区、

4 处停车区和 7 处匝道收费站，服务区、停车区和收费站，均设有垃圾桶，各站区固体废物的发生量和处理情况略，建设单位与泌阳县环卫站、唐河县环境卫生管理处签订了协议，全线垃圾由当地环卫部门统一清运处理。

如果调查到沿线配套服务设施有废油、油棉纱等危险固体废物发生，需对危险固废的等级（Ⅰ类？Ⅱ类?）、来源、排放量、特性等作重点说明，同时要求危险固废的处置单位是具有相关资质的有处理能力的单位。

第九节　社会环境影响调查

公路项目产生的社会环境影响主要是公路征地、拆迁对土地占用、移民安置的影响，公路建设对人员及牧畜的通行、水利设施排灌影响，以及对项目施工区、永久占地及调查范围内的具有保护级别的文物或其他社会环境敏感目标的影响。主要调查内容为：

（1）调查公路建设占地类型、征用土地情况、拆迁房屋和公共设施种类、数量及其影响。

（2）调查公路建设对沿线农田、水利设施（干渠）的影响，桥梁和涵洞建设对主要河流、干渠行洪的影响。

（3）调查工程设置的通道和天桥是否方便道路两边村民、车辆及牧畜的通行。

（4）调查工程沿线社会环境保护目标的分布，根据保护目标的概况、保护级别、与工程的位置关系、工程在保护区域的工程内容、保护措施的落实情况分析保护目标存在或潜在的环境问题，提出整改措施与建议。

（5）调查与本工程有关的环保投诉情况。根据沿线群众对项目已采取的环保措施的反映，分析施工期和试营运期对沿线群众产生的主要环境影响及公众对公路建设的主要意见，提出进一步保护沿线公众合理利益、要求尚需采取的措施。

一、公路建设征地拆迁环境影响调查与分析

本工程共征地 1 355.6 公顷，与环评阶段设计征地（1 440.5 公顷）比节约占地 84.9 公顷。本工程环评阶段设计拆迁量约 147 243m^2，工程通过优化线路走向，实际拆迁量为 72 040m^2，工程实际拆迁量较设计拆迁量减少约 75 203m^2。目前建设单位已把征地拆迁的补偿与安置工作委托当地政府，并按照国家和地方政府有关规定制定的补偿标准对被征地者补偿、安置完毕。通过采取一定措施后，最大限度降低了因公路征地拆迁对沿线居民生活的影响。

二、项目建设对水利设施影响调查

沿线设置桥梁、涵洞众多，桥涵修建降低了公路建设对沿线灌溉系统水渠和沿线水系的影响。在挖方段为了不影响公路两侧灌溉水利系统，在天桥桥体下侧两侧处分别设直径 50cm 的灌溉管道。

为了更好符合出山店水库区域发展规划，本工程将原工可规划的王岗互通式立交东移至查山，而且老鸦河和柳河分别以特大桥、大桥桥梁形式跨越，满足了泄洪要求，避免了阻水和冲刷，使本公路对出山店水库规划建设影响降低到最低程度。

通过走访当地村民和水利主管部门，反映桥涵、通道基本满足了泄洪、泄水和农灌通道的要求，桥涵修建降低了公路建设对沿线灌溉系统水渠和沿线水系的影响。

三、项目建设对通行便利性影响调查

考虑到公路建设对行人横穿道路给予了限制，阻碍了其原有的习惯交往，给沿线居民带来不便，影响居民生活等问题，建设单位给予了高度重视并予以妥善解决。在本公路施工中充分考虑了当地居民的生产、生活情况，全线合理设互通式立交 9 处，分离式立交 24 处，特大桥 3 座，大桥 45 座，中桥 110 座，小桥 62 座，通道 98 处、天桥 98 处，合计平均每 0.8km1 座桥、每 5.5km1 处立交、每 1.9km1 道通道、每 1.9km1 处天桥、每 0.7km1 道涵洞。公路的建设使车速得到了提高，缩短了里程，提高了安全性，减少了事故发生率，节约了运输成本。它的建设直接推动了当地的经济发展，为沿线地区的资源开发创造了有利的条件。虽然公路采用全封闭形式，根据走访调查沿线居民，通道、天桥和分离式立交基本能够满足沿线居民的通行要求，最大限度降低了公路对沿线居民的生产、生活的不利影响，公路的修建有利于该地区的人员流动、物资流通。

四、文物保护工作调查

施工前期建设单位委托河南省文物考古研究所对本工程建设区域内进行文物勘探和考古发掘。项目建设期没有对本地区的文物古迹造成不利影响。

五、公路建设对沿线社会环境敏感目标的影响调查

南阳市级生态工业园区和河南油田是公路穿越的两处社会环境敏感目标。

1.公路建设对南阳生态工业园区影响调查

(1)南阳生态工业园区概况

南阳生态工业园区位于城区南部下风下水方向，西邻白河，北接城区，东至南邓高速公路，西南与宁西铁路相邻。规划确定生态工业园区是南阳市农副产品深加工基地，传统产业升级改造和新兴产业培植基地；是以制造业为主体、集科研开发、商贸服务和生活居住为一体的多功能、开放性的现代化新城区。远期（2011～2020 年）规划范围为 40km^2，中期（2006～2010 年）规划范围为 20km^2，起步阶段（2003～2005 年）为 10km^2。

(2)本公路与南阳生态工业园区线位关系

本公路穿越南阳生态工业园区的用地类型依次为一类工业用地、防护绿地、二类工业用地，穿越里程桩号范围 K354＋200～K360＋200，长 6km。

(3)关于穿越工业区协商情况

建设单位与南阳市规划局多次协商，关于本公路穿越南阳生态工业园区事项，南阳市规划局于 2004 年 4 月复函对本工程的建设提出了建议，要求建设四处宽度分别为 50m、50m、100m、45m 的交通桥涵。

(4)本段工程方案情况及其对工业区影响分析

建设单位根据南阳市规划局复函中对本工程建设的有关建议，进一步与南阳市规划局和南阳市生态工业园区管理部门沟通的基础上，本工程在生态工业园区已有道路和预留道路处均采取了高架桥形式跨越，分别于 K356＋600～K357＋000（桥长 400m）、K358＋700～K358

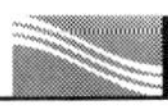

+900(桥长 200m)和 K359+000～K360+000(桥长 1 000m)处设置了三处桥梁,桥梁长度均满足南阳市规划局的要求。桥梁总长度 1.6km,桥梁占本段路线长 26.7%。

桥梁的修建减少了路基修建对工业园区的占地,降低了本公路修建对生态工业园区的影响,而且在 K356+400 处设有翟庄互通,互通的修建有利于促进工业园区物资内外流通,通过桥梁和互通的修建降低了本公路对南阳生态工业园区的分割影响。

2. 公路建设对河南油田的影响调查

油田矿区跨越南阳、驻马店、平顶山三地区,分布宛城区、新野、唐河、桐柏、泌阳、叶县六县境内。对于本公路在 K277～K295 段穿越油田矿区的王集油田,本公路避开了油井等敏感建筑物。该段共设置了 28 处通道,其中 3 座分离式立交、2 座桥孔、8 座天桥、13 处桥式通道、2 道通道。维持了现有道路网布局,满足了油田车辆南北通行要求,降低了因本公路对王集油田分隔影响。并在唐河县铜寨铺镇设立互通式立交,为油田的对外联系提供了快速、方便的通道,有助于油田的进一步发展。

第十节　环境风险影响调查

一、公路项目环境风险事故类别

本工程投入使用后,其本身不会对外环境产生任何影响,风险主要体现在道路上行驶的车辆发生事故后可能对人群及周围环境产生的影响,根据本项目沿线特点,环境风险事故主要包括危险品运输车辆交通事故引发的危险品泄漏事故和公路施工、营运引发森林火灾事故。

1. 危险品运输车辆交通事故引发的环境风险事故

危险品运输车辆发生事故后,危险品泄漏污染环境,对人群健康产生危害。由于公路运输危险品种类较多,其危险程度不一,因而交通事故的严重性及危险程度也相差很大。就危险品运输车辆的交通事故而言,运送易爆、易燃品的交通事故,主要是引起爆炸而可能导致部分有毒气体污染空气,或者损坏桥梁等建筑物,致使出现交通堵塞。最大的危害应该是当危险品运输车辆通过桥梁时出现翻车,导致事故车辆掉入河中,从而使运送的固态或液态危险品如农药、汽油、化工品等泄漏而污染河流水质,对此类环境风险事故的防范尤为重要。

“松花江水质污染事件”后,国家对水质保护的力度大幅加强。2007 年 12 月国家环境保护总局、国家发展和改革委员会、交通部联合下发《关于加强公路规划和建设环境影响评价工作的通知》(环发〔2007〕184 号)文件,明确要求“公路建设应特别重视对饮用水水源地的保护,路线设计时,应尽量绕避饮用水水源保护区。为防范危险化学品运输带来的环境风险,对跨越饮用水水源二级保护区、准保护区和二类以上水体的桥梁,在确保安全和技术可行的前提下,应在桥梁上设置桥面径流水收集系统,并在桥梁两侧设置沉淀池,对发生污染事故后的桥面径流进行处理,确保饮用水安全”。因此针对危险品运输车辆环境风险事故防范措施如桥面径流水收集系统、沉淀池、应急预案等的调查是公路项目水环境和环境风险事故影响调查的重点内容。

应调查:①公路跨越(或邻近)水体处排水设施形式,以及这些设施与水体的连通情况。②公路跨越(或邻近)水体下游的取水口(水厂)分布情况和水厂服务人口的数量。③××高速公路是否发生过环境风险事故。④公路运管单位是否已采取有关风险防范措施(如运输管理措施、应急器材和应急预案),是否制定了危险品运输管理制度,是否加强了路政监督管理,防止运输危险品的车辆突发事故对水体造成污染,是否已按环评要求做好环境风险措施防范工作,必要时提出改进要求和建议。

2. 公路建设和营运引发森林火灾隐患

线路穿越毛集林场及若干自然保护区,境内森林资源丰富,如果在施工过程对施工人员野外用火不加控制,极易引发森林火灾。工程建成投入使用后,沿线服务设施人员及过往车辆的驾驶员、乘客如果在林区段有吸烟、将烟头随意丢弃等行为,也有可能引发森林火险。因此项目施工期和营运期应采取严格的管控措施,杜绝森林火险隐患。本次调查主要是了解有关管理制度和应急措施。

二、公路项目环境风险事故影响调查

通过走访相关主管部门、调查单位了解到,本工程所跨越的上述河流在调查范围内没有集中式饮用水源取水口。

为确保××高速高速公路的安全畅通,高效应对各类突发事件,最大限度减少各类损失,××高速高速公路有限公司成立了河南高速公路发展有限公司南阳分公司危险化学品事故应急救援指挥部,同当地的环保、消防、公安等部门协调,由当地政府统一领导,专门负责可能产生的影响道路安全畅通事件的调度以及协调解决执行道路运输保障任务中出现的相关问题,制定了相关的公路抢险救护制度,形成了全天候道路通行安全保畅应急预案、突发公共事件紧急物资运输应急预案等环境风险事故应急体系,以防止出现重大的环境风险事故。河南高速公路发展有限责任公司南阳分公司还编制了《重特大危险化学品事故应急救援预案》,其主要工作内容为:

(1)严格执行、落实交通部有关危险品安全运输的规定。

(2)对危险品运输车辆执行“准运证”、“驾驶员证”及“押运员”三证制度,严格“三证”检查,由各收费站处负责检查过往危险品车辆。

(3)对于重点危险品车辆实行路政车前后护送的制度。

(4)针对不同的风险事故制定了应急计划及处理方案。

(5)发生危险品运输车辆事故后,巡查人员立即通知公安、消防、环保等相关部门,并对事故现场进行紧急安全控制,安全控制范围不小于 150m^2;立即报告通信监控信息中心、路政等,同时由信息中心在可变情报板上分布相应路况信息;选择合适的线路,由路政人员带领将安全控制区内的人员向公路两侧的安全护网外疏散;如发生液体泄漏,应立即组织人员进行封堵,导引泄漏物从路面排水系统流出路外,减少对路面的损坏,并做好现场防火宣传;如发生有毒气体泄漏,现场人员的疏散应在公安消防人员的组织指导下进行。

(6)本项目已按照环评要求对毛集河大桥桥梁两侧的护栏进行了防撞加固,在桥梁两侧设置桥面径流收集管道,通过收集管道可以将桥面径流引到该桥梁西桥头下方的应急池内。该应急池的规格为长 30m、宽 20m、深 3m,容积为 1 800m^3。应急池由距离最近的养护区负责管理,当收集池积水后,由养护区配备的 4 台槽车(自带抽水泵,每台槽车容积为 8m^3)负责排走,保证当发生危险品泄露时,危险品液体不流入毛集河。

根据调查,××高速高速公路自建成通车至今,试营运状况良好,未出现重大环境风险事

故。进入正式营运后，营运管理部门应根据试营运期的工作经验，进一步完善道路运行管理和风险事故应急管理工作，确保避免环境风险事故发生。

第十一节　公众意见调查

一、调查目的

进行公众意见调查，这是《环境影响评价法》、《行政许可法》、《全面推进依法行政实施纲要》和《国务院关于落实科学发展观加强环境保护的决定》等法律和法规性文件有关公开环境信息和强化社会监督的要求。通过公众意见调查，了解公路施工期、试营运期沿线居民的意见和要求，以核查项目施工期环保措施的落实情况，同时分析试营运期沿线公众关心的环保热点问题。

二、调查形式

根据《环境影响评价公众参与暂行办法》（环发2006〔28号〕），建设单位在环评文件报送环境保护行政主管部门审批或者重新审核前，应进行两次公众意见调查：

（1）建设单位应当在确定了承担环境影响评价工作的环境影响评价机构后7日内，向公众公告下列信息：①建设项目的名称及概要；②建设项目的建设单位的名称和联系方式；③承担评价工作的环境影响评价机构的名称和联系方式；④环境影响评价的工作程序和主要工作内容；⑤征求公众意见的主要事项；⑥公众提出意见的主要方式。

可以采取以下一种或者多种方式发布信息公告：①在建设项目所在地的公共媒体上发布公告；②公开免费发放包含有关公告信息的印刷品；③其他便利公众知情的信息公告方式。

（2）建设单位或者其委托的环境影响评价机构在编制环境影响报告书的过程中，应当在报送环境保护行政主管部门审批或者重新审核前，向公众公告如下内容：①建设项目情况简述；②建设项目对环境可能造成影响的概述；③预防或者减轻不良环境影响的对策和措施的要点；④环境影响报告书提出的环境影响评价结论的要点；⑤公众查阅环境影响报告书简本的方式和期限，以及公众认为必要时向建设单位或者其委托的环境影响评价机构索取补充信息的方式和期限；⑥征求公众意见的范围和主要事项；⑦征求公众意见的具体形式；⑧公众提出意见的起止时间。

可以采取以下一种或者多种方式，公开便于公众理解的环境影响评价报告书的简本：①在特定场所提供环境影响报告书的简本；②制作包含环境影响报告书的简本的专题网页；③在公共网站或者专题网站上设置环境影响报告书的简本的链接；④其他便于公众获取环境影响报告书的简本的方式。

本次公众参与调查实行公开、平等、广泛和便利的原则。在接到建设单位委托后，验收单位就在网上发布了有关本公路竣工环境保护验收告知。并在环保验收报告书编制阶段，于2007年10月，在项目现场踏勘中对沿线居民和有关单位机构进行了有关环境保护验收告知宣传，同时展开了公众参与调查、咨询，广泛征求公众意见。

公众参与调查的信息告知主要方式：沿线发放，张贴公路竣工环境保护验收概要宣传单。

公众意见调查主要方式：①问卷调查方式，即被调查对象按设定的表格采取划“√”方式作回答。问卷调查时针对不同人群分别使用司乘人员调查表和公路沿线居民调查表。②咨询访问调查方式。重点针对公路沿线直接受影响的村民以访问的形式进行调查；咨询当地环境保护主管部门有无居民投诉情况。③以及公众以信函、传真、电子邮件、网上答卷等其他方式。

三、调查对象

建设单位或者其委托的环境影响评价机构、环境保护行政主管部门，应当综合考虑地域、性别、年龄、职业、专业知识背景、表达能力、受影响程度等因素，合理选择被征求意见的公民、法人或者其他组织。被征求意见的公众必须包括受建设项目影响的公民、法人或者其他组织的代表。民族地区必须有少数民族的代表。

本项目结合问卷和网上调查的方式对沿线受影响居民、公路往来司乘人员、公路影响区域乡人民政府等进行了调查和了解，对熟悉该项目的工作人员（设计人员）、环境保护专业人士（环保管理部门、保护区管理单位及相关专家）等进行了走访咨询。

四、调查内容

调查内容可根据项目的工程特点和周围环境特征设置，一般包括：

(1)工程施工期是否发生过环境污染事件或扰民事件。

(2)公众对建设项目施工期、试运行期存在的主要环境问题和可能存在的环境影响方式的看法与认识，可按生态、水、气、声、固体废物等环境要素设计问题。

(3)公众对建设项目施工期、试运行期采取的环境保护措施效果的满意度及其他意见。

(4)对涉及环境敏感目标或公众环境利益的建设项目，应针对环境敏感目标或公众环境利益设计调查问题，了解其是否受到影响。

(5)公众最关注的环境问题及希望采取的环境保护措施。

(6)公众对建设项目环境保护工作的总体评价。

设置时应注意调查内容有针对性，符合项目特点。对于与环境无关的问题可以不提，如有关“对征地拆迁补偿政策是否满意”的问题。

1. 对沿线居民等的调查

对沿线居民等直接受公路影响人员的调查建立在初步现场调查和资料翻阅、分析的基础上，结合工程环评、设计及批复要求，主要了解直接和间接受公路影响群体对项目建设的基本态度、调查项目建设全过程各方面的影响情况、核实有关环境保护措施落实情况和实际效果、征求目前遗留问题的意见和建议。

(1)建设该公路是否改善了当地的交通状况。

(2)对取土场等临时占地生态恢复的满意程度。

(3)公路对其沿线环境影响的严重性。

(4)施工期有哪些环境影响，影响最大的是什么。

(5)在居民点200m内有无拌和站等临时场地。

(6)物料运输、堆存是否进行遮盖。

(7)项目施工期是否落实了洒水降尘。

(8)夜间 22:00 到早晨 6:00 时段内，是否有使用大型机械施工现象。

(9)施工中是否存在乱扔垃圾现象。

(10)施工营地的污水是否随意排放。

(11)截至本次验收现场调查结束，公路临时性占地(料场、拌和站)采取了哪些恢复措施，是否采取了复垦、恢复等措施，恢复效果如何。

(12)占压农业水利设施时，是否采取了临时应急措施。

(13)公路建成后对您影响较大的环境影响是什么。

(14)对公路建成后通行的满意度。

(15)附近通道是否有积水现象。

(16)项目周围绿化情况如何。

(17)建议采取何种措施减轻环境影响。

(18)现存需要解决的主要环境问题。

(19)建议采取何种措施减轻工程的不利影响。

(20)您对本公路环保工作的满意度。

2.对司乘人员的调查

对公路上往来的司乘人员的调查是对沿线居民调查的补充，从司乘人员对公路环境的感觉上了解公路环境情况。

(1)该项目是否方便了您的通行。

(2)对沿线公路道路绿化情况的感觉。

(3)视线所及有无荒废的取土坑、料场等。

(4)公路汽车尾气排放情况如何。

(5)局部路段是否有限速标志。

(6)学校或居民区附近是否有禁鸣标志。

(7)建议采取何种措施减轻声环境影响。

(8)运输危险品时，公路管理部门和其他部门是否对您有限制或要求。

(9)对该公路试运营期间环保工作的感觉。

(10)对公路工程基本设施情况的感觉。

(11)行车时的预见性和安全性如何。

(12)您对该项目环保工作的总体评价。

3.对熟悉该项目的工作人员的调查

不同项目的技术要求不同，其对环境的影响程度也不尽相同，在进行公众意见调查时通过咨询熟悉该项目该行业的人士或参与该项目的人员等，可以更好的了解工程内容，便于得到技术含量较高的信息和提出操作性强的措施。

4.对环境保护专业人士的调查

要想充分了解和分析建设项目对环境的影响，就应该得到具有环境保护专业知识的人的帮助，对建设项目的各个环节所产生的污染、环保设施及生态破坏进行分析，充分了解项目对环境的潜在风险影响。通过咨询环境影响评价报告、环保设施可研、设计审查专家及相应的环保管理人员等，可以了解项目进行环境保护的全过程。

五、公众意见调查结果统计与分析

通过对沿线居民和来往的司乘人员等进行调查，对调查内容逐项分类统计，计算各类意向或意见的数量及比例等，从以下几个方面进行分析：

(1)定量分析社会公众对项目建设的支持程度。

(2)重点分析项目施工期和试营运期分别对社会和环境的影响。

(3)公众对项目建设的主要意见，对项目已采取的环保措施的反映，分析有关环境保护措施有效性。

(4)结合调查结果及热点、难点环境问题，提出进一步保护沿线公众合理利益、要求尚需采取的措施。

六、地方环保主管部门意见调查

现场调查时，走访了南阳市环保局、驻马店市环保局，并电话咨询了当地部分县环保局，以上环保部门在施工期间和试营运期间都没有收到当地民众有关公路环保问题的上访和投诉。根据地方环保局多次现场检查结果，项目施工期的环保工作总体上不错，建议在下面的工作中，尽快落实少量拌和站等临时占地的恢复工作，加强营运期污水处理设施等环保设施的维修管理工作，保证环保设施的正常运行，增强环保意识。

七、意见反馈

略。

第十二节　环保投资和环境管理及监测计划落实情况调查

一、环保投资落实情况调查

1.环保投资的界定

公路建设项目环保投资是指为了治理公路项目的环境污染、补偿生态破坏以及为了保护和改善公路沿线的生态环境而投入的资金，也包括以此为目的的其他投资，如公路建设项目的环境管理、环保科技投入等。

国务院环境保护委员会、国家计委 1987 年颁布的《建设项目环境保护设计规定》中明确规定："环境保护设施按下列原则划分：①凡属污染治理和保护环境所需的装备、设备、监测手段和工程设施等均属环境保护设施；②生产需要又为环境保护服务的设施；③外排废弃物的运载设施、回收及综合利用设施、堆存场地的建设和征地费用列入生产投资，但为了保护环境所采取的防粉尘飞扬，防渗漏措施以及绿化设施所需的资金属于环境保护投资"。对以上原则的①、③两条，目前大家都已取得共识，但对其中的第②条原则"生产需要又为环境保护服务的设施"划归为环保设施则有不同见解。对公路建设项目而言，若严格按照第②条原则来划分，则许多公路主体工程如桥梁、涵洞、互通立交、高架桥、渡槽、路基防护与排水、沿线设施等大多也属于环保设施，这样公路建设的投资几乎 80%～90%属于环保投资，而这些工程已经在设计文件中作为公路主体工程自成体系，将它们的投资划分为环保投资显然是不切合实际的。

根据《建设项目环境保护设计规定》的精神，结合公路工程具体特点，本着既能明确费用关系，又便于实际操作的主导思想，对公路建设项目按以下原则划分环保投资项目：

(1)凡属各种污染治理(环境空气污染、水环境污染、声环境污染)和保护环境所需的装置、设备、监测手段和工程设施等属环境保护设施，其投资应为环境保护投资。

(2)为保护生态环境所采取的各种措施及费用。

(3)直接为项目环境管理服务的各种管理费用及环保科研投入。

(4)对是公路工程所需同时又为环境保护服务(主要指为社会经济环境、自然环境服务)，但其有无并不直接影响公路自身的稳定的工程设施(如通道、人行天桥等)的投资划分环保投资(为构成道路交通网而设置的互通立交、分离式立交、路线桥等构造物除外)。

(5)对于一些具有环境保护功能同时又属于路线主体工程不可缺少的部分，如：涵洞、路基防护与排水沟等，由于其界限尚不清楚，为便于操作，暂不列为环保投资。

2. 环保投资的具体划分

《公路建设项目环境影响评价规范》(JTG B03—2006)规定将环境保护投资划分为：①环境污染治理投资；②生态环境保护投资；③社会经济环境保护投资；④环境管理及其科技投资；⑤环境保护税费项目。

各部分环境保护投资范围划分如下：

(1)环境污染治理投资

①防治交通运输噪声的设施投资。主要指声屏障、封闭外廊、加高院落围墙、装双层玻璃门窗等。

②防振动的设施投资。主要包括减振用的减振沟，基础的加固措施等。

③生活服务区、管理区、收费站等生活服务设施所属的污水治理设施、垃圾处理和锅炉烟尘、餐饮油烟处理设施以及施工中生产废水和生活污水的治理设施等。

④收费站内收费亭以及隧道的强制通风设施。

⑤排水沟系统中的泥沙、隔油池、集水井(池)等。

⑥为了减低交通噪声和汽车尾气污染而营造的林带等。

⑦为了减少施工期运输筑路材料及材料拌和产生的粉尘所采取的治理措施及设备费。

⑧因公路交通噪声、环境空气污染所引起公路占地界外的居民点的拆迁、安置费。

(2)生态环境保护投资

①为了减少因公路施工造成地表植被破坏，引起公路线开挖或回填处水土流失增加而采取的护坡工程措施。

②公路沿线路基边坡及沿线的绿化工程措施，不仅包括路堤部分、立交桥周围、服务区场地绿化美化工程，还包括为补偿因公路建设所占原有绿地而在公路用地范围以外建设的绿化工程等的费用。

③公路经过湿地、草原、草场、戈壁沙漠的改造所采取的保护工程。

④公路经过水源保护地所采取的保护工程。

⑤公路经过自然保护区所采取的保护工程。

⑥公路经过濒危动植物保护区所采取的保护工程，如特殊的防护格栅或动物通道等。

⑦公路经过渔业养殖水域时所采取的保护工程。

⑧为保护公路沿线农田与农作物所采取的措施，如耕层土壤保护措施(包括减少污染和表

层土壤保护等措施)。

⑨为了减少公路弃土、石方破坏地表植被、地表水而采取的工程措施。

⑩公路取、弃土场所及沥青、混凝土搅拌站、料堆场、施工营地等采取的土地复垦及生态恢复工程措施。

⑪路线以外为保持原有水利及农田灌溉格局而设置的工程。

(3)社会经济环境保护投资

①为解决高等级公路分隔造成的影响,而设置的通道或人行天桥工程(为构成道路交通网而设置的互通立交、分离式立交、路线桥等构造物除外)。

②为保护文物古迹、人文景观等所采取的措施,如专设的高架桥工程。

③危险品运输中突发性事故的防治措施费。

④为补偿因公路建设所占用水源(特别是农村的饮用水源)的供水工程费用。

⑤工程拆迁及安置(不含征地及青苗费用)等其他费用。

(4)环境管理及其科技投资

①为高等级公路运输所引起的污染的监测与治理而专门设立的监测站的基建费、仪器设备费、装备费等。

②公路工程施工期的环境监理、执法费;营运期的环境工程(设施)维护及运行费用。

③公路交通环境科学研究与技术开发、推广和技术监督系统费。

④项目环境保护专业人员及监理工程师等的技术培训费等。

⑤在建设期及营运期的环境监测费用。

⑥从事环境保护工作人员的薪酬及办公经费。

(5)环境保护税费项目

有关水土补偿补偿费、造林费、林地补偿费、造地费、渔业资源保护费等。

3. 环保投资落实情况调查

略。

二、环境管理工作调查

对建设单位施工期和营运期两个阶段环境保护管理机构及规章制度制定、执行情况、环境保护人员专兼职设置情况,以及建设单位环境保护相关档案资料的齐备情况进行调查。包括:

(1)施工期环境管理工作调查。

(2)营运期环境管理工作调查。

三、环境监测计划落实情况调查

对环境影响评价和初步设计中要求建设的环保设施的运行、监测计划落实情况,以及施工期工程环境监理计划落实与实施情况进行核查。

根据调查,某监测站受××高速公路有限公司的委托,对××高速公路施工期的环境状况进行了监测,分别在 2005 年 10、12 和 2006 年 3、5、7、9、11 月,对××高速公路施工期间的噪声、环境空气和地表水质进行了跟踪监测,××高速公路施工期环境监测计划落实情况(略)。

按照环评报告书的要求,本工程试营运期间,建设单位委托信阳市环境监测站开展了本次验收环境监测工作。

四、营运期环境监测计划调整建议

根据本次调查所进行的营运期的噪声环境监测和评价，结合环境影响报告书的监测计划要求及本工程的实际特点，对营运期的声环境监测计划提出了修订建议(根据敏感点现状噪声、达到设计中期车流量时的噪声情况进行修订)。本工程营运期声环境监测计划修订(略)。

第十三节　补救措施与建议

本次调查表明该工程总体上可以满足建设项目环境保护竣工验收的条件，同时提出了以下建议：

(1)建设单位应进一步做好工程营运期声环境监测工作，严格落实本报告调整后的营运期监测计划，一旦发现公路沿线敏感点处声环境质量超标，需立即通过设置隔声窗、声屏障等有效的噪声防治措施，降低公路交通噪声对沿线敏感点的影响。

(2)虽然本工程对毛集河大桥设置了桥面雨水收集系统，但为了预防风险事故的发生，建议建设单位加强对毛集河大桥桥面雨水收集系统的日常管理和巡视。

(3)加强包括沿线污水处理设施、绿化、边坡防护在内的高速公路各项环保设施的日常管理维护工作，保证各项环保设施的正常运行。

第十四节　综 合 结 论

略。

第十五节　项目总结与经验推广

××高速公路项目是常见的公路项目类型，发生在该项目上的问题比较普遍。这些问题主要有：

(1)线位调整，环境敏感点情况变化。

(2)公路工程变更，主要工程量发生变化。

(3)项目占地多，设置了多处取、弃土场及其他临时用地。

(4)穿越或邻近自然保护区、森林公园、林场等生态环境敏感区。

(5)跨越或邻近水体功能较高的河流或其他水体。

(6)项目营运后车流量较小，达不到设计近期车流量。

(7)穿越或邻近工业园区等社会环境敏感区。

一、线位调整，环境敏感点情况变化

线位调整基本是每个公路建设项目都会遇到的问题，现场调查时应根据路线实际走向给出沿线环境敏感点名称、位置、大小规模、与路线和工程的关系、可能受到的环境影响性质、已采取环保措施等情况。

调查时应结合现场勘查、资料收集、咨询走访等方式全面了解沿线环境敏感点情况。对于

"在环境影响评价文件中规定的保护目标和批复中要求的保护目标",同样应进行调查。对"相比环评文件减少或新增的环境敏感点"应说明具体变化情况及变化原因,在后续工作中应对变化的环境敏感点作环境影响分析,对于其中因受本公路项目影响而有保护需要却缺乏环境保护措施或保护措施不能达到保护要求的,应提出相应补救方法。

村庄、学校等声环境敏感点是公路线位调整后变化最明显的点,声环境影响也是公路建设项目中的主要环境影响之一,调查中一定要明确声环境敏感点与路线的距离、高差,设置声屏障的起终点位置及其长度、高度,设置隔声窗的位置、面积、户数等。应将工程实际声环境敏感点情况列表与环评阶段声环境敏感点情况对比。环境监测一定要了解实际声环境敏感点(包括新增声环境敏感点)的现状噪声情况,对其环保措施的防护效果亦应进行监测和分析。虽然根据环评文件,新增声环境敏感点未必给出了环保措施,但是提及补救措施时,声屏障等措施的设置、项目营运后的声环境跟踪监测、防治资金的预留等均应包括有防护要求的新增声环境敏感点。

二、公路工程变更,主要工程量发生变化

公路工程的变更同样会影响沿线环境敏感点情况。这时候,应如前所述进行环境敏感点的调查。

由于工程变更往往比较复杂,工程量较大,"拿到批准工程变更的文件及有关变更内容的说明书"就非常重要,一方面可以确保变更的发生,另一方面可以更好地了解变更的内容、范围,也就可以更加明确工程变更影响的范围。调查中可以同时结合咨询相关设计人员的方式,务必要清楚变更批复文号及文件内容,明确工程具体变更内容、变更原因。应对变更后的影响进行简单分析。如果发现项目存在重大变更且对环境的影响方式和影响程度产生重大变化的,应暂停验收调查工作,立即将情况向主管验收的环境保护管理机关报告。同时应该提醒业主尽早作补充环评或环评后评价,以免耽误项目竣工验收。

工程中常见的变更现象:

(1)取消或增加部分工程。调查时不仅要关注工程自身产生的环境影响,还应注意占地等方面影响。如,某公路项目建设中增加了 1 处停车区,应调查停车区内有关油污水、交通噪声及汽车尾气污染等问题,还应调查停车区占地带来的征地拆迁、生态环境影响问题。本项目的变更主要是这种情况,调查中给出了主要工程数量和技术经济指标对比表,说明了增、减工程量的类型、数目、变化原因和产生的环境影响。

(2)施工工艺与施工组织计划的变化。应调查变化可能产生哪些环境影响,新增哪些污染源,预测其源强,提出对应的环保措施。

(3)环保措施、设施的变化。如,环评文件要求沿线服务设施配置厌氧、好氧生化污水处理设施,建设后却采取了 JYJ 一体化污水处理装置,或者环评文件要求配置污水处理设施,建设后却与有关部门签订协议,将产生的污水引入市政污水管网,送市政污水处理厂进行处理。调查时应了解相关设施的处理工艺、技术指标参数,污水类型、产生量、处理及排放量,分析变更后能否满足产生污水的处理、排放要求。

三、项目占地多

项目占地应符合《公路建设项目用地指标》的要求。根据《关于加强公路规划和建设环境影响评价工作的通知》(环发〔2007〕184 号),"公路工程建设应当尽量少占耕地、林地和草地,

及时进行生态恢复或补偿。经批准占用基本农田的，在环境影响评价文件中，应当有基本农田环境保护方案。要严格控制路基、桥涵、隧道、立交等永久占地数量，有条件的地方可以采用上跨式服务区。尽量减少施工道路、场地等临时占地，合理设置取弃土场和砂石料场，因地制宜做好土地恢复和景观绿化设计。平原微丘区高速公路建设应尽可能顺应地形地貌，采用低路基形式。山区高速公路建设要合理运用路线平纵指标，增加桥梁、隧道比例，做好路基土石方平衡，防止因大填大挖加剧水土流失”，这些方面是验收调查中的重要内容。

调查时应明确工程路基、桥涵、隧道、立交、服务区等配套服务设施等永久占地，和取、弃土场、预制场、拌和站、施工营地等临时占地的类型、位置和数量规模变化情况，特别是占用耕地和基本农田的数量。分析已采取的控制各类型占地面积措施的有效性。对各临时占地的恢复措施进行说明，对恢复效果逐一进行调查，对措施的有效性进行分析，必要时提出应进一步采取的恢复及保护措施建议。

四、穿越或邻近生态环境敏感区

公路穿越或邻近生态环境敏感区是比较麻烦的事情，有关的生态环境敏感区如自然保护区等一般都有特殊的保护要求，调查主要通过收集资料和咨询专家、有关管理人员的方式进行。

有关生态环境敏感区的概况亦是调查的重要内容，如保护区核心区、缓冲区、实验区的划分，与工程的相对位置关系、保护区级别、保护物种及保护范围等，应提供适当比例的保护区位置图，注明工程相对位置、保护区位置和边界。还应调查工程在保护区内的工程内容、已采取环保措施(是否按照环评及环评批复文件要求落实)，分析可能产生的环境影响(如对珍稀动植物的影响)及有关环保措施的有效性，必要时提出补救措施。动物通道的设置是很多公路项目提出的保护措施，主要是为了降低对野生动物的阻隔影响，为野生动物创造了良好生存条件。动物通道的设置一定要根据对动物分布状况和生活习性的调查研究，考虑设在野生动物经常出没的地方。验收调查时应据此分析措施的实用性。

五、跨越或邻近水体功能较高的河流或其他水体

II类及II类以上水体具有饮用水功能，属于水体功能较高的水体。公路跨越这类水体时应注意扰避或采取有效环境风险防范措施。验收调查时应对路面与桥梁排水对沿线河流的影响进行调查分析。具体调查内容为：

①公路跨越(或邻近)水体处排水设施形式，以及这些设施与水体的连通情况。②公路跨越(或邻近)水体下游的取水口(水厂)分布情况和水厂服务人口的数量。③公路沿线是否发生过环境风险事故。④调查公路运管单位是否已按环评要求做好环境风险措施防范工作(如加强防撞护栏、设桥面径流收集管道及应急池、制订应急预案等)，是否制定了危险品运输管理制度，必要时提出改进要求和建议。

本项目通过走访相关主管部门、调查单位了解到，本工程所跨越的上述河流在调查范围内没有集中式饮用水源取水口。工程跨越了Ⅲ类的水体，为了加强水体水质保护，建设单位已按照环评文件要求对跨越处进行了桥梁两侧护栏的防撞加固，在桥梁两侧设置了桥面径流收集管道，可以通过收集管道可以将桥面径流引到该桥梁西桥头下方的应急池内。调查报告中同时给出了应急池的尺寸、容量、管理单位，说明了池水是如何被运走处理的。这些也是调查相

关措施时需要了解清楚的。

六、项目营运后车流量达不到设计要求

本工程达不到75%的工况负荷，只要公路正常运行，其配套服务环保设施正常运行，该项目亦可进行环保验收。但应注意：

(1)现状监测时，一定要记录实际车流量情况，并与设计车流量相比较，以了解实际车流量处于怎样的水平。

(2)应推算达到营运初期交通量时，沿线各声环境敏感点是否满足相关标准要求，已设置的环保措施能否满足相关防护要求。不符合条件的，应提出补救措施。为了进一步提出下一步具体的监测计划、治理措施和预留治理经费预算，可以推算车流量达到营运中期交通量时的敏感点噪声超标情况。

(3)无论是实际监测超标还是校核超标，均应该做到项目有超标就要有对应的措施和相应的投资估算，要做到“超标—措施—投资”一一对应，没有遗漏。

七、穿越或邻近社会环境敏感区

与调查生态环境敏感区相同，公路穿越或邻近社会环境敏感区时，应调查社会环境敏感区的特殊保护要求，常见的如要求公路给社会环境敏感区预留进出口以便于人员通行与交通便捷顺畅。

有关社会环境敏感区的概况亦是调查的重要内容，如敏感区的规划、区域功能的划分、与公路的位置关系等，应提供适当比例的敏感区位置图，注明工程相对位置、敏感区位置和边界。还应调查工程在敏感区内的工程内容、已采取环保措施(是否按照环评及环评批复文件要求落实)，分析可能产生的环境影响及有关环保措施的有效性，必要时提出补救措施。

第六篇　轨道交通工程竣工环保验收技术应用

第一章　轨道交通工程竣工环保验收技术

第一节　轨道交通工程概况

一、轨道交通的类别

轨道交通指采用专用导向装置运行的公共客运交通系统。根据《城市轨道交通环境影响评价技术导则》，按运量及营运方式的不同，该系统包括地铁、轻轨、单轨、有轨电车、自动导向轨道交通，以及直线电机轨道交通。

1. 地铁

采用专用轨道、专用信号，在全封闭线路上独立运营的大运量轨道交通系统。线路主要设在地下隧道内，也有部分延伸到地面或高架结构上，高峰小时单向客运能力一般在 30 000～70 000人次。

2. 轻轨

采用专用轨道在全封闭或半封闭的线路上，以独立营运为主的中运量轨道交通系统，在平交路口采用“轻轨列车优先通过”的信号。线路一般设在地面、高架结构上，也有部分延伸到地下隧道内，高峰小时单向客运能力一般在 10 000～30 000 人次。

3. 有轨电车

独立营运或与其他交通方式混合运行的低运量轨道交通系统，线路设在地面上，高峰小时单向客运能力一般在 15 000 人次以下。

4. 单轨系统

通过单轨支承稳定和导向，车体跨在轨道梁上运行的中运量轨道交通系统。

5. 自动导轨系统

自动导轨交通是一种采用橡胶车轮，依靠导向轨引导方向，在两条平行的平板轨道上自动控制运行的新型快速交通系统。

6. 直线电机系统

采用直线感应电机非黏着驱动方式牵引车辆的中运量轨道交通系统。

二、轨道交通工程的项目组成及工程内容

轨道交通工程由主体工程（土建工程、设备系统）、辅助工程、公用工程等部分组成。

土建工程包括线路工程（正线、辅助线（包括折返线、渡线、联络线、出入线等）、车场线）、隧道工程、桥梁工程、轨道工程（钢轨、扣件、轨枕、道床等轨道结构）、车站及附属建筑、车辆段及停车段。

设备系统包括车辆系统、供电系统、通风空调系统（车站系统和区间系统的设备选型）、采暖系统（车站和车辆检修基地的采暖方式）、给排水与消防系统、行车组织（列车编组、行车间隔、开行对数、营运时间等）、环境保护系统。

辅助工程包括取土场、弃土场、采石场、施工辅道、加工作业场所如砂石料洗选场等。

公用工程包括施工营地、供水供电供热供油、通讯、机修汽修等。

三、轨道交通建设项目对环境的影响

轨道交通建设项目对环境的影响是以“点线结合”形式表现的。“点”就是车站、车辆段、停车段、隧道、桥梁等主要构造物或配套服务设施，以及取弃土场等临时占地，“线”就是线路、轨道。轨道交通建设项目对环境的影响与公路建设项目对环境的影响相似。

在规划设计阶段，对环境的影响主要是对沿线规划、敏感区域的影响。勘察设计阶段主要对项目沿线地形地貌、工程地质和水文地质条件等进行勘察并进行测量放桩等活动，该阶段是少数技术人员进驻场地，同时少量小型机械设备进行地质钻探等，周期较短、人员较少，对环境影响甚微。

在施工期，对环境的影响主要是生态环境破坏，包括改变地形地貌、破坏地表植被、引起水土流失、影响野生动植物、施工噪声、扬尘和施工污水等。

在营运期，由于轨道交通项目自身的特殊性，对环境的影响表现为环境污染为主，不仅产生了由轨道交通车辆运行带来的交通噪声，还带来了比较明显的风亭噪声、振动、电磁影响等一系列问题。

轨道交通建设项目对环境的影响见表 6-1-1，运营期产生主要污染物见表 6-1-2。

轨道交通建设项目的主要环境影响 表 6-1-1

时段	工程内容	施工与设备	主要环境影响问题	影响环境要素
施工期	施工准备阶段	征地、拆迁	树木伐移、耕地减少、植被破坏、干扰野生动物、公共设施拆迁、施工噪声和扬尘	生态环境社会环境、声环境、环境空气

续上表

时段	工程内容	施工与设备	主要环境影响问题	影响环境要素
施工期	施工准备阶段	土石方工程	植被破坏、水土流失、施工扬尘、施工噪声	生态环境、环境空气、声环境
		设置取、弃土场等临时占地	占地、植被破坏、水土流失、噪声污染、生产生活污水	生态环境、环境空气、声环境、水环境
		材料运输	施工噪声和扬尘	声环境、环境空气
	车站、地面、地下、高架区间施工	基础开挖	植被破坏、水土流失、施工振动和噪声	生态环境、声环境
		连续墙维护、混凝土浇筑	施工废水、泥浆、废渣	水环境、固废
		地下施工法施工	施工废水、混凝土和泥浆的溢洒	水环境、固废
		钻孔、打桩	施工噪声和振动、施工废水、废渣	声环境、振动、水环境、固废
		运输	扬尘和施工噪声	环境空气、声环境
营运期	列车运行	地下线路	振动	振动
		地面线路	交通噪声、振动	声环境、振动
		高架线路	交通噪声、振动	声环境、振动
	车站运营	乘客与职工活动	废水和垃圾	水环境、固废
	变电站	变压器	电磁辐射	电磁
	地面设施、设备	风亭、冷却塔(空调期)	风亭噪声、生产废水	声环境、水环境
	车辆段、停车场	列车出入、检修、调车	噪声、生产废水	声环境、水环境
		采暖设备	废气排放	环境空气
		生产与生活	生产、生活污水和垃圾	水环境、固废

轨道交通建设项目运营期的主要污染物 表 6-1-2

污染项目	污染物来源	主要污染物
噪声	停车场、车辆段	列车维修噪声;锅炉房、空调、废水处理站等设备运转噪声;试车噪声
		制冷系统:水泵;冷却塔(风机、喷淋)噪声
	轨道交通线路	通风系统:沿线活塞风亭噪声、车站新风风亭、排风风亭的风机噪声
	车站	制动噪声
	变电所	变压器噪声
振动	轨道交通线路	轮轨撞击振动
		轨道及桥振动
电磁	车辆段及线路	受电系统产生的电磁干扰
	变电所	高压设备

续上表

污 染 项 目	污染物来源	主要污染物
废气	停车场、车辆段	燃油、燃气锅炉
		喷漆库工艺废气
		食堂饮食油烟
	风亭	风亭排放的恶臭、颗粒物
		列车车轮与钢轨、受流器与三轨、车体各种元器件摩擦产生含金属粉尘的颗粒物，发生火花时产生的 NO_2
废水	停车场、车辆段	生产废水：洗车机库洗车废水
		机加工、维修废水；蓄电池更换、清洗废水；空气压缩机
		生活污水：办公区
	车站	生产废水：空调冷却塔系统循环冷却水、结构渗漏水：冲洗废水、消防废水
		生活污水
	区间隧道	生产废水：结构渗漏水；泵房冲洗水，隧道及泵房冲洗废水和消防废水
固体废物	停车场	生产废物、生活垃圾
	车站	生活垃圾

第二节 轨道交通建设项目竣工环保验收调查

一、轨道交通建设项目竣工环保验收依据

环保法规、环境影响评价技术导则、环境质量标准、国家与地方污染物排放标准、环境监测等相关标准、技术规范、项目工程内容等均是轨道交通建设项目竣工环保验收的重要依据。

主要技术规范包括：《辐射环境保护管理导则电磁辐射环境影响评价方法和与准则》(HJ/T10.3—1996)、《铁路建设项目环境保护设施竣工验收规范(试行)》(环发〔1997〕838 号文)、《建设项目竣工环境保护验收技术规范生态影响类》(HJ/T394—2007)、《城市轨道交通建设项目竣工环境保护验收技术规范》(HJ/T403－2007)等。

主要工程资料包括：项目可行性研究报告及立项批复文件，环境影响评价文件及国家、地方环境保护主管部门的批复意见，初步设计(含环境保护篇章)及批复文件，项目执行标准、总量控制指标的批复文件，项目变更情况的说明及批复文件，建设单位编制的项目环境保护自行检查执行报告等。

二、轨道交通建设项目竣工环保验收调查范围

轨道交通建设项目的地理范围包括工程起讫点全线以及各附属设施、配套设施的环保设施。结合《城市轨道交通建设项目竣工环境保护验收技术规范》(HJ/T403—2007)，轨道交通建设项目竣工环保验收调查范围通常考虑为：

(1)生态环境:工程征地界外 50～300m,车辆段、停车场、取、弃土场、临时用地界外 50～100m,涉及自然保护区、森林公园等环境敏感目标时适当扩大。

(2)水环境:调查车站、停车场等的废水排放口及污水处理设施周围情况。

地表水——当工程废水直接排入城市污水管网时,范围为工程废水排放口,当工程废水排入地表受纳水体时,范围为排放点周围 300m;

地下水——当工程涉及地下水源地及饮用水源保护范围时,范围为距外轨中心线两侧 300m。

(3)环境空气:车辆段、停车场新建锅炉房周围 200m 以内的区域,施工场界 100m 以内的区域,如果附近有城镇、风景旅游区、名胜古迹等保护对象,可适当扩大。

(4)声环境:距地上线路外轨中心线两侧 150m,距地面声源周围 50m,车辆段、停车场厂界外 1m,有敏感目标时扩大到敏感目标处。

(5)振动:距地下线路外轨中心线两侧 60m,室内二次结构噪声影响评价范围为隧道垂直上方至外轨中心线两侧 10m。

(6)电磁环境;距地上线路外轨中心线两侧 50m,距 110kV(含)以上变电站边界外 50m。

(7)社会环境:公路建设的直接影响区域。

三、轨道交通建设项目竣工环保验收调查方法

(1)原则上按照《关于建设项目环境保护设施竣工验收监测管理有关问题的通知》中的要求执行,并参照《环境影响评价技术导则》、《城市轨道交通建设项目环境影响评价技术导则》、《城市轨道交通建设项目竣工环境保护验收技术规范》等规定的方法。

(2)施工期环境影响调查根据环境监测资料,结合公众意见调查工作,通过走访咨询沿线地区相关部门和个人了解受影响部门和居民对工程建设施工期环境影响的反映,核查有关施工设计文件以确定施工期对环境的影响。

(3)试营运期环境影响调查以现场踏勘和环境监测为主,通过现场调查、监测来分析试营运期环境影响,线路调查采用“以点为主、点段结合、反馈全线”的方法。

现场勘察内容包括:

①工程设施调查:包括风亭、冷却塔的工作状况,列车营运时段、运行速度、轴重;停车场、车辆段内试车线的工作时间、频次。

②噪声:车站、停车场、车辆段、变电站、沿线风亭、冷却塔声源的具体位置、所属功能区类别及与边界外噪声敏感点的距离;轨道交通线路沿线两侧噪声敏感点的规划建设时间、性质(建筑物的功能、层数、结构等)、所属功能区类别,与项目工程外侧线路中心的水平距离、与顶面或轨道梁顶面的高差等。

③振动:轨道交通线路通过处的地质情况;地下轨道线上方及地面、高架线两侧振动敏感点的规划建设时间、性质(建筑物的功能、层数、结构等)、所属功能区类别,与项目工程外侧线路中心的水平距离、与顶面或轨道梁顶面的高差等。

④电磁辐射:变电站中电磁辐射源的具体位置,及其与边界外电磁辐射敏感点的距离;轨道交通线路沿线电磁辐射对周围敏感点的影响情况。

⑤废气:停车场、车辆段内锅炉数量、排气筒高度、净化设施进出管道内径;排气管道平直段长度及截面几何尺寸;主要污染因子及排放量、治理设施(含净化效率),监测孔是否符合监

测规范要求，生产设施或装置是否存在无组织排放及相应的气象条件；轨道交通线路沿线各风亭的位置、数量、技术参数(如风量、消声设施等)、无组织排放情况、距交通干线及周围敏感点的距离等。

⑥废水：停车场、车辆段的生产废水和生活废水、各车站生活污水的来源、主要污染因子、排放量、处理(含处理设施的进出口水水质指标或处理效率)及各类废水汇集、排放去向或循环利用情况；外排口的位置及受纳水体情况。

⑦固废：固体废物来源、种类、数量、临时堆场及永久性贮存处理场类型、位置、运行管理；贮存处理场可能造成的大气、土壤、地下水等二次污染敏感点的情况。

环境监测内容包括：

①轨道交通线路、停车场、车辆段、车站两侧及周围敏感点噪声与振动监测，停车场、车辆段、变电站厂界噪声及风亭、冷却塔的边界噪声监测；变电站电磁辐射监测；停车场、车辆段内污染物废气排放的监测，食堂饮食油烟监测，生产废水、生活污水中各污染物的监测；各车站生活污水排放污染物的监测(若排入市政污水管网可不进行监测)；车站、风亭进出口及车站内空气质量监测。

②各项污染物治理设施效率的监测，必要时进行声屏障隔声效果、减振设施的减振效果测试。

③环境影响评价报告及批复中特别提出的需现场监测的项目和指标的监测。

监测项目为：

①噪声监测：厂界噪声、风亭、冷却塔边界噪声、敏感点噪声、车站站台噪声、噪声衰减、声屏障降噪效果(必要时进行)。

②振动监测：敏感点振动、振动衰减、设施减振效果(必要时进行)。

③电磁辐射监测：变电所厂界：电场强度、磁场强度、综合场强、干扰场强；项目沿线敏感点：干扰场强。

④废水排放、相应环保设施效率监测：pH、SS、BOD_5、COD_{cr}、动植物油、石油类和氨氮七项指标。

⑤废气(含有组织、无组织)排放、相应环保设施效率监测：锅炉烟尘、SO_2、NO_X。

(4)环境保护措施调查以核实有关资料文件内容为主，通过现场调查，核查环境影响评价和施工设计所提出的环保措施的落实情况。

(5)环保措施有效性分析采用改进已有措施与提出补救措施相结合的方法。

四、轨道交通建设项目竣工环保验收调查主要内容

(1)核查工程内容及设计变更情况，对沿线环境敏感点进行调查，对工程变更等产生的环境影响进行分析。如果有“以新带老”要求的项目，应对原项目工程情况、原项目与验收项目相关的原工程改造及环境保护治理要求进行调查，说明验收项目与原有工程的依托关系，并将其确定为验收监测与环境保护检查内容。

(2)调查工程在施工、运行和管理等方面落实环境影响报告书、设计文件所提环保措施的情况，以及对各级环保行政主管部门批复要求的落实情况。

(3)调查本工程已采取的声环境、振动环境、电磁环境、生态保护、水土保持、空气及水环境污染等控制措施，并通过对项目所在区域环境现状监测结果的调查，分析各项措施实施的有效

性，针对该工程已产生的实际环境问题及可能存在的潜在环境影响，提出切实可行的补救措施和应急措施，对已实施的尚不完善的措施提出改进意见。

(4)调查本工程环境保护设施的落实和运行情况，调查环境管理和环境监测计划的实施情况。通过公众意见调查，了解公众对本工程建设期及试运营期环境保护工作的意见并针对公众提出的合理要求提出解决建议。

(5)根据本工程环境保护执行情况的调查，客观公正地从技术上论证工程是否符合竣工环境保护验收条件。

第二章　轨道交通工程竣工环境保护验收实例

第一节　项目背景

××轻轨工程线路全长45.409km。其中高架线长40.186km，地面线长5.223km。全线共设19个车站（目前已经开通8个车站），其中16个高架站，3个地面站，设停车场、车辆基地、控制中心各1座，配套建设供电、通信、信号、供暖、给排水等辅助工程。工程总投资初步计算约为66亿元。该项目的环境影响报告书于2002年6月获得国家环保总局的批复。2004年4月，该项目建设单位向国家环保总局申请该项目竣工环境保护验收，并委托交通部天津水运工程科学研究所（以下简称天科所）进行该项目竣工的环境保护验收调查工作。次年4月该项目竣工环保验收报告书通过环保主管部门技术审查，随后不久该项目完成现场验收。

根据调查，××轻轨工程从设计到工程施工结束，始终贯彻了"十分珍惜，合理利用每寸土地和切实保护耕地"的基本国策，对于临时占地，基本不占用耕地，尽量设置在永久用地范围内，并且在施工结束后全部完成平整恢复，未造成明显的生态破坏、水土流失和环境污染，未发生环境事故和污染纠纷。工程全线采用了重轨、焊接无缝线路，对高架桥采用梁式结构并在梁与箱体之间采用了弹性支撑，保持了变电站与居民楼之间的适当距离，同时按要求设置了吸声式声屏障、磨轨车，这些措施和设施起到了较好的防治声污染、振动、电磁环境等影响的作用。以下结合该项目对轨道交通建设项目竣工环保验收调查工作作详细介绍。

第二节　工程调查

工程建设过程、工程概况是工程调查的两大内容。

一、工程建设过程

工程建设过程应说明项目立项时间和审批部门，可研完成及批复时间，初步设计完成及批复时间，环境影响评价文件完成及批复时间，工程开工建设时间，环保设施设计单位、施工单位和工程环境监理单位，投入试运行时间。

二、工程概况

工程概况调查应收集建设项目地理位置图、项目环保工程竣工图、项目线路竣工总平面图、项目沿线走向图（含沿线周边环境情况、各车站位置）、停车场或车辆段平面图（应标注主要污染源及排放口位置，厂内排水管网布设、厂界及周边环境情况等）、所在地风向玫瑰图、停车场或车辆段污水、废气处理工艺流程图、项目水平衡图、项目沿线各风亭及冷却塔位置图、项目主变电站、牵引变电站位置图等图件，同时对照以下内容进行环评设计阶段、竣工试营运阶段完成情况的对比和分析，并给出主要工程数量、主要经济技术指标、营运情况核查表。工程建设过程中发生工程设计变更的，应出具变更批复文号，重点说明具体变更内容、变更原因，简单分析变更后的影响。

(1)线路工程：正线、辅助线(包括折返线、渡线、联络线、出入线等)、车场线。技术参数包括线路走向、线路形式、空间位置、水平布置、起止位置、里程长度、曲线半径、线路坡度等。

(2)隧道工程：隧道结构(单洞、双洞)、隧道形状(圆形、矩形、马蹄形)、隧道尺寸、隧道质量、隧道材料、隧道埋深、基底深度，以及隧道段的土壤类型、土质特点等。

(3)桥梁工程：桥梁结构、桥梁材料、桥面宽度、净空高度等。

(4)轨道工程：钢轨、扣件、轨枕、道床等轨道结构。

(5)车站及附属建筑：车站名称、数量、站间距、站中心里程、车站形式(地下、地面、高架、岛式、侧式、换乘站及换乘方式)，以及风亭等车站附属建筑。

(6)车辆段及停车段：车辆段、停车场的地理位置、用地性质、占地面积、使用功能、运用车辆及配属车辆、车间分布、设备类型以及出入线的情况。

(7)车辆系统：车辆类型及主要技术条件，包括手电方式、运行速度(最高运行速度、平均旅行速度)、车体尺寸、车辆自重、轴重等。

(8)供电、通风、采暖、排水系统：

①供电系统：供电方式、电压等级、110kV(含)以上变电站的形式、分布、位置、数量等。

②通风空调系统：车站系统和区间系统的设备选型、地面设备的数量、布置方式、设置位置、运行时间等。

③采暖系统：车站和车辆检修基地的采暖方式、采暖设备、燃料种类等。

④给排水与消防系统：给排水与消防系统的水源、给排水及消防用水的用水量标准、用水量、废水种类、排放去向、排水量等。

(9)行车组织：列车编组、行车间隔、开行对数、营运时间等。

(10)环境保护系统：工程设计提出的环境保护设施。

本工程对工程线路实际走向、工程实际建设长度(高架线长度、地面线长度)、建设内容、主要经济技术指标、主要工程量、工程实际投资、工程实际环保投资、工程沿线设施建设情况(包括各车站、车辆段、停车场、控制中心、变电站等设施的建设规模、建设地点、人员配置、使用情况等)、工程变电站的位置与规模、运营指标(运营时间、列车编组、全日开行列车对数(编组数)、高峰小时发车间隔及通行速度)等情况进行了调查与核查。详见表6-2-1～表6-2-3××轻轨主要工程数量核查表、××轻轨沿线车站建设情况汇总表、××轻轨主要技术经济指标核查表，××轻轨运营指标、运行速度核查略。

××轻轨主要工程数量核查表　　表6-2-1

序号	项目名称	单位	工可设计阶段	竣工落实
1	正线长度	公里	45.409	45.409
2	区间土方	10^4m^3	10.63	12.16
3	站场土方	10^4m^3	97.96	98.00

续表

序号	项目名称	单位	工可设计阶段	竣工落实
4	跨市内津塘路桥	双延长米	375	同设计阶段
5	跨津塘路桥	双延长米	168.5	
6	跨新港四号路桥	双延长米	185.6	
7	二跨津塘路桥	双延长米	208	
8	跨太湖路桥	双延长米	164	
9	正线铺轨	双延长米	89.41	93.32
10	铺轨	km	0.33+3.48+11.32=15.13	15.13
11	铺岔	km	16+14+52=82	同设计阶段
12	铺渣	10^4m^3	0.04+0.39+3.40=3.83	
13	房屋	m^2	46 711+11 288+71 689=129 688	同设计阶段
14	给排水管道	km	25.8+5.7+13=44.5	同设计阶段
15	拆迁房屋	10^4m^2	3.6	2.6
16	征地	10^4m^2	91.0+7.8+42.4=141.2	139.5

××轻轨沿线车站建设情况表(摘) 表 6-2-2

序号	站名	中心里程	车站性质	车站类型	车站位置	变更情况	所属区域	开通情况
1	中山门	CK0+305	初期折返站	高架侧式站台三层	路中站	已建	河东区	开通
2	一号桥(预留)	CK1+950	中间站			已建		开通
3	二号桥	CK2+845	中间站			已建		未开通
4	张贵庄(预留)	CK4+175	中间站			取消,未建		未建
5	新立镇	CK10+017.5	中间站	高架岛式站台三层	路侧站	已建	东丽区	未开通
6	东丽开发区	CK12+010.6	中间站	高架侧式站台三层		已建		开通

注:以上表中未建的车站中除张贵庄站外,其他未建车站均已经完成征地工作,并为设计预留,该车站的建设将根据轻轨的发展情况逐步实施;已建而未开通的车站将根据客流量的变化情况逐步开通。

××轻轨主要技术经济指标核查表 表 6-2-3

序号		指标名称	单位	设计阶段	竣工落实
1	线路、轨道	轨距	mm	1 435	同设计阶段
2		正线数目	—	双线	
3		钢轨	—	正线采用 60kg/m 的钢轨,无缝线路	
4		扣件	—	弹性扣件	
5		道岔	—	正线采用 12#道岔,折返线采用 9#道岔,车场采用 7#道岔	
6		最小曲线半径	m	区间正线一般为 600m,个别困难条件为 400m,车场线及辅助线为 150m	
7		最大坡度		区间正线为 30‰,辅助线为 40‰	
8		供电方式		直流 1 500V 架空接触网	
9	车辆	车辆外形尺寸	mm	长度 19 000mm,最大宽度 2 800mm,高度 3 800mm	
10		最高运行速度	km/h	100	

续上表

序号		指标名称	单位	设计阶段	竣工落实
11	车站	长度	m	80m,预留 120m	会展中心市民广场长度大于 120m,其余均为 80m
12	桥下净空	高度	m	岛式站台宽度不得小于 6m,侧式车站无柱式站台不得小于 3m,地面站不得小于 2m	同设计阶段
13	列车编组	—	—	本工程初、近期列车编组为 4 辆,即 2 辆动车和 2 辆拖车,每列车定员 800 人;远期列车编组为 6 辆,即 3 辆动车和 3 辆拖车,每列车定员 1 220人	同设计阶段
14	营运计划	—	—	从早 6:30 至 21:30,每天营运 15h	从早 6:30～18:00

根据××轻轨实际运行速度的统计结果,本项目投入试营运后××轻轨目前实际平均运行速度为 61.75km/h,为设计阶段营运初期运行速度 84.6km/h 的 73%,其全日开行列车对数在 71～76 之间,为设计阶段营运初期 104 对的 68.3%～73.1%。本工程没有达到 75%的工况负荷,但根据《建设项目竣工环境保护验收技术规范生态影响类》(HJ/T 394—2007),只要工程正常运行,配套服务环保设施正常运行,该工程亦可进行环保验收。

第三节　环保措施落实情况调查

调查工程在设计、施工、营运过程中,在环境保护方面已采取的噪声、振动及电磁辐射污染防治,生态恢复、水土保持、污水防治、空气污染及固体废物(包括废电解液、废蓄电池等危险废物)防治措施等,以及本工程设计和环评报告及其批复中所建议的环境保护措施的落实情况,分析评价已有措施的有效性。重点是针对环评报告及其批复意见的落实情况调查。

本工程环评报告及批复提出的主要环境保护措施及落实情况如下:

(1)少占用耕地,采用集中取土方案,施工场地范围在满足工程施工要求的前提下,尽量节省占用土地。施工过程中应注意保护相邻地带的树木绿地等植被。

全面落实。工程所需土源均通过商业购买方式,弃土均由施工单位与有资质的建筑垃圾工程渣土管理所签订协议妥善处置。每个标段都指定弃土及建筑材料的堆放地,且做了必要的围挡和苫盖。挖填土方的施工均是在非雨季完成。施工单位施工操作地点和周围清洁整齐,做到活完脚下清,工完场地清,丢撒的砂浆、混凝土及时清除。施工中施工单位建立了《文明施工及环境保护管理办法》,能够按照其要求认真保护好施工场地范围内及场区外的树木、绿地、管线、构筑物和其他设施,没有任意砍伐、拆除和损坏,按文明施工标准与要求设置临时设施。施工现场靠道路一侧设施连续、紧闭的围挡。围挡选用标准蓝色预制板材,按业主要求绘制标准"文明施工"标志及宣传口号,做到简洁、明快。在开发区部分路段采用设置广告牌进行美化。

(2)车辆段、停车场要建污水处理站,确保达标排放,废水处理后用于洗车、冲厕、绿化等用途,节约水资源,做到"零"排放。

基本落实。车辆段、停车场分别建设了生活生产污水处理站。车辆段污水处理后排入黑潴河，停车场污水处理后排入市政管网，最终由东郊污水处理场处理，由于目前轻轨处于试营运阶段，车辆段和停车场的生活生产污水发生量均较少，因此目前未回用。

(3)车辆段、停车场和控制中心应实行雨、污分流。生产废水经隔油、气浮处理，达到《污水综合排放标准》(GB 8978—1996)二级标准后，尽量回用于清洁和绿化。蓄电池废液必须在车间内处理，达到第一类污染物排放标准。

基本落实。车辆段、停车场和控制中心均实行雨、污分流。目前刚刚投入试营运阶段，无生产废水及蓄电池废液产生，建设单位承诺将严格按照国家规定妥善收集、存放，定期送有资质的专业单位处置，废蓄电池送专业厂家回收利用。生活生产污水处理达标后排放入污水管网或进入排污河。因目前车辆段及停车场生活生产污水发生量很小，因此目前未采取绿化等回用措施。

(4)落实废蓄电池，污水处理产生的污泥和金属屑等固体废物的处理处置去向，与接收部门签订协议并报环保行政主管部门审批。

待落实。由于轻轨运行时间不长，没有废电解液和废蓄电池产生，污水处理产生的污泥量极少，建设单位承诺将严格按照国家规定妥善收集、存放，不随意丢弃，废电解液的去向建设单位正在落实中。

(5)所有锅炉须使用天然气、电等清洁能源。

基本落实。目前控制中心使用燃油锅炉外，车辆段及停车场均采用天然气清洁能源。

(6)结合城市建设和改造，做好沿线拆迁安置和土地开发利用工作。对泰安里、红旗楼等距线路中心线 15m 以内的住宅居民进行搬迁，改变建筑物现有使用功能。对友爱南里等 63 处环境敏感点设置吸声式声屏障或全封闭式声屏障。对处于敏感区域的车站应采取全封闭措施，站内禁用高音喇叭。对空压机等高噪声设备采取降噪措施，确保敏感点及站场边界噪声满足相关标准要求。应在设计阶段进一步优化具体实施方案。

基本落实。对于第一排建筑物和近侧线路中心线距离小于 15m 的重点环境保护目标。建设单位对红旗楼、龙廷里、泰安里等建筑进行了拆迁。对丽新公寓、华山宾馆、河北路至铁西路间的住宅进行了动迁，改变上述建筑的使用性质。对大多数环境敏感点设置吸声式声屏障，建设长度共共 9 960m，共计 18 405m^2。对处于敏感区域的车站采取了半透明全封闭措施。车站广播采用低音喇叭。

(7)合理规划和利用线路两侧土地。在规划的开发区金融贸易生活区路段应预留设置声屏障的位置和条件，距线路 250m 范围内不宜建设学校、医院、居民区等噪声敏感建筑物。应根据噪声预测结果，合理布置沿线其他未建成区中的居民区、学校、医院等敏感建筑。

全面落实。环保主管部门已经对环评报告书做出了批复，并将其影响范围反馈至各级相应的规划主管部门，由规划部门将其纳入后期规划中。

(8)车辆选购应优先考虑有振动防护措施的车型，重点敏感路段采用有良好噪声和振动衰减性能的弹性支承块式轨道，严格控制列车行驶速度，加强对轮轨表面的维修保养，降低列车运行产生的振动和噪声影响。

本工程全线采用了重轨、焊接无缝线路。设置磨轨车减少轨面不平整度。高架桥采用梁式结构，并在梁与箱体之间采用弹性支撑，减少振动传递。将线路尽可能的设在津塘路中心，尽量减少影响范围。为振动影响降低到最低程度。该工程在外环线以外以塘沽区、开发区等一些振动焊接特别敏感的区段采用的“弹性支撑块式轨道”。

(9)主变电站和牵引变电选址应与附近居民住宅等敏感目标保持15m以上的距离，并采取相应的电磁防护措施，确保边界电磁辐射达到国家有关标准要求。

全面落实。主变电站和牵引变电所均与居民楼之间的距离大于15m。

(10)加强施工期环境管理。合理布置施工现场，合理安排作业时间，尽量选择低噪声、低振动的施工机械设备，敏感区域禁止夜间作业，应以对沿线居民、学校、医院等影响最小为原则，选择施工车辆运输时间和行驶路线，防止施工扬尘和噪声扰民。合理调配挖填土方，做好取、弃土场的植被恢复，施工渣土和建筑垃圾要集中清运处置。路基边坡、两侧应植树种草，防止造成水土流失。

全面落实。建设单位将施工期环境保护工作纳入施工承包合同中，施工单位有一名兼职人员负责环保工作，各标段施工单位均定制《文明施工及环境保护管理办法》。施工单位能够认真贯彻该市有关国家和地方的规定。建设单位在施工前两天发布与市交通管理局联合发布通告。通告中重新调整了津塘路(中山门至外环线)的对机动车及非机动车的通行要求。建设单位与施工单位在交管局的配合下安排施工运输车辆的走行路线和走行时间。工程所需土源均通过商业购买方式，弃土均由施工单位与有资质的建筑垃圾工程渣土管理所签订协议妥善处置。雨季不进行填挖方的工作，并在地面段路基边坡、两侧植树种草，有效的防止了水土流失。

第四节　生态环境影响调查

一、生态环境影响调查内容

(1)调查××轻轨工程永久占地及其附属工程临时占地(拌和站、施工便道、料场等)生态恢复措施及恢复效果。

在对试营运期本工程沿线生态环境初步调查和“环评报告”的基础上，本次调查将对预制场、拌和站等临时占地的生态恢复措施落实情况及恢复效果逐一进行调查。

(2)调查本工程水土保持工程、绿化工程、排水工程的实施情况及效果。

(3)调查本工程建设对沿线农田、水利设施的影响，桥梁建设等对主要河流的影响。

(4)调查本工程建成后对沿线景观的影响。

二、施工期生态环境影响调查

略。

三、营运期生态环境影响调查

略。

第五节　水环境影响调查

一、水环境影响调查内容

(1)调查与本工程废水排放相关的政策、规定和要求。

(2)调查工程沿线各设施的用水情况,施工期、运营期污水排放情况包括污水主要来源、污水种类、排放量、污水排放特征、污水排放去向等;各设施污水处理情况,包括污水处理方式、处理规模以及处理效果。

(3)调查工程排水、沿线设施污水外排、弃渣堆放等对水环境敏感点的影响。

二、施工期水环境影响调查内容

1. 施工期水环境影响调查

(1)地面水环境影响调查

本工程的环境影响报告书中并未对调查范围内的水环境质量进行现状评价,因此本次调查不作与施工前水环境质量的对比调查分析。

(2)施工营地水环境影响调查

略。

2. 施工期水环境保护措施效果分析

(1)根据实际情况,施工人员基本是租用当地居民住宅,少量搭建了临时简易板房,生活污水基本上排入市政管网,有效的避免了施工生活污水对当地环境的影响。

(2)建设单位在开工前已经委托专业部门落实了工地排水设施,施工单位在施工围挡范围内建设沉淀池,本工程污水均由自设的泥沙沉淀池沉淀后最终排入市政管网,施工泥浆外运处理,没有随处漫流。

施工期间以上环保措施的落实最大限度地避免施工建设对沿线排水设施的影响,保障了城市的市容环境的整洁。

三、营运期水环境影响调查内容

1. 营运期水环境影响调查

××轻轨工程全线共设19个车站,其中16个高架站,3个地面站,设停车场、车辆基地、控制中心各1座。沿线配套工程包括19个车站(其中8个车站已经开通),一处车辆段、1处停车区和一处控制中心。各车站区及控制中心均设置化粪池,最终排入市政管网由城市污水处理场处理,或经污水管道后排入排污河,各站区生活污水发生、处理情况及去向略。车辆段设有生活污水处理设施及生产污水处理设施,其处理能力为5t/h,处理工艺略。

为调查该处污水处理设施所排污水的水质及分析可能造成的影响,故选定车辆段污水处理设施的排水口进行水污染源监测,对其他设施外排废水进行类比分析。

(1)监测项目:pH、COD cr、SS、动植物油、石油类并同步测量污水流量。

(2)监测时间与频率:连续监测2天,上、下午各监测一次。

(3)测定方法:《污水综合排放标准》(GB 8978—1996)中规定的污染物测定方法。

××监测中心于2005年1月14上午、15日下午连续2天对车辆段生活污水处理站和生产污水处理设备的进水口及排放口进行了监测。监测结果及分析略。

由监测结果可以看出,生活污水处理设施CODcr、SS、动植物油去除率分别在38.97%、46.56%、82.14%左右,生产污水处理设施SS、石油类去除率分别在80.5%、68.8%左右。两污水处理设施排放口,pH、SS、石油类、动植物油均符合《污水综合排放标准》(GB 8978—

1996)二级标准,按此标准本次监测生活污水的COD排放浓度超标,超标率为66.7%。

总体来说,××轻轨工程车辆段生产污水处理设备处理效果明显,能够满足《污水综合排放标准》二级标准;生活污水处理设备除监测生活污水的COD排放浓度略有超标外(超标率为66.7%),其他监测因子均能够满足《污水综合排放标准》(GB 8978—1996)二级标准的要求。

2.发现的主要问题与补救措施建议

由于本工程车辆段生活污水经生活污水处理后COD排放浓度略有超标,建设单位应与污水处理设备的设计及施工的单位及时沟通,由专业人员对该设备进行调试,确保污水处理设备正常运行,污水处理达标;另外为充分利用水资源,做到节水,随着车辆段生产污水量的不断增加,应将污水汇集至现有的污水池后,进行进一步的沉淀后回用于车辆段内绿化等,需预留资金10万元。

第六节　环境空气影响调查

一、环境空气影响调查内容

本项目对环境空气质量的影响主要是试营运期沿线锅炉排放废气的影响,同时施工期的粉尘污染所产生的有害气体对环境空气质量的影响也不容忽视。调查的主要内容为:

(1)结合公众参与调查和施工期环境监察结果,调查分析施工过程中采取的减轻空气污染的防治措施及其效果。

(2)根据津滨快轨工程以电力作为能源动力的特点,本次调查对沿线环境空气不再补充监测。另外根据初步现场踏勘结果,工程沿线设施只有控制中心使用燃油锅炉取暖供热,车辆段及停车场均采用清洁能源——天然气作为燃料;同时控制中心、车辆段及停车场的职工食堂均采用了油烟吸收装置,报告书编制阶段将对控制中心锅炉的能源消耗、污染物达标及各食堂的油烟排放等问题进行进一步调查,并提出相应环保要求。

二、施工期环境空气影响调查内容

略。

三、营运期环境空气影响调查内容

由于轻轨主要使用电驱动,不会对空气产生污染。空气污染物主要为车辆段、停车场和控制中心的燃气、燃油锅炉产生的废气。

控制中心取暖按照环评要求利用集中空调系统。但该处为了供应招待所和食堂热水的需要新建一台中外合资大田锅炉制造有限公司生产的燃油热水锅炉,型号为CWNS0.7—95/70—YQ,燃料使用0号轻柴油,轻柴油主要参数,低位发热量42 800kj/kg,灰分0.1%,含硫量0.25%,含氮量0.04%。

停车场环评时拟采用燃油锅炉提供洗浴热水,据实地调研,目前采用清洁能源——天然气作为燃料,有效的减缓了锅炉污染物的排放量,环境效益、社会效益明显。车辆段和停车场均采用中外合资大田锅炉制造有限公司生产燃气热水锅炉,锅炉型号为WN4.2—10/115/70—

Y6。停车场和车辆段都各有两台燃气锅炉，一台现已使用，另外一台备用。

本项目控制中心所采用的燃油锅炉自身均配有脱硫装置，所排放的烟尘、SO_2、NOx 排放浓度满足《锅炉大气污染物排放标准》(DB12/151—2003)二类区 II 时段标准。

××轻轨各车站不设食堂，只有车辆段、停车场和控制中心设有食堂。车辆段现有人员532人，停车场62人，控制中心363人，食堂采用天然气或液化石油气作为能源，食堂安装了油烟净化设施，净化后的烟气排放浓度可以满足环评时的要求，排气筒出口朝向避开了周围敏感点，油烟处理工艺流程如下：油烟-集气罩-风管-油烟净化装置-低噪声离心风机-排气筒有组织排放。

根据调查表明，环保设施的运行效果明显，××轻轨工程投入试营运以来对周围环境空气影响很小。

第七节　声环境影响调查

一、声环境影响调查内容

(1)调查目前工程沿线120m范围内声环境敏感点分布情况，包括市镇、村庄、学校等与线路相对位置关系，确定各环境敏感点的名称、桩位号、距轨道中心线的距离、与轨道面相对高差、敏感点的规模、临路住户数及人口等。重点调查对比环境影响报告书和现状工程沿线100m范围内的环境敏感点的变化情况、变化原因(线路摆动、搬迁、名称更改等)。

(2)调查工程沿线受噪声影响的环境敏感点已采取的噪声防治措施情况及报告书中规定的声环境保护措施落实情况。

二、施工期声环境影响调查内容

1. 施工期声环境影响调查

本工程施工期间并未针对声环境、振动环境质量进行跟踪监测，在此不做施工期与施工前声环境与振动环境质量的对比调查。据调查，××轻轨施工期间较好的落实了环评阶段提出的各项环保措施，控制施工时间，夜间停止施工，对强噪声源设备加装隔音设备等措施。总体来说，本工程施工期间虽然因为施工技术条件的限制对沿线的声环境质量、振动环境质量产生短期的影响，但对沿线居民生活影响是可以接受的。

2. 施工期声环境保护措施有效性分析(略)

3. 调查发现的问题(略)

三、营运期声环境影响调查内容

1. 声环境敏感点调查

从调查结果来看，轻轨线路的设置变化不大，路线沿线的声环境敏感点与路线的位置关系基本保持原环评阶段状况。

根据对试营运期××轻轨沿线主要声环境敏感点进行实地考察基础，同时根据这些敏感点与线路的方位、相对高差、与外轨中心线距离和敏感点的规模、有无声屏障、临路有无窗户、是否为新建等情况，并对照环评中涉及的保护目标，确定了沿线100m范围内的集中居民区、学校、医院等共计59处作为本次重点调查的声环境保护目标，其中新增保护目标11处，这11个敏感点均为轻轨开工建设前建设，除和平里和丰年村养老院外，其他均建设20余年，丰年村养老院是利用小区内原有建筑，房屋建设时间约为16年，以上建筑均为原有建筑，该建筑的建设是在结合该市城市总体规划基础上建设的。环境影响报告书中确定的声环境保护目标共63处，其中有15处已不在本次重点调查范围内。保护目标现状说明见表6-2-4。从表中可以看出，路线沿线的敏感点基本上都设置了2～4m的吸声声屏障，而数量长度减少的主要原因为建设单位已经将路线沿线的一部分敏感点进行环保搬迁、拆迁或者收购并改变了使用功能；声屏障高度或者未设全封闭的声屏障的主要原因是轻轨基本布设在城市路段，综合考虑到景观效果和避免影响居民楼采光。同时根据本次验收监测结果，××轻轨工程对现有交通噪声的贡献值十分有限，且工程已经建设的声屏障及其他降噪减震措施已经基本满足降噪要求。

2. 声环境现状监测

(1)布点原则

①结合环境影响报告书中的噪声监测布点，重点关注环评报告中预测结果超标、拟采取环保措施以及实际情况变化较大的敏感点。

②选择临路的集中居民点以及120m范围内可能受影响的学校、医院等重点敏感目标。

③监测点分布尽可能反映不同路段由于路况、运行指标、车辆速度、高差等差别给敏感目标带来的噪声影响。

④选择线路附近比较开阔、不受人为干扰地段，设噪声衰减监测断面。

(2)点位布设

①一般噪声敏感点

综合考虑工程沿线敏感目标与线路相对位置的差别、居民住户或学校规模大小以及初步踏勘后对环评报告敏感点的核实结果等因素，从目前工程沿线声环境保护目标中筛选出20个居民点、学校和医院，设置环境噪声现状监测点和对照点。对学校进行昼间监测时应避开学生课间休息的干扰。声环境监测点情况略。

②衰减断面

选择车辆段附近比较开阔、不受人为干扰地段，设噪声衰减监测断面，在断面上距离轨道中心线20m、40m、60m、80m、120m处各设1个监测点。

③声屏障的实际效果同步监测对照点：在临路较近的设有声屏障的敏感点及分别与该处监测点同距离、同高差的无声屏障处设置监测点，进行声环境垂直同步监测。在昼间选择列车通过时平均列流密度下的某一小时测量；测量同时记录主要噪声源，各点与外轨中心线的相对距离及高差。

声环境监测点情况见表6-2-5。

(3)监测内容与频次

①一般噪声敏感点：在临路较近的住宅、教室的窗外1m处不同层高设测点，进行昼间声环境垂直同步监测。在昼间选择列车通过时平均列流密度下的某一小时测量，代表昼间列车通过时等效声级；同时进行无列车通过时测量声环境背景值的等效声级，测量同时记录主要噪声源，各点与轨道中心线的相对距离及高差。噪声测量值为A声级，以等效连续A声级作为评价量，给出列车通过时的贡献值。

××轻轨声环境敏感点统计表(摘)

表 6-2-4

序号	路段	名称	与外轨中心线距离(m)	轨道与地面高差(m)	现状临路情况	与环评中敏感点对照情况			环评要求措施	声环境保护措施落实情况	验收标准
						名称	与中心线距离(m)	对比结果			
1	起点～中山门站	友爱南里*	30	+11.0	路北,1 栋 6 层楼(4 门)	同	28	距离变大	声屏障高度 4m,双侧	2m 高声屏障,双侧	4 类
2		中山门南里 3 栋 18 层楼*	32	+11.0	路北,3 栋 18 层楼,1 个 6 层楼(3 门)	同	28～34	距离变小	全封闭声屏障	2m 高声屏障,双侧	4 类
(1)		河东区第五幼儿园	—	—	原建筑已经拆迁	同	28	不在本次调查范围内	声屏障高度 4m,双侧	环保搬迁	—
(2)		乐平里	—	—	踏勘过程中未发现该敏感点	—	28	不在本次调查范围内	声屏障高度 4m,双侧	环保搬迁	—
3		友爱东道居民楼(津塘公路 101 号)*	75.6	+8.5	路北,2 栋 6 层楼(4 门)	同	28	距离变大	声屏障高度 4m,双侧	2m 高声屏障,双侧	4 类
(3)		毛条一厂宿舍	—	—	踏勘过程中未发现该敏感点	—	35	不在本次调查范围内	声屏障高度 4m,双侧	环保搬迁	—
(4)		乐安里	—	—	踏勘过程中未发现该敏感点	—	35	不在本次调查范围内	声屏障高度 4m,双侧	环保搬迁	—
4		万明里	86	+9.0	路南,2 栋 6 层楼(3 门)	—	—	新增敏感点,环评中未考虑该点,建设 20 余年	—	1.5m 声屏障,双侧	4 类
5		津塘公路 146 号*	40	+11.0	路南,2 栋 8 层楼	同	34	距离变大	声屏障高度 4m,双侧	1.5m 声屏障,双侧	4 类

说明:*为振动敏感点。

声环境监测点情况说明　　表 6-2-5

序号	路　段	名　称	敏感点点外轨中心线距离(m)	测 点 位 置
1	起点～中山门站	中山门南里 3 栋 18 层楼 *	26	临路 1、5、8、11、14、18 层窗前 1m
2		中山门南里 1 个 6 层楼	65	临路 1、5、6 层窗前 1m
3		万明里(6 层)	86	临路 1、2、6 层窗前 1m
4	一号桥～二号桥(CK1+950～CK2+845)	津塘公路 172 号增 1 号(16 层)	41	临路 1、4、7、16 层窗前 1m
5	二号桥～张贵庄(CK2+845～CK4+175)	红旗巷二条(军电大楼)(3 层)	57	临路 1、3 层窗前 1m
6		津塘公路 169 号(糖精厂宿舍)(4 层)	48	临路 1、4 层窗前 1m
7		水泥厂楼(7 层)(津塘路 17 号)	39	临路 1、3、7 层窗前 1m 并设置声屏障效果对照点
8	张贵庄～新立镇(CK4+175～CK10+017)	永平巷(5 层)	49	临路 1、4、5 层窗前 1m
9		振华里(6 层)	65	临路 1、4、6 层窗前 1m 并设置声屏障效果对照点
10		集二十八号楼(6 层)	42	临路 1、4、6 层窗前 1m 并设置声屏障效果对照点
11		东丽医院(3 层)	63	临路 1、3 层窗前 1m
12		东丽区妇幼保健院(3 层)	25	临路 1、2、3 层窗前 1m;并设置声屏障效果监测对照点
13	新立镇～东丽开发区(CK10+017～CK12+010)	祥和公寓(5 层)	26	临路 1、4、5 层窗前 1m
14	东丽开发区～小东庄(CK12+010～CK16+315)	四合庄中学(5 层)	120	临路 1、4、5 层窗前 1m 并设置声屏障效果监测对照点
15		四合庄(平房)	45	临路窗前 1m
16	小东庄～军粮城(CK16+315～CK21+240)	十三顷村(平房)	24	临路窗前 1m
17	胡家园～车站北路(预留)(CK34+837～CK37+670)	兵营宿舍(3 层)	68	临路 1、3 层窗前 1m
18	车站北路～洋货市场(CK37+670～CK39+864)	幸福楼(3 层)	62	临路 1、2、3 层窗前 1m
19	洋货市场～洞庭路(CK39+864～CK41+510)	和平里 13 栋(7 层)	8	临路 1、4、7 层窗前 1m;并在和平里 16 栋第二排楼房 1、4、7 层窗前 1m 设置对照点
20		塘沽教育中心北院(4 层)	43	临路 1、4 层窗前 1m
21		兴园里小区(7 层)	20	临路 1、5、7 层窗前 1m 并设置声屏障效果对照点

②衰减断面:同步监测每一测点的每小时的等效连续 A 声级及列车通过时声级,给出列车通过时对声环境的贡献值。

③声屏障的实际效果同步监测对照点:在临路较近的设有声屏障的、津塘路 175 号、泰兴

里、东丽区妇幼保健院、四合庄中学、兴园里小区5处敏感点及分别与该处监测点同距离、同高差的无声屏障处设置监测点,进行声环境垂直同步监测。在昼间选择列车通过时平均列流密度下的某一小时测量;测量同时记录主要噪声源,各点与外轨中心线的相对距离及高差。

④在监测同时记录以下数据:测点与外轨中心线的距离,与轨道面高差,并记录轻轨运行时间及数量、现有公路汽车交通量(按大中小型车计)。

(4)监测时间

本次监测委托某监测中心对轻轨沿线噪声环境进行监测,监测时间为2004.11.11～2004.12.09。

(5)监测方法

具体监测方法噪声相关规定执行。

(6)监测仪器

采用性能优良、满足相关监测要求的多功能噪声分析仪。所有仪器使用前经计量鉴定合格,每次测量前均进行校正或比对。

3.衰减断面监测结果分析

本次调查选择车辆段附近比较开阔、不受人为干扰地段,设噪声衰减断面,在断面上距离轨道中心线20m、40m、60m、80m、120m处各设1个监测点,基本上能反映出轻轨噪声扩散衰减规律。噪声衰减断面的监测结果略。

可以得出如下结论:

(1)轻轨噪声能够满足环境功能区的要求,随着距离的增加,噪声衰减明显。昼间路线两侧20m以外的区域均能够达到四类标准,夜间由于没有车辆运行,声环境基本维持背景水平。

(2)在各次同步监测值中20m处的噪声值最大(67dB(A)),120m处最小(60.9dB(A)),20～120m之间符合噪声随距离增大逐渐衰减的规律。

(3)总体来看,轻轨噪声影响对环境的影响有限,在边界外就能够满足四类功能区要求,在120m处基本能够满足二类环境功能区的要求。

按常规,当受声点处于路线两侧200m范围内,可将路线交通按线声源处理。在理想情况下,受声点距路线中心线距离每增加1倍则噪声值衰减3dB(A)。若按点声源处理,在理想情况下,受声点距路线距离增加1倍,噪声值衰减6dB(A)。考虑到本工程实际,以上两种情况兼而有之,估算受声点应衰减3～6dB(A)。噪声实际监测值与理论值并不完全吻合,昼间衰减值分别为1.7、3.6、1.7dB(A),这表明实际情况下噪声衰减值是受地形条件、气象要素、地表植被和其他附属物的影响较大,噪声衰减幅度与理想情况下的衰减幅度有所不同。

4.声环境敏感点监测结果分析

根据环境影响报告和敏感点现场调查,筛选出20个敏感点进行噪声现状监测。监测结果略。从监测结果可以看出:

(1)各个监测点处的昼间小时等效声级在轻轨是否经过的情况下无明显差别。敏感点的噪声影响主要来自现有津塘公路的噪声。轻轨工程的建设带来的噪声影响增加量范围在0.1～0.2dB(A),影响十分有限。轻轨交通噪声对环境的影响非常有限,声环境质量基本保持现状。敏感点现状超标的主要原因仍然是现有道路交通噪声。

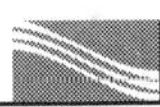
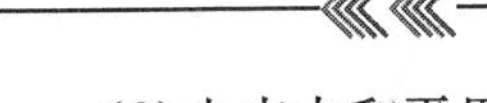

(2)由表中和平里16栋居民楼的第一排与第二排的对比监测结果可以看出,第二排2、4、7层的交通噪声值比第一排相同楼层的交通噪声小2.2～11.6dB(A),可见在有第一排楼防护的效果下,第二排的居民受现有交通噪声的影响很小,因此可以说和平里居民楼改变使用功能对其所防护的居民楼的降噪效果是很明显的。

5.其他敏感点噪声影响评估

针对本次竣工验收未进行实际监测的敏感点主要依据已经实测的敏感点监测结果进行评估,同时考虑地形、速度、距离等条件进行修正。评估结果略。可以看出,评估结果中虽然有部分敏感点环境噪声质量出现超标的情况,但是分析其原因,主要受现有津塘公路的交通噪声影响,而由实测分析结果可知,轻轨工程的建设带来的噪声影响增加量范围在0.1～0.2dB(A),影响十分有限。

6.声屏障有效性调查与分析

(1)本次现状监测当中对部分有代表性的声屏障进行了对比调查监测。监测结果(略)。

(2)轻轨所采用的声屏障分别为江苏一环集团环保工程有限公司和天津再发隔音墙有限公司的产品,为说明该声屏障的隔声效果,两厂家分布于2003年12月特委托某监测中心对东丽区新立镇—张贵庄路段(所采用的声屏障为江苏一环集团环保工程有限公司生产)的声屏障及塘沽区洋货市场站—胡家园站路段(所采用的声屏障为天津再发隔音墙有限公司生产)的声屏障进行了有效性监测。监测结果(略)。

由此进行分析:

(1)本工程声屏障设置具有一定的效果,声屏障本身降噪效果为11.1～15.9dB(A)。

(2)声屏障对敏感点起到一定的降噪作用,降噪效果为1.0～11.2dB(A)。

根据前文分析,由于本工程的噪声影响有限,主要声源是原有津塘路交通噪声,但是声屏障对控制本工程轻轨运行时的噪声影响还是有一定效果的。

7.设计工况下声环境影响校核

轻轨正常营运后,本工程的噪声影响因为车辆运行速度的提高和车流量的增加而将有所变化。因此应当针对此类变化进行校核。校核前后的噪声影响进行对比,其差值列在下表6-2-6。

根据下表的对比结果可以看出,设计工况下噪声影响相比现在的噪声影响没有明显增加,增加量为0.1～0.5dB(A)。和平里居民区从60.9dB(A)增加到61.4dB(A),是增加最大的点。但其超标情况并没有发生变化。其他敏感点增量均小于此,超标情况也没有发生变化。设计工况下的噪声影响与目前相比非常接近,噪声影响基本维持在目前水平。

设计工况下敏感点噪声影响的对比分析(摘)

表 6-2-6

序号	测量位置	楼层	距离(m)	轨高(m)	点高(m)	高差(m)	背景值[dB(A)]	目前速度(km/h)	正常速度(km/h)	目前敏感点影响[dB(A)]	校核后敏感点影响[dB(A)]	声级增加量[dB(A)]
1	中山门南里 18 层楼	3.0	32.0	11.0	5.0	−6.0	74.3	52.2	57.0	74.3	74.3	0.0
		5.0			13.0	2.0	81.6	52.2	57.0	81.6	81.6	0.0
		8.0			21.0	10.0	78.6	52.2	57.0	78.6	78.6	0.0
		11.0			29.0	18.0	75.0	52.2	57.0	75.0	75.0	0.0
		14.0			37.0	26.0	73.0	52.2	57.0	73.0	73.0	0.0
		18.0			51.0	40.0	73.1	52.2	57.0	73.1	73.1	0.0
2	中山门南里 6 层楼	1.0	62.0	10.8	1.5	−9.5	58.7	52.2	57.0	58.9	59.1	0.2
		5.0			13.0	2.0	67.4	52.2	57.0	67.4	67.5	0.0
		6.0			15.5	5.0	68.2	52.2	57.0	68.2	68.2	0.0
3	友爱东道居民楼	1.0	75.6	8.5	1.5	−7.0	59.7	52.2	57.0	59.8	60.0	0.2
		4.0			10.0	1.5	61.9	52.2	57.0	62.0	62.1	0.1
		6.0			15.0	6.5	62.8	52.2	57.0	62.9	62.9	0.1
4	津塘路 172 号增 1 号	1.0	37.5	10.6	1.5	−9.5	70.4	67.2	57.0	70.4	70.4	0.0
		4.0			12.0	1.0	71.0	67.2	57.0	71.0	71.0	0.0
		7.0			20.0	9.0	69.3	67.2	57.0	69.3	69.4	0.0
		16.0			42.0	31.0	71.1	67.2	57.0	71.1	71.1	0.0
5	红旗巷	1.0	53.0	11.0	1.5	−9.5	60.0	67.2	57.0	60.2	60.4	0.2
	二条	3.0			6.0	−5.0	69.5	67.2	57.0	69.5	69.5	0.0

第八节 振动影响调查

一、振动环境影响调查内容

(1)调查对比环境影响报告书和现状津滨快轨沿线 60m 范围内的环境敏感点的变化情况、变化原因(线路摆动、搬迁、名称更改等)。

(2)调查工程沿线受振动影响的环境敏感点已采取的振动防治措施情况及报告书中规定的振动环境保护措施落实情况。

(3)重点调查目前工程沿线 60m 范围内振动环境敏感点分布情况,包括市镇、村庄、学校等与线路相对位置关系,确定各环境敏感点的名称、路段、距外轨中心线的距离、与轨道面相对高差、敏感点的规模、临路住户数及人口等。

二、振动环境影响调查

1.振动环境敏感点调查

根据对试营运期××轻轨沿线主要振动环境敏感点进行实地考察基础,同时根据这些敏感点与线路的方位、相对高差、与轨道中心线距离和敏感点的规模、是否为新建等情况,并对照环评中涉及的敏感点,确定了沿线 60m 范围内的 46 个集中居民区、学校作为本次重点调查的振动环境敏感点。

2.振动环境现状监测

(1)布点原则

①结合环境影响报告书中的噪声监测布点,重点关注环评报告中预测结果超标、拟采取环保措施以及实际情况变化较大的敏感点。

②选择临近路旁户数集中居民点以及 60m 范围内可能受影响的学校、医院等重点敏感目标。

③监测点分布尽可能反映不同路段由于路况、运行指标、车辆速度、高差以及房屋结构等差别给敏感目标带来的振动影响。

(2)点位布设

有关资料表明,受交通振动影响的建筑物内 Z 振级与建筑物外地面的 Z 振级相比,有较大幅度的衰减,衰减的大小与房屋的基础和结构、质量有密切的关系,框架结构的高层建筑(1 类)和多层砖混结构建筑物(2 类)振动衰减较大,而对于三层以下楼房、平房、临时房屋属于衰减性能不好的房屋(3 类)。

在现场踏勘的基础上,综合考虑工程沿线敏感目标与线路相对位置的差别,以及初步踏勘后对环评报告敏感点的核实结果等因素,并考虑建筑物类型、楼层和线路水平距离等因素,从目前工程沿线振动环境保护目标中筛选出 2 个居民点和 1 处医院,设置环境振动现状监测点和对照点。振动环境监测点情况见表 6-2-7。

振动环境监测点选取情况说明　　表 6-2-7

序号	桩　　号	名　称	监测点与外轨中心线距离（m）	轨高（m）	测 点 位 置
1	起点～中山门站（CK0＋000～0＋305）	中山门南里18层楼	34	＋11.0	室外地面、室内1层、3层、5层
2	张贵庄～新立镇（CK4＋175～CK10＋017）	东丽区妇幼保健院	33	＋5.8	室外地面、室内1层、3层
3	小东庄～军粮城（CK16＋315～CK21＋240）	十三顷村	17	＋6.5	室外地面

(3)监测内容、方法与频次

现状振动测试的物理量为建筑物外地面的铅垂向 Z 振级（VLzmax），采用《城市区域环境振动测量方法》（GB 10071—1988）中的“铁路振动”测量方法进行，即读取每次列车通过过程中的最大示数，每个测点连续测量 20 次列车，以 20 次读值的算术平均值为评价量。

地面测点位于建筑物室外 0.5m 的振动敏感处，室内测点置于建筑物室内地面中央。拾振器平稳的安放在平坦、坚实的地面上。避免置于如地毯、草地、砂地等松软的地面上。

(4)监测单位及时间

本次监测委托某监测中心对轻轨沿线振动环境进行监测，监测时间为 2004.11.11～2004.12.09。

(5)监测仪器

YE5930 公害振级计、AWA6218B 环境振动分析仪、HS5933A 环境振动测量仪。

所有参加测量的仪器在使用前均在每年一度的计量检定中由计量检定部门鉴定合格。

3. 振动环境实际影响分析

路线沿线共有 46 处振动环境重点敏感点，本次调查根据建筑物结构类型、与铁路外轨中心线距离以及敏感目标的性质等原则筛选出 2 个居民点和 1 处医院，设置环境振动现状监测点和对照点，进行了振动环境质量现状监测，监测结果略。

从敏感点振动监测结果可知：

(1)在轻轨列车通过时，各测点的振动测量值较环境背景振动值有一定的增加，增加量在 2.6～8.9dB 之间。

(2)按照《城市区域环境振动标准》（GB 10070—88）交通干线道路两侧标准评价敏感点的实际监测结果：各监测点的振动监测值均满足昼间 75dB 的要求。同时，东丽区妇幼保健院在有轻轨列车通过时能够达到居民、文教区昼间 70dB 的要求。

4. 减振措施效果分析

(1)本工程全线采用了重轨、焊接无缝线路。设置磨轨车减少轨面不平整度。高架桥采用梁式结构，并在梁与箱体之间采用弹性支撑，减少振动传递。重轨较普通的钢轨振动约减少 10%，同时铺设无缝钢轨，减少了钢轨接头，能有效减少轮轨间的冲击力，使列车运行的基本单位阻力减少 10%～20%。根据欧美国家资料介绍营运噪声可降低 2%～10%，我国资料可降低 2～3dB。

(2)工程在市区、外环线以外的塘沽区、开发区等一些振动焊接特别敏感的区段采用了"弹性支撑块式轨道",见表6-2-8。并在重要的敏感点路段基桩处为减轻振动,在轨道与基桩的接触点设置了橡胶靴套以减缓振动,该橡胶靴套的特点是具有很好的耐久性、少维修、减震效果一般在6~8dB。

弹性支撑块式轨道结构设置地段表　表6-2-8

序号	设置里程范围	序号	设置里程范围
1	DK0+000~DK11+055.60	6	DK 23+103~ DK 23+608
2	DK 11+255.60~ DK 11+540.60	7	DK 24+622.80~ DK 26+027.80
3	DK 13+056.50~ DK 13+641.50	8	DK 36+240.70~ DK 42+087.50
4	DK 16+489.92~ DK 18+636	9	DK 43+097.80~ DK 47+981.08
5	DK 9+070~ DK 19+365		

(3)试运行阶段采用不落轮镟床对轨道进行摩擦保养,并购置了西班牙生产的磨轨车对钢轨进行摩擦保养。据我国有关资料介绍,对钢轨顶面不平顺进行打磨,可降低3~5dB。

5.设计工况下振动环境影响校核

根据津滨快速公司运营部提供的津滨快轨实际运行速度的统计结果,目前实际平均运行速度为61.75km/h,而设计阶段运营初期平均运行速度为84.6km/h。为了说明列车在达到设计运行速度的条件下对敏感点的影响,本次调查采用环评报告中的地面列车振级预测模式进行预测。预测模式为:

$$VL_{z列} = 84 + 18\lg\frac{V}{40} - 14\lg L(\text{dB}) \quad (6\text{-}2\text{-}1)$$

式中:$VL_{z列}$——地面不同距离处的列车振级(VL_{Z10})值(dB);

V——列车运行速度(km/h);

L——地面测点至近侧线路外轨投影的水平距离(m)。

由于该预测模式只考虑了距离和运行速度对振动的衰减影响,而并没有考虑实际工程上所采取的减振措施的减振效果,因此本次预测将在该预测模式的基础上进行一定的修正。修正方法为通过公式(1)计算出列车在实际运行速度下对敏感点振动环境的影响,将该值与实际监测值进行对比,二者的差值视为减振措施的衰减量ΔL,修正后的预测模式为:

$$VL_{z列} = 84 + 18\lg\frac{V}{40} - 14\lg L(\text{dB}) - \Delta L \quad (6\text{-}2\text{-}2)$$

由预测公式和现状监测结果,可知轻轨采用的减振措施能够衰减0.8~6.9dB。

根据环评报告中的预测结果,列车在设计运行速度下各敏感点的振动环境均能够达到相应标准,再考虑减振措施的减振效果,则各点的振动值与环评报告中相比均应有所降低,能够满足相应标准的要求。

第九节　电磁环境影响调查

一、电磁环境影响类别

据初步踏勘及调研,津滨快轨沿线附近无大型电磁波发射装置,因此在津滨快轨运行环境中的电磁波主要来源于广播、电视信号。

本项目对电磁环境的影响主要是分两种：

第一为流动污染源，即列车在运行中由于弓形受电网与架空馈线的突然离开和接触而产生很大的电磁辐射对周围居民收看电视节目及收听广播的影响。

第二为固定污染源，即津滨快轨工程在东丽区小东庄站及胡家园站附近两处110kV的主变电站的运行对周围电磁环境尤其是对周围居民身体健康、对收看电视节目及收听广播的影响。

二、电磁环境影响调查

1.列车运行所产生的电磁污染影响

考虑到本工程的建成及营运可能对电视收看的影响会较大，因此本次调查着重以点线结合，以点为主，突出重点的原则，根据距线路距离和居民密度，重点关注电视收看敏感小区。线路沿线有几个村庄(表6-2-9)电视用户密度大，距线路较近，没有安装有线电视，或虽有但有住户没有入网，收视条件较差，所以在以上地区分别设置电磁环境现状监测点。

列车运行所产生的电磁污染监测点位 表6-2-9

序　号	路　段	名　称	说　明
1	新立镇～东丽开发区 (CK10+017～CK12+010)	新立村	与轨道中心线距离26m
2	小东庄～军粮城 (CK16+315～CK21+240)	十三顷村	与轨道中心线距离24m
3	军粮城～钢管公司 (CK21+240～CK25+140)	官房村	与轨道中心线距离20m

(1)布点原则

着重以点线结合，以点为主，突出重点的原则，根据距线路距离和居民密度，重点关注电视收看敏感小区。线路沿线有几个村庄电视用户密度大，距线路较近，没有安装有线电视，或虽有但许多住户没有入网，收视条件较差，考虑到本工程的建成及运营可能对电视收看的影响会较大，同时也考虑到小东庄变电所附近有一敏感点——东大桥村，距离该变电所距离较近(房屋距离变电所围墙最近距离为47m)。

(2)监测单位与时间

本次调查委托某监测站对××轻轨运行中的电力牵引机车产生的电磁骚扰进行定位测量，以及该位置的电视辐射信号场强测量。某监测站分别于2004年11月29～30日和2004年12月22～23日对新立村、十三顷村和官房村进行了监测。

(3)监测内容

①电视信号场强。

②列车通过时电磁辐射场强值。

(4)监测频率

①电视信号场强测量各电视频道的图像载频。

②电磁辐射场强在各电视频道有用信号频带附近在列车通过时选一频点进行测量。

(5)监测仪表与方法

①监测仪表:ESI26/ESIB40(德国R/S公司);测试频率范围20Hz～26GHz/40GHz(实测200～100MHz);接收机带宽120kHz;测量误差±1dB扫描最少测量时间0.1ms。

②监测方法:由于国际国内均无对快速移动的电磁辐射骚扰源进行测试的方法,因而参照GB 4824—2004标准进行现场测量,由于车速在60～80km/h内,机车运行中1s内移动约17～22m,设置接收机带宽120kHz,最小测量时间0.1s,接收机选用了最大保持的峰值检波输出,以确保在有效测量区内的机车骚扰得到测量。

由于车行间隔长(10～20min间隔一次),难以完全按照国家标准进行天线高度不同的测量,因而采用测点居民使用的室外电视天线普遍高度。在测试电视信号场强时,采用水平极化调整天线测量最大值,在测试轻轨电牵引机车电磁辐射骚扰时,经测试确认,天线垂直极化测量值较大,故测量环境辐射场强和电牵引机车电磁辐射骚扰时均采用垂直极化,且垂直指向轻轨。

(6)验收标准

《工业、科学和医疗(ISM)射频设备电磁骚扰特性的限值和测量方法》(GB 4824—2004)。

(7)监测结果与分析

本次评价委托天津市无线电监测站对××轻轨运行中的电力牵引机车产生的电磁骚扰进行定位测量,以及该位置的电视辐射信号场强测量。监测数据略。通过以上监测数据计算出各监测站位信噪比值略。

根据测试结论,电牵引机车辐射骚扰在200～500MHz范围内有一定发射,此频段仅天津1套一个电视信号,各测点在电牵引机车干扰后天津1套的信噪比都能够达到35dB,因此,不会影响沿线居民收看电视。其余四个频道均处在500MHz以上,该频段环境背景骚扰和机车通过时差异不大。可以认为500MHz以上频段电牵引机车未产生对电视信号产生影响的电磁骚扰。

2.主变电所产生的电磁污染影响

本工程在东丽区小东庄站及胡家园站附近各建一处110kV的主变电所,该设施的建设并运行会对周围电磁环境尤其是对周围居民身体健康、对收看电视节目及收听广播产生影响。根据现场踏勘的情况,考虑到胡家园变电站附近500m范围内无环境敏感点,因此确定在小东庄主变电所设置监测站位。

(1)监测单位与时间

本次调查监测委托某环境管理所对小东庄主变电所产生的电磁污染进行监测,监测时间为2004年11月25日。

(2)监测内容与使用仪表

①监测内容:工频电场强度、工频磁感应强度、无线电干扰场强。

②监测仪器:工频场强仪、电磁干扰测量接收机。

(3)验收标准

①工频电场强度和工频磁感应强度评价标准。《500kV超高压送变电工程电磁辐射环境影响评价技术规范》(HJ/T 24—1998)中推荐,以4kV/m作为居民区工频电场评价标准。

应用国际辐射保护协会关于对公众全天辐射时的工频限值80A/m作为磁感应强度的评价标准;

②无线电干扰场强评价标准。《高压交流架空送电线无线电干扰限值》(GB 15707—1995)中规定在距边相导线20m处,测试频率为0.5MHz的晴天条件下不大于46dB(μV/m)。

(4)测点位置与监测方法

①电磁辐射场强监测。在变压器高压端一侧,对距变电站围墙0m、5m处地面和1.5m高处的电磁场强进行监测。监测在白天进行,每个测点连续测5次,每次测量时间不小于15s,并取稳定状态的最大值。

②无线电干扰场强。对距变电站围墙1m、20m处的无线电干扰场强进行测量,监测在白天进行,每个测点连续测5次,每次测量时间不小于15s,并取稳定状态的最大值。

(5)监测结果与分析

本次评价委托某环境管理所对本工程小东庄变电站工频电场强度、工频磁感应强度及无线电干扰场强进行监测,监测结果略。

根据监测结果,小东庄变电站周围的工频电场强度监测结果符合《500kV超高压送变电工电磁辐射环境影响评价技术规范》(HJ/T 24—1998)中推荐的限值4kV/m;工频磁感应强度符合国际辐射保护协会关于对公众全天辐射时的工频限值80A/m的评价标准;无线电干扰场强符合《高压交流架空送电线无线电干扰限值》(GB 15707—1995)中的规定。

第十节　固体废物影响调查

一、固体废物影响调查内容

调查工程施工期间施工垃圾和施工人员生活垃圾的去向以及试营运期间津滨快轨控制中心、车辆段和各车站等处的固体废物及列车所产生的废电解液、废电池等危险废物去向及对周围环境的影响。

二、施工期固体废物影响调查内容

1.施工期固体废物影响调查

施工营地租用附近民房,有效的减少了施工结束后因拆除临时施工营地产生的建筑垃圾。施工废方、弃方等生产垃圾统一堆放,以及生活垃圾统一收集,并及时进行了处理,有效防止了对沿线景观的影响。总体来说,本工程施工期间施工固体废物对沿线景观及居民的生产生活影响较小,是可以接受的。

2.施工期固体废物处置方式有效性分析

各标段施工单位均由一名专人负责施工中的安全、文明施工及环保工作。各标段施工单位将弃土及废泥浆与弃土接收单位签订协议,由接收单位接收至指定的受纳点弃土。施工营地的生活垃圾均交由当地的环卫部门收集处理,能够做到各类垃圾及时清扫、清运、没有随意倾倒,做到每班清扫、每日清运。施工期各项环保措施的落实,有效防止了施工期产生的固体废物对沿线景观及沿线居民生活的不良影响。

3.发现的问题

根据现场调研,津塘路175号、泰安里、常熟北里、祥和公寓、百兴里拆迁后的建筑垃圾未

及时清运，请建设单位及时与各合同单位（各地区拆迁办）沟通，尽快清运拆迁建筑垃圾。

三、营运期固体废物影响调查内容

1.营运期固体废物影响调查

××轻轨试营运阶段由于××轻轨的乘车和候车时间较短，而且车上不设厕所，采用不能开启的密闭车窗宽敞明亮，禁止乱扔杂物，因此基本不会产生垃圾。固体废物主要来源为各站台、车辆段、停车场、控制中心产生的生活垃圾，以及车辆段修理产生的金属屑。

各站台、车辆段、停车场和控制中心生活垃圾产生情况和处理方式略。

由于××轻轨刚刚投入试运行，车辆段列检、月检产生的废物较少，没有产生随意丢弃的现象，没有对周围环境产生影响，且没有废电解液和废蓄电池产生。本工程试营运期间，所产生的固体废物均得到了有效处置，没有对周围环境产生影响。

2.发现的问题及补救措施

随着轻轨的运营，废电解液和废蓄电池，将不可避免的产生，建设单位已经承诺将严格按照国家规定妥善收集、存放，不随意丢弃，废旧电解液采用密封容器储存，定期送有资质的专业单位处置，废蓄电池送专业厂家回收利用。避免危险物品流入社会，造成不良影响。

第十一节　社会环境影响调查

一、社会环境影响调查内容

(1)调查工程选线是否方便公众通行(略)。

(2)调查工程建设占地类型、征用土地情况、拆迁房屋和公共设施种类、数量及其影响(略)。

(3)调查工程建设对沿线农田、水利设施的影响，桥梁建设对河流、干渠行洪的影响(略)。

(4)项目施工期文物保护落实情况及项目建成后对沿线景观有无影响(略)。

二、施工期社会环境影响调查内容

项目的征地拆迁对周围居民生活产生了一定影响，建设单位采取了与当地政府合作，进行合理补偿的措施缓解了工程建设对居民生活质量的影响。

施工期为了减轻工程建设对周围居民通行的影响，建设单位和天津市公安交通管理局加强了沟通，施工单位必须服从公安交通管理局的管理和指挥。工程施工过程中相继占用了津塘路、跃进路、外环线、新立村立交桥匝道、民族路立交匝道、一经路、二经路、三经路、四经路、五经路、六经路等道路，施工期间为了行人的通行和保证施工路段交通安全畅通，改造了津塘路施工路段两侧人行便道，将侧石做成了漫坡，满足了车辆通行的要求。在外环线张贵庄立交桥东南侧修筑了辅道，满足车辆通行要求。拆除了部分隔离带，在津塘光华、津塘一号桥、津塘中山门一号、津塘广宁、津塘虎丘、天钢桥东西两侧、津塘富民、津塘建新楼、津塘地毯厂、津塘詹庄子、津塘招远、津塘跃进等路口设置了横穿施工区域的通道，保证了施工路段两侧单位、居民的正常出入。为了确保施工区域的交通安全，施工单位对施工区域进行了围挡，并设置了警

告灯，施工区域道路设置了专人维护。每条道路完工后都立即恢复了交通。

三、营运期社会环境影响调查内容

1.建设项目对当地社会经济影响调查

××轻轨一期工程，是天津市"十五"期间重点工程，东起自天津市经济技术开发区第八大街，为目前中国线路最长的轻轨，天津市区与滨海之间距离将拉近到40分钟。天津市是我国四大直辖市之一，是华北地区海陆交通枢纽和首都门户。滨海新区是中国唯一聚集港口、开发区、保税区、海洋高新技术开发区和大型工业基地的地区，又拥有京津、西北和华北十二个省、自治区、直辖市的腹地，服务两亿多人口。经过近十年的建设，天津滨海新区作为中国北方高度开放的标志性区域和经济发展的龙头，已经成为面向世界，辐射华北、西北的国际贸易窗口和国际物流中心。

××轻轨的建设拉近了滨海新区与市区之间的距离，给津滨地区提供了大容量、全天候、快速、安全、舒适的轨道交通。项目试营运以来，促进了天津市区与滨海新区经济及人员来往，部分职工上下班问题，减少了公交车的运行量数，缓解了交通拥挤地现象；进一步改善了滨海新区的投资环境，增强了新区的综合优势，有利于城市的可持续发展。

2.项目建设征地拆迁对环境影响调查与分析

(1)项目建设永久征用地基本情况

由于××轻轨建设工程环评是在该工程开工建设以后完成的，且路线大多位于城市路段，基本上都是拓宽路面而占用的城市土地。由于所处城区的特定条件，轻轨建设路线方案受到一定的局限性，虽然轻轨本身目前实际线位与环评阶段相比变化非常小，只是路线与个居民点的距离稍有变化，变化幅度基本在10m以内，因此说轻轨建设占地量基本与设计阶段一致，基本无变化。

××轻轨工程永久性占地基本上与环评阶段无变化。永久占地139.5万平方米，其中耕地20.3万平方米，占压砍伐工程范围内的花坛草坪6.5万平方米，树木8 331株，其他占地为荒地和道路。

(2)项目征地拆迁情况及补偿落实情况调查

轻轨建设前及建设过程中征地拆迁的情况(略)。可见全线征地拆迁补偿费用约为16 216万元。施工期建设单位已经与有关单位达成协议，补偿费用也已全部落实。

电力电讯拆迁以当地有关主管部门为主，由四区电力公司配合，拿出切实可行的改迁方案，并经过市电力电讯专业部门认可后进行批准改迁。对项目所占压的供电线路、通讯线路、路灯、高压线防护栏塔、广播电视线路等进行了拆改、补偿，补偿费用高到1.38亿元。电路电讯改造前都进行了替代方案，电路电讯改造时没有对当地居民的正常生活产生影响。

(3)征地拆迁环境影响分析

××轻轨88.5%为高架路段，大大减少了为扩大发展路面交通增加停车场、拓宽路面而占用的城市土地。本工程穿越河东区、东丽区、塘沽区和开发区，永久性占地139.5万平方米，其中占用耕地20.3万平方米，轻轨占用耕地集中分布在东丽区和塘沽区，其中东丽区约2.59万平方米，塘沽区约17.71万平方米。项目沿线居民生活来源不以农业为主，同时建设单位对于征地拆迁，参照有关部门的规定进行了合理补偿。

大部分拆迁住房的居民已经进行了合理安置，不低于原址水平或高于原址水平地方，新址的环境公共设施、交通、电力、电讯等方面都比较齐全，有利于保持今后长期良好的生活环境。

3. 通行便利性影响调查

××轻轨作为连接市区与滨海新区的快速客运通道，将天津市快速轨道网和滨海新区的快速轨道网有机的联结起来，使之成为名副其实的整体快速客运网络，××轻轨是天津市快速轨道网必不可少的骨干工程。××轻轨的建设拉近了滨海新区与市区之间的距离，给津滨地区提供了大容量、全天候、快速、安全、舒适的轨道交通。项目试营运以来，促进了天津市区与滨海新区经济及人员来往，解决了部分职工上下班问题，减少了公交车的运行量数。

××轻轨 88.5%为高架路段，桥下净空：跨越公路、城市及乡间道路，不小于 5m；跨越一般道路：不小于 4.5m；上跨铁路：电气化铁路不小于 6.55m，非电气化铁路不小于 5.5m，桥下可以满足来往行人、机动车辆和火车的运行要求。

第十二节　环境风险影响调查

××公司负责××轻轨营运期环境风险事故的防范、应急和处理工作，该公司制定了严格的风险防范措施体系及其应急预案，以防止出现重大的环境风险事故。

××轻轨运营的主要目的为最大限度满足运输需要，支持社会及经济发展，故此轻轨服务及设备的质量安全控制至关重要，而测量质量水平的标准在于轻轨确保行车安全、舒适、快捷的能力。滨海快速特委托有资质的专业部门编制完成了《安全质量手册》，该手册主要分为《意外事故及紧急程度手册》、《行车组织规则》、《运营综合事务手册》、《工职说明手册》四部分，其在于阐述各种运营事务的质量及安全控制规范及标准，确保运输服务达到国家规定、行业以至国家级标准。该手册的编写参考国际标准(ISO)质量标准、《中华人民共和国铁路法》、《劳动法》、《消防法》、《中华人民共和国质量法》以及其他相关法例及规定，并吸收各轻轨、地铁公司的经验。

其中《意外事故及紧急程序手册》中针对各种环境风险事故提出了应急预案。内容略。

据调查，××轻轨自 2004 年 3 月 28 日建成通车至今，试营运状况良好，从未出现重大环境风险事故。

第十三节　公众意见调查

通过对公众意见调查，了解受××轻轨交通工程建设影响区域公众的意见和要求，以核查环评及设计所提出的环保措施的落实情况，同时明确和分析沿线公众关心的热点环保问题，为改进已有环保措施和提出补救措施提供依据。

一、调查对象

本次公众意见调查主要在××轻轨沿线的影响区域内进行，调查对象以直接受影响的民众、企事业单位及乘客为主，调查样本数不少于 200 份。为了准确地反映该项目沿线的居民的意见和建议的真实情况，提高调查的准确程度和可信度，我们针对××轻轨沿线受不同程度影响的人群进行分类，主要包括：①××轻轨沿线直接受工程影响的居民；②环境拆(搬)迁居民或单位；③工程沿线有关单位；④××轻轨的乘客。

公众意见调查采取三种方法：①问卷调查方式，即被调查对象按设定的表格采取划"√"方式作回答；②咨询访问调查方式；③小型座谈会方式。

二、调查主要内容

公众意见调查的主要内容包括：①对修建××轻轨的有关意见和基本态度；②有关环境拆（搬）迁政策、安置措施的落实情况，主要是对地区社会、经济的影响；③××轻轨建设施工过程中主要的环境问题；④运营期的环境影响方式；⑤施工期和运营期采取的有关环保措施及公众意见；⑥公众最关注的环境问题及希望采取的有关措施；⑦××轻轨建成后总的通行感觉情况。

三、调查结果分析

(1)沿线公众意见调查结果统计与分析(略)。
(2)环境保护主管部门咨询意见调查(略)。
(3)环境拆(搬)迁补偿落实情况及影响(略)。
(4)乘客调查结果统计与分析(略)。

四、公众意见采纳情况

在本次公众参与调查中，对于被调查公众所提出的意见和建议，我所均及时与建设单位进行了沟通。建设单位本着服务社会，保护好环境的积极态度，对公众提出的意见和建议进行了认真的讨论，大部分予以采纳。采纳具体情况见表(略)。

第十四节　环保投资和环境管理及监测计划落实情况调查

一、环境保护投资落实情况调查

主要内容是核查环评阶段提出的环保投资落实情况，调查工程变更增加的各项环保投资数量，针对提出的环境保护补救措施进行投资估算。

环境影响评价报告提出的环保措施投资一次性投资估算总计 19 410 万元，环保投资占××轻轨工程投资总额 65.59 万元比例的 3.0%。环评提出的环保投资概算落实情况略，××轻轨工程实际环境保护投资情况略。对照两表可知，本工程实际环保费用 29 406.696 万元，其中专项环保投资 21 406.696 万元，工程兼顾环保投资 8 000 万元，比环评概算的环保投资 19 410万元超出 9 996.696 万元，追加的环保投资主要为环保拆迁、污水处理设备投资，以及减震措施的投资。总体来说，××轻轨对环境保护工作投入的资金及时到位，满足环评的要求，并根据实际情况进行了合理的、大幅度的追加，从资金投入上有力保障了××轻轨建设过程中各项环保措施的落实。

二、环境管理工作调查

调查项目环境影响报告书中提出的环境管理机构设置、管理职责、人员配备及培训的落实

情况；调查项目环境管理制度实施的情况，针对项目环境管理的不完善处提出补充建议。

(1)施工期环境管理工作调查(略)。

(2)营运期环境管理工作调查(略)。

三、环境监测计划落实情况调查

调查工程落实环评报告中的环境监测计划的情况，并针对工程试营运期环境影响特点，考虑工程沿线的实际情况，结合本次调查结果，提出津滨快轨工程环境补充监测内容。

1. 环境监测计划落实情况

××轻轨于2003年3月28日全线投入试营运，根据环评报告中的要求，考虑到本项目建成运营后，对沿线敏感点声环境影响较大，要求营运管理部门建立环境噪声及监测机构，将沿线环境噪声列为(常规)定期监测项目。本工程刚刚进入试营运期阶段，建设单位已经委托了天津市环境监测中心对××轻轨项目展开了试营运期的环境质量监测工作。建设单位已经委托天津中铁滨海建筑设计院对轻轨线路结构进行沉降监测并由受委托方定期提交了观测报告。监测结果表明轻轨桥梁、路基的沉降均无异常且路基的水平位移也无异常。

2. 环境监测计划的修订

略。

第十五节　补救措施与建议

本次调查表明该工程总体上可以满足建设项目环境保护竣工验收的条件，同时提出了以下建议：

(1)针对车辆段生活污水处理设备出水口CODcr监测结果超标的实际情况，建设单位应与污水处理设备的设计及施工的单位及时沟通，由专业人员对该设备进行调试，确保污水处理设备正常运行，污水处理达标；另外为充分利用水资源，做到节水，随着车辆段生产污水量的不断增加，应将污水汇集至现有的污水池后，进行进一步的沉淀后回用于车辆段内绿化等；同时需预留资金10万元。

(2)建议在环评报告书提出的监测计划的基础上，增加对中山门南里18层楼、津塘路172号增1号、东丽区妇幼保健院、丰年养老院、四合庄中学、和平里等处敏感点的噪声跟踪监测及车辆段及停车场的污水水质监测，监测时间和频次可结合环评报告书中试营运期环境监测的要求进行，同时需预留资金20万元。

(3)建设单位应尽快落实即将产生的废电解液的去向，避免危险物品流入社会，造成不良影响。

(4)由于轻轨建设过程基本上是在市区内进行，为做到轻轨建设与城市各项发展相协调，因此建设单位在轻轨开工建设前期及建设过程中以外委形式与排水、绿化、拆迁办等各个相关部门的形式签订了合同或协议，以保证轻轨建设不影响到城市市容建设及居民生活，自在本次现场调查过程中，建设单位已经多次针对各相关单位提出按合同内容要求尽量落实各项拆迁废物清除、绿化等施工进度时间，各相关单位已经根据市政部门的所制定的工作进度针对合同内容进行落实中，请建设单位做好督促、监督工作，将津塘路175号、泰安里、常熟北里、祥和公寓、百兴里拆迁后的建筑垃圾尽快清运。

(5)根据对设计工况下的声环境和振动环境的校核，为保证轻轨达到设计工况后可能对附近敏感点噪声的影响，应预留 20 万元资金，采取加高声屏障等降噪措施落实到位。

建设单位应预留资金，以保证管理部门对各项环保补救措施的落实，以上环保补救措施经初步估算需要预留资金约 50 万元左右。

第十六节　综合结论

略。

第七篇　交通工程竣工环境保护验收技术文件编写要求

第一章　一般原则

环保验收技术文件主要包括验收调查单位编制的验收调查文件，以及建设单位填写的环保申请报告(表)。

对于不同的建设项目，验收调查文件的形式有所不同。根据国家建设项目环境保护分类管理的规定，编制环境影响报告书的建设项目应编制建设项目竣工环境保护验收调查报告，需要对建设项目的实际环境影响按主要的环境要素进行具体而详细的调查、监测、分析；编制环境影响报告表的建设项目应编制建设项目竣工环境保护验收调查表，验收调查工作内容与深度可适当简化，对影响相对较大的环境要素，在必要时可编制专章论述；填报环境影响登记表的建设项目调查工作比较简单，直接填写建设项目竣工环境保护验收登记卡。

验收申请报告(表)是建设单位申请建设项目竣工环境保护验收的必备的一项材料，需在正式申请验收前按要求由建设单位填写，作为建设单位有关建设项目环保工作的总结汇报和问题自检。

验收调查文件应能较好的为验收的目的服务，应充分、详实的反映出完整的验收调查工作过程、工作内容和工作结果，内容应包括：

(1)调查工程在施工、运行和管理等方面落实环境影响报告书、设计所提环保措施的情况，以及对各级环保行政主管部门批复要求的落实情况。

(2)调查本工程已采取的生态保护、水土保持及噪声、空气污染等控制措施，并通过对项目所在区域环境现状监测结果的调查，分析各项措施实施的有效性，针对该工程已产生的实际环境问题及可能存在的潜在环境影响，提出切实可行的补救措施和应急措施，对已实施的尚不完善的措施提出改进意见。

(3)调查工程环境保护设施的落实和运行情况，调查环境管理和环境监测计划的实施情况。通过公众意见调查，了解公众对已建项目建设期及试营运期环境保护工作的意见并针对公众提出的合理要求提出解决建议。

(4)根据工程环境保护执行情况的调查,客观公正地从技术上论证项目是否符合竣工环境保护验收条件。

通常,在编制验收调查报告之初,先编制验收调查实施方案,确定调查工作的调查重点、调查范围,采用的验收标准及现状监测方案等内容,经过有关部门组织专家进行技术审查后,再据此开展工作。

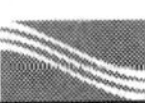

第二章　实施方案的编写要求

验收调查实施方案其实是验收调查工作的实施纲要，是结合建设项目实际情况确定的开展验收调查工作的工作计划。一个完整的实施方案大体应包括建设项目概况、调查方案和保障措施三个部分。其中，调查方案为实施方案的核心内容，主要包括调查与评价的依据，调查工作的范围，调查重点，调查专题及内容和执行方案等；建设项目概况是实施方案编制的基础，主要包括项目概况、区域环境概况、环境保护要求和初步调查概述四个方面；保障措施是保证调查工作顺利进行所需要的条件和强制性要求，主要包括组织分工、实施进度、终期成果和经费概算等内容。

实施方案中应明确以下内容：

(1)了解工程的实际内容与环境影响报告书中的工程内容的差异，确定验收的具体工程内容与范围，明确调查工作的范围。

(2)确定工程所在地目前的主要环境问题以及建设项目的主要环境影响，筛选出主要的环境影响因子，确定调查重点。

(3)根据环境影响评价以及批复意见中确定的国家和地方的有关环保法律法规，选择适当的环境质量标准和污染物排放标准。

(4)细化调查工作程序，确定调查专题及内容的设置，制定执行方案。

(5)确定工作分工及工作进度。

(6)确定提交成果的主要内容(也就是报告书的主要内容)。

(7)明确工作经费概算。

在编制实施方案时，除应注意内容的系统性、完整性外，专题设置要根据各类建设项目环境影响特点和方式，在初步了解项目建设和环境影响情况的基础上编制，要有较强的针对性(针对拟验收项目的环境影响特征)及可操作性。

第一节　一般规定

(1)实施方案的编制应以环境影响评价文件及环境影响审批文件为基础，根据准备阶段的调研资料和现场踏勘的工作成果，确定调查工作内容、调查重点和调查深度，明确环境保护验收调查工作的具体方法和手段。

(2)实施方案编制时，项目未达到设计能力的75%时应按实际工况制订调查方案，列出实际工况下的调查内容，并应设置达到设计能力时的环境影响预测内容，验证环境影响评价文件对达标情况的预测结果。

(3)若有未运行的环保设施，应明确是否有条件进行试运行，当有条件时应给出试运行方案，并确定具体的调查内容。

(4)实施方案调查的环境要素应根据工程类型和环境特征选择，对环境不产生直接影响或影响较小的要素可适当简化。

第二节　编 写 内 容

1　前言

1.1　应简要阐述项目概要和项目各建设阶段至试运行的全过程。

1.2　阐述项目的环境影响评价制度执行过程。

1.3　说明项目验收条件或工况。

2　综述

2.1　列出编制依据，应包括：

(1)本项目须执行的国家、地方性法规及相关规划。

(2)项目的可研、设计及批复文件，工程建设中环保设施变更报批及批复文件。

(3)环境影响评价文件与环境影响审批文件。

(4)环保设计文件。

(5)委托调查文件。

(6)其他有关文件。

2.2　调查范围

2.3　验收标准

2.4　环境保护敏感目标：附图、列表明确环境敏感目标地理位置、规模、与工程的相对位置关系、所处环境功能区及保护内容，并注明环境影响评价文件与实际工程环境敏感目标的变化情况及变化原因。

2.5　调查重点

3　工程调查

3.1　工程建设过程：应说明项目立项时间和审批部门，可研完成及批复时间，初步设计完成及批复时间，环境影响评价文件完成及批复时间，工程开工建设时间，环保设施设计单位、施工单位和工程环境监理单位，投入试营运时间。

3.2　工程概况：应明确建设项目所处的地理位置、项目组成、工程规模、工程量、主要经济或技术指标(可列表)、主要生产工艺及流程、工程总投资与环保投资(环保投资应列表分类详细列出)。工程建设过程中发生变更时，应重点说明其具体变更内容及有关情况。

3.3　提供适当比例的工程地理位置图和工程平面图，明确比例尺，工程平面布置图中应标注主要工程设施和环境敏感目标。

4　环境影响评价文件和环境影响审批文件回顾

4.1　环境影响评价文件(国家环保总局审批意见、交通部预审意见、地方环保局审查意见)的回顾应明确说明主要环境影响要素、环境敏感目标、环境影响预测结果、采取的环保措施和建议、评价结论。

4.2　说明环境影响评价文件完成及其批复时间，简述环境影响审批文件中所提出的要求。

5　竣工环境保护验收调查实施方案

5.1 环保措施落实情况调查

(1)初步核查工程在设计、施工、试营运阶段针对生态影响、污染影响和社会影响所采取的环保措施，并对环境影响评价文件和环境影响审批文件所要求的各项环保措施的落实情况予以说明。

(2)生态影响的环保措施主要包括针对生态环境敏感目标(水生、陆生)的保护措施，包括植被的保护与恢复措施、水环境保护措施、生态用水泄水建筑物及运行方案、低温水缓解工程措施、鱼类保护过渔设施与措施、水土流失防治措施、土壤质量保护和占地恢复措施、特殊地段(如自然保护区、风景名胜区等)的保护措施、生态监测措施等。

(3)污染影响的环保措施主要包括针对水、气、声、固废、电磁、振动等各类污染源所采取的环保措施，包括施工期工程环境监理、环境监测措施的落实和施工期、试营运期的环境管理措施、组织机构落实情况核查。

(4)社会影响的环保措施主要包括移民安置、文物保护等方面所采取的环保措施。

5.2 项目生态影响调查

(1)调查内容

根据项目的特点设置调查内容，一般包括：

①工程沿线生态环境状况，珍稀动植物和水生生物的种类、保护级别和分布状况、鱼类产卵场分布等。

②工程占地情况调查，包括临时占地、永久占地，列表说明占地位置、用途、占地类型、取弃土量(取弃土场)、占地面积及生态恢复情况。

③工程影响区域内水土流失现状、成因、类型等，工程所采取的水土保持措施、绿化措施及措施的实施效果。

④工程影响区域内自然保护区的分布状况，明确保护区核心区、缓冲区、实验区与工程影响范围的相对位置关系、保护区级别、保护物种及保护范围等。提供适当比例的保护区位置图，注明工程相对位置、保护区位置和边界。

⑤工程影响区域内植被类型、数量、覆盖率的变化情况。

⑥工程影响区域内不良地质地段分布状况及工程采取的防护措施。

⑦工程影响区域内采取的水环境保护措施与防护措施。

⑧建设项目建设及运行改变周围水系情况时，应做水文情势调查，必要时须进行水生生态环境调查。

上述内容可根据实际情况进行适当增减。

(2)调查方法

明确进行生态影响调查采用的方法，如果进行植物样方调查和水生生态环境调查应明确调查范围、位置、因子、频次，并提供调查点位图。

生态影响调查方法主要包括文件资料调查、现场勘察、公众意见调查和遥感调查等。

①文件资料调查

查阅工程有关协议、合同等文件，了解工程施工期产生的生态影响，调查工程建设占用土地(耕地、林地、自然保护区等)或水利设施等产生的生态影响及采取的相应生态补偿措施。

②现场勘察

a.通过现场勘察核实文件资料的准确性，了解项目建设区域的生态背景，评估生态影响的范围和程度，核查生态保护与恢复措施的落实情况。

b. 现场勘察范围：全面覆盖项目建设所涉及的区域，对于生态影响项目涉及的范围较大、无法全部覆盖的，可根据随机性和典型性的原则，选择有代表性的区域与对象进行现场勘察。勘察区域与勘察对象应基本能覆盖建设项目所涉及区域的80%以上。

c. 为了定量了解项目建设前后对周围生态环境所产生的影响，必要时需进行植物样方调查或水生生态环境调查。若环境影响评价文件未进行此部分调查而工程的影响又较为突出、需定量时，需设置此部分调查内容；原则上与环境影响评价文件中的调查内容、位置、因子相一致；若工程变更影响位置发生变化时，除在影响范围内选点进行调查外，还应在未影响区选择对照点进行调查。

③公众意见调查

可以定性了解建设项目在不同时期存在的环境影响，发现工程前期和施工期曾经存在的及目前可能遗留的环境问题，有助于明确和分析运营期公众关心的环境问题，为改进已有环保措施和提出补救措施提供依据。

④遥感调查

a. 适用于涉及范围区域较大、人力勘查较为困难或难以到达的建设项目。

b. 遥感调查一般要经过如下四个步骤：基础资料的准备，包括卫星遥感资料、地形图等；专题数据获取，通过卫星遥感技术或GPS定位等技术获取数据；数据处理与分析；成果生成。

(3)生态影响调查结果分析

应根据调查内容及方法设置具体分析内容，并明确分析方法和重点。

5.3　项目污染影响调查

(1)水环境影响调查与分析

①调查内容

详细列出水环境影响调查的具体内容，并附以必要图表。调查内容的设置一般包括：

a. 调查与本工程相关的国家与地方水污染控制的环保政策、规定和要求。

b. 调查水环境敏感目标及分布。

c. 列表说明建设项目各设施的用水情况、污水排放及处理情况。

d. 调查范围内地表水、地下水的分布、功能、使用情况及与本工程的关系，列表说明。

e. 调查项目运营期水环境风险事故应急机制及设施落实情况。

f. 其他内容。

②监测内容

a. 一般可仅进行排放口达标监测，必要时需进行废水处理设施处理效率监测，水利水电、港口项目须考虑水环境质量监测，航道项目还需考虑水温、水文情势、流量、水位过程、氧气过饱气体等的监测。

b. 确定具体的监测点位、监测因子、监测频次、采样要求；给出污水处理流程图，标注监测点位置。

③水环境影响调查结果分析

应根据调查及监测内容设置具体分析内容，并明确分析方法和重点。

(2)大气环境影响调查与分析

①调查内容

详细列出大气环境影响调查的具体内容，并附以必要图表。调查内容的设置一般包括：

a. 调查与本工程相关的国家与地方大气污染控制的环保政策、规定和要求。

b. 调查工程大气环境敏感目标及分布，列表说明目标名称、位置、规模。

c. 调查工程试运营以来的废气排放情况，列表说明废气产生源、排放量、排放特征等。

d. 适当收集工程所在区域气象资料。

②监测内容

a. 一般可仅考虑进行有组织排放源和无组织排放源监测，港口、航运等行业的建设项目必要时需进行废气处理设施效果监测；在环境影响评价文件或环境影响审批文件中有特殊要求的情况下，或工程影响范围内有需特别保护的环境敏感目标、或有工程试运营期引起纠纷的环境敏感目标的情况下，需进行环境空气质量监测。

b. 确定具体的监测点位、监测因子、监测频次、采样要求，提供监测点位置图(标注监测点位置、明确与工程的相对位置关系)。

③大气环境影响分析

应根据调查及监测内容设置具体分析内容，并给出分析方法和重点。

(3)声环境影响调查

①调查内容

详细列出声环境影响调查的具体内容，并附以必要的图表。一般包括：

a. 调查国家和地方与本工程相关的噪声污染防治的环保政策、规定和要求。

b. 收集工程所在区域环境影响评价时和现状声环境功能区划资料。

c. 调查工程声环境敏感目标分布、与工程相对位置关系(包括方位、距离、高差)、规模、建设年代、受影响范围，列表予以说明。

d. 调查工程试营运以来的噪声情况(源强种类、声场特征、声级范围等)。

②监测内容

a. 线性工程(公路、铁路、城市交通)应综合考虑不同路段车流量差别、敏感目标与工程的相对位置关系(高差、距离、垂直分布等)、环境影响评价文件中监测点的预测结果，选择有代表性的典型点位进行环境质量监测(包括敏感点监测、衰减断面监测、昼夜连续监测)，并对已采取噪声防治工程措施的敏感点进行降噪效果监测。

b. 具有边界(厂界)噪声标准的建设项目按有关标准设置边界(厂界)噪声污染源监测点。

c. 明确监测因子、监测频次、采样要求；列表说明监测点名称、与工程相对位置关系、监测点布设位置，并附监测点位示意图，线性工程和机场项目需包括平、剖面示意图和图片。

③声环境影响分析

应根据调查及监测内容设置具体分析内容，并给出分析方法和重点。

(4)振动环境影响调查

①调查内容

详细列出振动环境影响调查的具体内容，并附以必要图表。一般包括：

a. 调查国家和地方与本工程相关的振动污染防治的环保政策、规定和要求。

b. 调查工程振动环境敏感目标分布、与工程相对位置关系、规模、建设年代、受影响范围，列表予以说明。

c. 调查工程试运营以来的振动情况(源强种类、特征及影响范围等)。

②振动环境监测

a. 铁路和轨道交通项目需在学校、医院、居民区、各类特殊保护区选择有代表性的点位进行环境振动监测。

b. 具有边界振动标准的建设项目振动污染源监测应按有关标准设置监测点。

c. 明确监测因子、监测频次、采样要求；列表说明监测点名称、与工程相对位置关系、监测点布设位置，并附监测点位图，线性工程需包括平、剖面示意图和图片。

③振动环境影响分析

应根据调查内容及监测方案设置具体分析内容，并给出分析方法和重点。

(5)电磁环境影响调查

①一般轨道交通项目涉及此项工作内容，涉及的监测因子有工频电场强度、工频磁感应强度、无线电干扰场强、敏感点电视收视信号场强等。

②以图表的方式说明电磁污染源或电磁敏感点名称、位置、监测点位置，附监测点位图。

③明确监测因子、监测频次、采样要求。

④电磁环境影响分析：根据监测内容设置具体的分析内容，并给出分析方法和重点。

(6)固体废物环境影响调查与分析

①调查内容

a. 工程污染类固体废物处置相关的政策、规定和要求。

b. 核查工程建设期和试运营期产生的固体废物的种类、属性、主要来源及排放量，并将危险固废、清库、清淤废物列为调查重点。

c. 调查固体废物的处置方式，危险固废填埋区防渗措施应作为重点。

②环境影响调查分析

根据调查内容及监测方案，设置具体分析内容。

5.4 社会环境影响调查

(1)移民环境影响调查

①调查内容

详细列出调查的具体内容，主要包括：

a. 移民区的分布及环境概况。

b. 移民安置、迁建企业的实际规模、安置方式。

c. 专项设施的影响及复建情况。

d. 移民安置区的环保措施的落实及其效果。

②移民环境影响分析

根据调查内容设置具体分析内容，重点对环境保护措施落实及其效果进行分析。

(2)文物保护措施调查

调查环境影响评价文件及环境影响审批文件中要求的环保措施的落实情况。

5.5 清洁生产调查

调查生产工艺与装备要求、资源与能源利用指标、污染物产生指标、废物回收利用指标、环境管理要求等清洁生产指标的实际情况。

5.6 风险事故防范及应急措施调查

根据可能存在的风险事故的特点及环境影响评价文件有关内容确定，包括：

(1)调查工程施工期和试营运期存在的环境风险因素。

(2)调查施工期和试营运期风险事故发生情况、原因及造成的环境影响。

(3)调查工程采取的风险防范措施与应急预案的设置情况。

(4)调查工程风险事故防范与应急管理机构的设置的情况。

5.7 环境管理状况及监控计划落实情况调查

(1)调查工程环境管理机构及制度是否健全,环境保护档案资料是否齐全。

(2)施工期环境管理及监控计划落实情况,其中应重点调查工程环境监理实施情况。

(3)营运期环境管理及监控计划落实情况调查。

5.8 公众意见调查

(1)为了了解公众对工程施工期及试营运期环境保护工作的意见,以及工程建设对当地经济的作用、对工程影响范围内的居民工作和生活的影响情况,需开展公众意见调查。

(2)在公众知情的原则下开展,明确调查方法、调查对象、调查内容、调查样本数。

①调查方法:一般可采用问询、问卷调查、座谈会、媒体公示等方法,较为为敏感或知名度较高的项目也可采取听证会的方式。

②调查对象:与工程环境影响有关的人群、单位和社会团体,以及政府有关部门。

③调查内容:一般包括如下内容,但可根据项目的工程特点和周围环境特征进行调整。

a.公众对建设项目的基本态度。

b.公众对建设项目施工期、试营运期存在主要环境问题和可能存在的环境影响方式的看法与认识,主要是影响居民生活质量的水、气、声、固废等方面。

c.公众对建设项目施工期、试营运期采取的环保措施的效果满意度及其他意见。

d.公众对建设项目景观效果的基本态度。

e.公众最关注的环境问题及希望采取的环保措施。

6 组织分工与实施进度

7 提交成果

8 经费概算

第三节 附图及附件

一、附图

项目调查实施方案宜配备以下图件:项目地理位置图、项目平面布置图、环境保护设施及污染源位置图、调查范围及环境敏感目标位置示意图、环境质量监测站位图、项目所在地环境功能区划图等。

二、附件

调查实施方案宜配备以下附件:

必备附件 委托书、申请竣工环境保护验收的函、环评执行标准的批复、环评批复意见(国家环境保护总局对环境影响报告书的批复、地方环境保护局和行业主管部门对环境影响评价报告书预审意见)、初步设计批复、开工报告(或其他同类文件)、地方环境保护部门同意项目试运营的函等。

可选附件　污水、固体废物委托处理合同等与环境保护有关的项目文件。

第四节　格 式 要 求

1.1　一般规定,建设项目验收调查实施方案由下列部分组成:前置部分:封面、封二、封三、目录,主体部分:正文,附图和照片:附图、现场勘察照片集,附件。

1.2　前置部分

1.2.1　封面

1.2.1.1　封面格式见附录A1

1.2.1.2　封面的建设项目名称应与立项文件使用的建设项目名称相同。

1.2.1.3　封面的调查单位名称应与所持有的环境影响评价资质证书上的单位名称完全一致,并加盖单位公章,封面的委托单位名称应与委托书中的建设单位名称完全一致。

1.2.2　封二

环境影响评价资质证书(彩色复印件),格式见附录A2,宜在本页给出下列信息:调查单位地址、联系电话、传真、邮政编码、电子信箱。

1.2.3　封三 格式见附录A3

应给出建设项目名称、委托单位、调查单位、项目负责人、技术审查人、编制人员、协作单位、协作单位参加人员等信息。

1.2.4　目录

1.2.4.1　目录宜列出两个层次的正文标题和附图、附件的名称。

1.2.4.2　目录的内容包括:层次序号、标题名称、圆点省略号、页码。

1.3　主体部分

1.4　附图和现场勘察照片集部分

1.4.1　附图 附图图号应与实施方案主体内容中的完全一致,附图应清晰,有图号、指北向、比例尺、图例等必要元素,图号形式为“图□□　□□□□□□图”。

1.4.2　现场勘察照片集　照片集封面应提供现场勘察时间、勘察范围等信息,照片宜采用彩色数码照片,照片下方标注简要说明。港口项目调查实施方案宜配备以下照片:环境敏感目标现状、工程现状等。

1.5　附件部分

附件应按发生时间、与项目竣工环境保护验收工作的相关性等顺序排列,并用“附件□”进行标识。

附录 A1　建设项目竣工环境保护验收调查实施方案封面格式

竣工环境保护验收调查实施方案

项目名称：

委托单位：

编制单位：□□□□（调查单位名称、公章）

□□□□年□月

附录 A2　建设项目竣工环境保护验收调查实施方案封二格式

环境影响评价资质证书

（彩色原件缩印 1/3）

调查单位　　　　　　（公章）

项目名称:□□□□□□□□□□□□□□□□

调查机构:□□□□□□□□□□□□□□□□

法定代表人:□□□(法人章)

调查文件类型:竣工环境保护验收调查实施方案

建设单位:□□□□□□□□□□□□□□□□

项目负责人	登 记 类 别	登记证编号	签　字

附录 A3　建设项目竣工环境保护验收调查实施方案封三格式

□□□□□□□□□□□(建设项目名称)

竣工环境保护验收调查实施方案

委托单位:□□□□□□□□□□□

调查单位:□□□□□□□□□□□

调查单位技术负责人:□□□(职称)

部门负责人:□□□

项目技术审查人:□□□(职称)

项目负责人:□□□(职称)

编制人员:(宜列表给出人员姓名、职称、上岗证号、负责编写的内容等信息)

协作单位:□□□□□□□□□□□

协作单位参加人员:

第三章 调查报告的编写要求

验收调查报告是根据审定的实施方案的要求，在开展现场踏勘、现状监测、公众意见调查和文件资料核实等具体工作的基础上，通过对调查与监测结果的分析，对建设项目产生的实际环境影响、有关环境保护措施（设施）落实情况进行核实，对其效果进行评估，并提出减缓环境影响的补充和补救措施等工作后，对建设项目是否符合验收条件给出的书面总结。

调查报告中应着重回答以下问题：

(1)建设项目是否执行了建设项目环境管理程序。主要包括环境影响评价制度，通过自然保护区、风景名胜区、历史文物遗迹等敏感区是否履行了相关手续，工程有重大变更时是否重新报批环境影响评价文件、施工期环境监理，“三同时”制度执行情况等。

(2)是否落实了设计、环评报告书及其批复文件中规定的环保对策措施。

(3)环评报告书、批复文件和设计要求的有关环保设施是否已建成并投入正常使用。

(4)施工期的各项环保措施是否落实，是否造成了重大的环境影响。

(5)各项防护工程是否符合设计、施工和使用要求。

(6)项目对生态、水、气、声环境造成的影响是否可接受。

(7)目前遗留的环境问题是否能得到有效处理和解决。

(8)施工期和营运期环境管理体系是否完善。

(9)是否符合竣工验收条件。

第一节 一般规定

(1)验收调查报告的编制应以环境影响评价文件、环境影响审批文件及设计文件、相关工程资料为依据，以现场调查数据、资料为基础，客观、公正地评价环境保护措施及效果，全面、准确地反映工程及工程对环境影响的范围和程度，明确提出环境保护的整改、补救措施，并给出工程竣工环境保护验收调查结论。

(2)调查报告应以工程建设环境保护措施落实及其效果和实际产生的环境影响（含直接与间接）为重点。

(3)环境影响评价文件的各项预测结果在验收调查报告中应有验证性结论。

(4)验收调查报告的编制内容应根据验收调查实施方案确定的工作内容、范围和方法进行编制。

第二节 编写内容

1 前言

在实施方案“前言”的基础上，应增加本次验收调查工作过程的说明。

2　综述

在实施方案“综述”的基础上，结合调查的实际情况，进一步明确、充实和补充编制依据、调查方法、调查范围和验收标准、环境敏感目标及调查重点等内容，对于发生变化的应予以必要的说明。

2.1　编制依据

(1)环境保护法规、规范性文件及相关规划

(2)工程资料及相关审批文件(设计及批复文件、设计变更及批复文件、环境影响评价及审批文件等)

(3)主要技术资料

(4)其他

2.2　调查目的及原则

(1)调查目的

(2)调查原则

2.3　调查范围、方法和调查因子

(1)调查范围

(2)调查方法

(3)调查因子

2.4　验收执行标准

(1)环境质量标准

(2)污染物排放标准

2.5　环境敏感目标

2.6　调查重点

3　工程调查

3.1　工程概述

3.2　工程建设过程

3.3　工程建设变化情况

(1)工程建设规模

(2)工程变化情况

3.4　工程概况

核查实施方案中工程调查的内容，全面反映工程实际完成情况和运行状况。给出环境影响评价、设计和实际工程对照、变化情况，并对工程变化情况予以必要的说明。

4　环境影响报告书及其审批文件回顾

4.1　环境影响报告书回顾

(1)环境影响报告书主要结论回顾

(2)环境影响报告书对策措施回顾

4.2　环境影响报告书批复意见

5　环境保护措施落实情况调查

在“实施方案”环保措施落实调查的基础上，概括描述工程在设计、施工、营运阶段针对生态影响、污染影响和社会影响所采取的环保措施，并对环境影响评价文件所提各项环保措施及环境影响审批文件的落实情况一一予以核实、说明。内容应包括：

5.1 环境影响评价提出的环境保护措施落实情况调查

5.2 环境保护主管部门批复意见落实情况调查

5.3 环境保护设施建设情况调查

5.4 项目新增环境保护措施调查

6 施工期环境影响回顾调查

6.1 施工期水环境影响回顾调查

6.2 施工期环境空气影响回顾调查

6.3 施工期声环境影响回顾调查

6.4 施工期生态环境影响回顾调查

6.5 施工期固体废物环境影响回顾调查

7 公众意见调查

公众意见调查应根据调查方案所规定的内容进行。内容包括：

7.1 调查对象、调查方法与主要内容

7.2 调查结果分析

7.3 公众意见反馈情况

8 水环境影响调查与分析

按照实施方案中的要求进行监测，统计分析监测结果；与相关标准对比，明确超达标情况，并分析未达标原因；给出污水处理设施去除效率；评估污水排放对环境敏感目标的影响程度，分析对受纳水体的影响程度、范围及环境功能区管理目标的可达性。主要包括：

8.1 水环境影响调查

8.2 水环境保护措施效果分析

8.3 存在问题及补救措施与建议

9 环境空气影响调查与分析

按照实施方案中大气污染源和环境空气质量监测要求进行监测，统计分析监测结果；对比相关标准，必要时按照《大气污染物综合排放标准》(GB 16297—1996)要求进行等效计算(有效高度与等效排放速率)，说明超达标情况，并分析未达标原因；如进行了废气处理设施去除效率的监测，需给出去除效率；评估废气排放对环境敏感目标的影响程度，分析对周围环境空气质量影响的程度、范围与环境功能区管理目标的可达性。主要包括：

9.1 环境空气影响调查

9.2 环境空气保护措施效果分析

9.3 存在问题及补救措施与建议

10 声环境影响调查与分析

按实施方案中规定的内容进行监测，根据已明确的各敏感点执行的标准和厂界或边界执行的标准，以及定点监测结果、断面衰减规律、交通流量，分析所有噪声敏感点和具有边界(厂界)噪声标准的建设项目边界达标情况，对环境影响评价文件中预测超标的点应根据监测调查结果重点分析；当调查工况不能达到验收条件时应按初期设计能力校核其对环境的影响；同时根据监测结果，明确给出声环境保护措施的降噪效果；分析、评估声环境保护措施是否达到设计要求，声环境敏感点是否达到相应标准要求；综合分析声环境保护措施的有效性及存在的问题和原因，提出整改、补救措施与建议。主要包括：

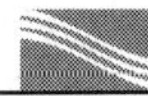

10.1　声环境影响调查

10.2　声环境保护措施效果分析

10.3　存在问题及补救措施与建议

11　固体废物影响调查与分析

11.1　固体废物环境影响调查

11.2　固体废物处置措施合理性分析

11.3　存在问题及补救措施与建议

12　非污染生态影响要素环境影响调查与分析

12.1　陆域生态影响调查与分析

12.2　水生生态影响调查与分析

12.3　生态保护与恢复措施效果分析

12.4　存在问题及补救措施与建议

13　社会类要素环境影响调查与分析

13.1　移民安置与征地拆迁影响调查与分析

13.2　文物保护情况调查

13.3　项目建设对所在地社会经济影响调查分析

13.4　存在问题及补救措施与建议

14　清洁生产核查

15　环境风险事故调查

15.1　环境风险因素调查

15.2　环境风险防范措施(应急预案)执行情况调查

15.3　改进建议

16　总量控制指标执行情况调查

17　环境管理与环境监测计划执行情况调查

17.1　环境管理工作调查

按施工期和营运期两个阶段分别进行,调查建设单位环境保护管理机构及规章制度制定、执行情况、环境保护人员专兼职设置、建设单位环境保护相关档案资料的齐备等情况。

17.2　环境监测计划落实情况调查

17.3　环境保护投资落实情况调查

18　调查结论与建议

18.1　工程概况

18.2　项目环境保护工作执行情况结论

18.3　生态环境影响调查结论

18.4　污染类要素环境影响调查结论

18.5　社会类要素环境影响调查结论

18.6　清洁生产核查结论

18.7　总量控制指标执行情况结论

18.8　环境管理与监测计划落实情况结论

18.9　项目竣工环境保护验收调查结论

第三节　附图及附件

一、附图

(1)项目地理位置图
(2)项目平面布置图
(3)调查范围和环境敏感目标位置图
(4)项目所在地环境功能区划图
(5)环境监测站位图
(6)环境保护设施及污染源位置图等
(7)土地利用现状图、地形图、野生动植物分布图等
(8)宜配备以下照片:环境敏感目标现状、工程现状、主要环境保护设施、工程绿化与生态恢复情况、存在的主要问题等。

二、附件

(1)竣工验收环境影响调查委托书
(2)建设项目立项批复文件
(3)建设项目设计批复文件
(4)建设项目环境影响报告书批复文件
(5)环评执行标准的批复
(6)项目试运营批准文件
(7)竣工验收环境影响监测报告
(8)竣工验收公示材料
(9)实施方案技术审核意见
(10)"三同时"竣工验收登记表
(11)其他相关文件

第四节　格 式 要 求

1　一般规定

建设项目验收调查报告由下列部分组成:前置部分:封面、封二、封三、目录,主体部分:正文,附图和照片:包括附图、现场勘察照片集,附件:包括必备附件和可选附件。

2　前置部分

2.1　封面

2.1.1　封面格式见附录B1

2.1.2　封面的建设项目名称应与立项文件使用的建设项目名称相同。

2.1.3　封面的调查单位名称应与所持有的环境影响评价资质证书上的单位名称完全一致,并加盖单位公章,封面的委托单位名称应与委托书中的建设单位名称完全一致。

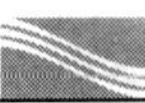

2.2　封二

环境影响评价资质证书(彩色复印件),格式见附录B2,宜在本页给出下列信息:调查单位地址、联系电话、传真、邮政编码、电子信箱。

2.3　封三 格式见附录B3

应给出建设项目名称、委托单位、调查单位、项目负责人、技术审查人、编制人员、协作单位、协作单位参加人员等信息。

2.4　目录

2.4.1　目录宜列出两个层次的正文标题和附图、附件的名称。

2.4.2　目录的内容包括:层次序号、标题名称、圆点省略号、页码。

3　主体部分

应按验收调查实施方案设置的内容进行编制,二者采用的调查标准必须相同,如确有应改动的部分,应在调查报告中对改动的原因和具体内容予以明确说明。

4　附图和现场勘察照片集部分

4.1　附图　附图图号应与报告主体内容中的完全一致,附图应清晰,有图号、指北向、比例尺、图例等必要元素,图号形式为"图□□　□□□□□□图"。

4.2　现场勘察照片集　照片集封面应提供现场勘察时间、勘察范围等信息,照片宜采用彩色数码照片,照片下方标注简要说明。

5　附件部分

附件应按发生时间、与项目竣工环境保护验收工作的相关性等顺序排列,并用"附件□"进行标识。

附录 B1　建设项目竣工环境保护验收调查报告封面格式

竣工环境保护验收调查报告

项目名称：
委托单位：

编制单位：□□□□(调查单位名称、公章)
□□□□年□月

附录 B2　建设项目竣工环境保护验收调查报告封二格式

<table>
<tr><td>

环境影响评价资质证书

（彩色原件缩印 1/3）

</td></tr>
</table>

调查单位　　　　　　（公章）

项目名称：□□□□□□□□□□□□□□□□

调查机构：□□□□□□□□□□□□□□□□

法定代表人：□□□（法人章）

调查文件类型：竣工环境保护验收调查报告

建设单位：□□□□□□□□□□□□□□□□

项目负责人	登 记 类 别	登记证编号	签　　字

附录 B3　建设项目竣工环境保护验收调查报告封三格式

□□□□□□□□□(建设项目名称)

竣工环境保护验收调查报告

委托单位:□□□□□□□□□□□□
调查单位:□□□□□□□□□□□□
调查单位技术负责人:□□□(职称)
部门负责人:□□□(签字)
项目技术审查人:□□□(职称)(签字)
项目负责人:□□□(职称)(签字)
编制人员:(宜列表给出人员姓名、职称、上岗证号、负责编写的内容等信息,编写人员签字)

协作单位:□□□□□□□□□□□□
协作单位参加人员:

第四章　调查表的编写要求

根据《建设项目施工环境保护验收技术规范-生态影响类》(HJ/T 394—2007)，验收调查表的主要内容包括：

(1)项目总体情况(建设单位、法人代表、通信地址、联系电话、建设地点、项目性质、环评单位、设计单位、环评审批部门、初设审批部门、设计审批部门、环保设施设计单位、环保设施施工单位、环保设施监测单位、投资总概算、环保投资、设计生产能力、实际生产能力、项目开工日期、投入试营运日期、项目立项～试运营的建设过程简述等)。

(2)调查范围、调查因子、保护目标、调查重点、执行标准(环境质量标准、污染物排放标准、总量控制指标)。

(3)工程概况(项目名称、地理位置；主要工程内容及规模；实际工程量及工程建设变化情况，说明工程变化原因；生产工艺流程；工程占地及平面布置；工程环保投资明细；项目有关的污染源、主要环境问题及环保控制措施)。

(4)环境影响评价回顾(环评中的主要环境影响预测及结论，应包括生态环境、声环境、大气、水环境、振动、电磁、固体废物等方面；环评提出的环保措施及建议；各级环境保护行政主管部门的批复意见〈国家、省、行业〉)。

(5)环保措施执行情况(分阶段说明环境影响评价文件和初步设计中的、工程实际采取的环保措施及措施的执行效果及未采取措施的原因)。

(6)环境影响调查与分析(施工期、营运期等各阶段的环境影响)、环境质量及污染源监测(说明对生态、水、气、声、电磁、振动等方面的监测时间、频次、监测点位、监测项目，对监测结果进行分析)。

(7)环境管理状况及监测计划(施工期和营运期环境管理机构设置、环境监测能力建设情况、环境影响评价文件中提出的监测计划及其落实情况、环境管理状况分析与建议)。

(8)调查结论与建议。

(9)附图(工程地理位置图、平面布置图、生产工艺流程图、环境敏感目标图、监测点位图、反映工程情况或环境保护措施和设施的必要的图表、照片等)及附件(项目委托书、初步设计批复、环境影响评价文件批复意见、环评执行标准的批复、环境敏感目标准许穿越的文件等)。

如果本调查表不能说明建设项目对环境造成的影响及措施实施情况，应根据建设项目的特点和当地环境特征，结合环境影响评价阶段情况进行专项评价，专项评价可按照相关影响因素调查的要求进行。

验收调查表的格式见附录C。

附录C 建设项目竣工环境保护验收调查表

第1页

（封面）

项目名称：

调查单位(盖章)：

编制日期　　　　年　　　月　　　日

第 2 页

环境影响评价资格证书

（彩色原件缩印 1/3）

调查单位　（公章）

编写人员情况				
项目负责人：				
姓名	从事专业	职称	上岗证书号	职责

第3页

项 目 总 体 情 况

表1

<table>
<tr><td>建设项目名称</td><td colspan="6"></td></tr>
<tr><td>建设单位</td><td colspan="6"></td></tr>
<tr><td>法人代表</td><td colspan="3"></td><td>联系人</td><td colspan="2"></td></tr>
<tr><td>通信地址</td><td colspan="6">省(自治区、直辖市)　　市(县)</td></tr>
<tr><td>联系电话</td><td></td><td>传真</td><td></td><td>邮编</td><td colspan="2"></td></tr>
<tr><td>建设地点</td><td colspan="6"></td></tr>
<tr><td>项目性质</td><td colspan="3">新建□ 改扩建□ 技改□</td><td>行业类别</td><td colspan="2"></td></tr>
<tr><td>环评报告表名称</td><td colspan="6"></td></tr>
<tr><td>项目环评单位</td><td colspan="6"></td></tr>
<tr><td>项目设计单位</td><td colspan="6"></td></tr>
<tr><td>环评审批部门</td><td></td><td>文号</td><td></td><td>时间</td><td colspan="2"></td></tr>
<tr><td>初步设计审批部门</td><td></td><td>文号</td><td></td><td>时间</td><td colspan="2"></td></tr>
<tr><td>设计审批部门</td><td colspan="6"></td></tr>
<tr><td>环保设施设计单位</td><td colspan="6"></td></tr>
<tr><td>环保设施施工单位</td><td colspan="6"></td></tr>
<tr><td>环保设施监测单位</td><td colspan="6"></td></tr>
<tr><td>投资总概算(万元)</td><td></td><td>其中:环保投资(万元)</td><td></td><td rowspan="2">实际环保投资占总投资比例</td><td colspan="2"></td></tr>
<tr><td>实际总投资(万元)</td><td></td><td>其中:环保投资(万元)</td><td></td><td colspan="2"></td></tr>
<tr><td>设计生产能力</td><td></td><td colspan="2">建设项目开工日期</td><td colspan="3"></td></tr>
<tr><td>实际生产能力</td><td></td><td colspan="2">投入试运行日期</td><td colspan="3"></td></tr>
<tr><td>调查经费</td><td colspan="6"></td></tr>
<tr><td>项目建设过程简述
(项目立项～试营运)</td><td colspan="6"></td></tr>
</table>

第 4 页

调查范围、调查因子、保护目标、调查重点

表 2

调查范围	
调查因子	
环境保护目标	
调查重点	

验 收 执 行 标 准

表 3

环境质量标准	
污染物排放标准	
总量控制指标	

第 5 页　第 6 页　第 7 页

工程概况

表 4

项目名称	
项目地理位置 （附地理位置图）	
主要工程内容及规模	
实际工程量及工程建设变化情况，说明工程变化原因	
生产工艺流程（附流程图）	
工程占地及平面布置（附图）	
工程环保投资明细	
项目有关的污染源、主要环境问题及环保控制措施	

第8页 第9页 第10页

环境影响评价回顾 表5

环评中的主要环境影响预测及结论(生态环境、声环境、大气、水环境、振动、电磁、固体废物等)
环评提出的环保措施及建议
各级环境保护行政主管部门的批复意见(国家、省、行业)

第 11 页

环保措施执行情况

表 6

阶段 \ 项目		环境影响评价文件和初步设计中的环保措施	工程实际采取的环保措施	措施的执行效果及未采取措施的原因
设计阶段	生态环境			
	污染影响			
	社会影响			
施工期	生态环境			
	污染影响			
	社会影响			
营运期	生态环境			
	污染影响			
	社会影响			

第 12 页

环境影响调查与分析

表 7

施工期	生态环境	
	污染影响	
	社会影响	
营运期	生态环境	
	污染影响	
	社会影响	

第 15 页

调查结论与建议 表 10

调查结论及建议

附件:工程地理位置图、平面布置图、监测点位图、初步设计批复、环境影响评价文件批复意见

第五章　验收申请报告的编写要求

验收申请报告(表)是由建设单位填写的申请建设项目竣工环境保护验收的必备材料,需在正式申请验收前填写。

验收申请报告(表)有固体的格式和填写要求,见附录D1、D2。若验收申请报告(表)表格中填不下或仍需另加说明的内容可以另加附页补充说明,封面页需加盖建设单位公章。若属国家级审批项目需提供表一式6份,若属省级审批项目需提供表一式5份,若属地市审批项目需提供表一式4份。

验收申请报告(表)送负责建设项目竣工环保验收的环境保护行政主管部门,在正式审批后分送有关部门存档。

附录 D1　建设项目竣工环境保护验收申请报告格式

建设项目竣工环境保护

验收申请报告

（生态影响为主项目）

项 目 名 称 ________________________________

建 设 单 位 ________________（盖章）________________

建 设 地 点 ________________________________

项目负责人 ________________________________

联 系 电 话 ________________________________

邮 政 编 码 ________________________________

环保部门	收到验收报告日期	
填写	编号	

国家环境保护总局制

说　　明

1. 此验收申请报告根据《建设项目竣工环境保护验收管理办法》制定。

2. 本报告为建设单位申请建设项目竣工环境保护验收的必备材料之一，需在正式申请验收前按要求由建设单位填写。

3. 表格中填不下或仍需另加说明的内容可以另加附页补充说明。

4. 封面页建设单位需加盖公章。

5. 本报告属国家级审批须一式 6 份，属省级审批须一式 5 份，属地市审批须一式 4 份。

6. 本报告主送负责建设项目竣工环保验收的环境保护行政主管部门，在正式审批后分送有关部门存档。

表 1

<table>
<tr><td>建设项目名称</td><td colspan="3"></td></tr>
<tr><td>行业主管部门</td><td></td><td>行业类别</td><td></td></tr>
<tr><td colspan="2">建设项目性质（新建、改扩建、技改、迁建）</td><td colspan="2"></td></tr>
<tr><td>环境影响报告书
审批机关及批准文号</td><td colspan="3"></td></tr>
<tr><td>初步设计审批机关
及批准文号、时间</td><td colspan="3"></td></tr>
<tr><td colspan="2">投资总概算　　万元</td><td colspan="2">其中环保投资　　万元</td></tr>
<tr><td colspan="2">实际总投资　　万元</td><td colspan="2">其中环保投资　　万元</td></tr>
<tr><td colspan="2">废水处理投资　　万元
噪声处理投资　　万元
生态、绿化投资　　万元</td><td colspan="2">废气处理投资　　万元
固废处置投资　　万元
其他处理投资　　万元</td></tr>
<tr><td>环境影响报告书编制单位</td><td colspan="3"></td></tr>
<tr><td>环保设施设计单位</td><td colspan="3"></td></tr>
<tr><td>环保设施施工单位</td><td colspan="3"></td></tr>
<tr><td>环保验收调查单位</td><td colspan="3"></td></tr>
<tr><td>建设项目开工日期</td><td colspan="3"></td></tr>
<tr><td>建设项目投入试营运日期</td><td colspan="3"></td></tr>
</table>

项目概况及生态影响特性表 表2

<table>
<tr><td>永久占地面积</td><td>(hm²)</td><td>淹没区面积</td><td>(hm²)</td></tr>
<tr><td>临时占地面积</td><td>(hm²)</td><td>临时占地恢复面积</td><td>(hm²)</td></tr>
<tr><td>永久占用耕地面积</td><td>(hm²)</td><td>恢复耕地面积</td><td>(hm²)</td></tr>
<tr><td>永久占用林地面积</td><td>(hm²)</td><td>恢复林地面积</td><td>(hm²)</td></tr>
<tr><td>永久占用草地面积</td><td>(hm²)</td><td>恢复草地面积</td><td>(hm²)</td></tr>
<tr><td>永久占用其他面积</td><td>(hm²)</td><td>恢复其他面积</td><td>(hm²)</td></tr>
<tr><td>工程区绿化面积</td><td>(hm²)</td><td>工程区绿化投资</td><td>(万元)</td></tr>
<tr><td>治理水土流失面积</td><td>(hm²)</td><td>水土保持投资</td><td>(万元)</td></tr>
<tr><td>迁移人口</td><td>(人)</td><td>移民环保投资</td><td>(万元)</td></tr>
<tr><td>取土石方量</td><td>(10⁴m³)</td><td>弃土石方量</td><td>(万 m³)</td></tr>
<tr><td colspan="4">项目概况(项目主要组成内容、规模或能力及主要特性):</td></tr>
<tr><td colspan="4">涉及的环境敏感目标及影响:</td></tr>
</table>

生态影响防护与恢复措施(设施)一览表　　表3

生态影响防护与恢复措施(设施)	投资(万元)	落实情况及实施效果

注:生态影响防护与恢复措施(设施)主要是指物种多样性和珍稀、濒危物种的保护;植被的保护与恢复;资源保护和合理利用(包括土地、水资源);减少水土流失;土壤质量保护;控制污染的生态影响;生态监测等,应包括措施名称、保护对象、保护目标及措施内容等

污染处理设施及排放口一览表 表4

设施名称及排放口	处理规模与方法	投资（万元）	监测结果				执行标准	排放去向	备注
			污染物名称	处理前	处理后	处理效率			

表 5

环保管理措施执行情况：
环境监测措施执行情况：
环保监理措施执行情况：

表 6

调查主要结论：

表7

目前存在的主要环境问题及需进一步采取的措施：
建议：

表 8

验收组(委员会)验收意见:

验收组成员名单

表 9

	姓　名	单　位	职务、职称	签　名
组长				
副组长				

表 10

<table>
<tr><td>行业主管部门验收意见：

（公章）

经办人(签字)：　　　　　　　　　　　　　　　　　　年　　月　　日</td></tr>
<tr><td>所在地环境保护行政主管部门验收意见：

（公章）

经办人(签字)：　　　　　　　　　　　　　　　　　　年　　月　　日</td></tr>
</table>

表 11

<table>
<tr><td>负责验收的环境行政主管部门意见

环验[　　]_____号

（公章）

经办人(签字)：　　　　　　　　　　　　　　　　年　　月　　日</td></tr>
</table>

附录 D2　建设项目竣工环境保护验收申请表格式

建设项目竣工环境保护

验收申请报告

（生态影响为主项目）

项 目 名 称 ______________________

建 设 单 位 __________（盖章）__________

建 设 地 点 ______________________

项目负责人 ______________________

联 系 电 话 ______________________

邮 政 编 码 ______________________

环保部门 填写	收到验收申请表日期	
	编号	

国家环境保护总局制

说　　明

1. 本表根据《建设项目竣工环境保护验收管理办法》编制。

2. 本表为建设单位申请建设项目竣工环境保护验收的必备材料之一，需在正式申请验收前按要求由建设单位填写。

3. 表格中填不下或仍需另加说明的内容可以另加附页补充说明。

4. 封面建设单位需加盖公章。

5. 本表属国家级审批须一式 6 份，属省级审批须一式 5 份，属地市审批须一式 4 份。

6. 本表主送负责建设项目竣工环保验收的环境保护行政主管部门，在正式审批后分送有关部门存档。

表 1

<table>
<tr><td colspan="2">项目名称</td><td colspan="6"></td></tr>
<tr><td colspan="2">行业主管部门</td><td colspan="2"></td><td colspan="2">行业类别</td><td colspan="2"></td></tr>
<tr><td colspan="8">建设项目性质(新建　改扩建　技术改造　画√)</td></tr>
<tr><td colspan="4">报告表审批部门、文号及时间</td><td colspan="4"></td></tr>
<tr><td colspan="4">初步设计审批部门、文号及时间</td><td colspan="4"></td></tr>
<tr><td colspan="2">总投资概算</td><td>万元</td><td>其中环保投资</td><td>万元</td><td>所占比例</td><td colspan="2">%</td></tr>
<tr><td colspan="2">实际总投资</td><td>万元</td><td>其中环保投资</td><td>万元</td><td>所占比例</td><td colspan="2">%</td></tr>
<tr><td rowspan="3">实际环境保护投资</td><td>废水治理</td><td colspan="2">万元</td><td>废气治理</td><td colspan="3">万元</td></tr>
<tr><td>噪声治理</td><td colspan="2">万元</td><td>固废治理</td><td colspan="3">万元</td></tr>
<tr><td>绿化、生态</td><td colspan="2">万元</td><td>其他</td><td colspan="3">万元</td></tr>
<tr><td colspan="2">报告表编制单位</td><td colspan="6"></td></tr>
<tr><td colspan="2">初步设计单位</td><td colspan="6"></td></tr>
<tr><td colspan="2">环保设施施工单位</td><td colspan="6"></td></tr>
<tr><td colspan="2">开工日期</td><td colspan="2"></td><td colspan="2">投入试生产日期</td><td colspan="2"></td></tr>
<tr><td colspan="2">环境影响调查单位</td><td colspan="2"></td><td colspan="2">年工作时</td><td colspan="2">小时/年</td></tr>
<tr><td colspan="8">工程建设内容及建设规模、年运行负荷量(分别按设计能力和实际能力):</td></tr>
<tr><td colspan="8">涉及的环境敏感目标及影响:</td></tr>
</table>

表2

<table>
<tr><td colspan="3">环保设施及措施</td><td colspan="2">投资(万元)</td><td colspan="3">落实情况及实施效果</td></tr>
<tr><td colspan="3">生态影响防护与恢复措施(设施)</td><td colspan="2"></td><td colspan="3"></td></tr>
<tr><td colspan="3">其他环保设施及措施:</td><td colspan="2"></td><td colspan="3"></td></tr>
<tr><td rowspan="2">废水监测结果</td><td>排放口编号</td><td>污染物</td><td>排放浓度(毫克/升)</td><td>执行标准</td><td>排放总量</td><td>允许排放量</td><td>排放去向</td></tr>
<tr><td></td><td></td><td></td><td></td><td></td><td></td><td></td></tr>
<tr><td rowspan="2">废气监测结果</td><td>排放口编号</td><td>污染物</td><td>排放浓度(毫克/立方米)</td><td>执行标准</td><td>排放总量</td><td>允许排放量</td><td>排气筒高度</td></tr>
<tr><td></td><td></td><td></td><td></td><td></td><td></td><td></td></tr>
</table>

注:1. 生态影响防护与恢复措施(设施)主要是指物种多样性和珍稀、濒危物种的保护;植被的保护与恢复;资源保护和合理利用(包括土地、水资源减少水土流失);土壤质量保护;控制污染的生态影响;生态监测等,应包括措施名称、保护对象、保护目标及措施内容等。

2. 废水中汞、镉、铅、砷、六价铬总量单位为千克/年,其他项目总量单位均为吨/年。

3. 废气中各项污染物总量的单位为吨/年。

表 3

环保管理措施执行情况：
环境监测措施执行情况：
环保监理措施执行情况：

表 4

调查主要结论：
目前存在的主要环境问题及需进一步采取的措施：
建议：

表 5

验收组验收意见：

验收组成员名单

表 6

	姓　　名	单　　位	职务、职称	签　　名
组长				
副组长				

表7

<table>
<tr><td>行业主管部门验收意见：

（公章）

经办人(签字)：　　　　　　　　年　月　日</td></tr>
<tr><td>地方环保行政主管部门验收意见：

（公章）

经办人(签字)：　　　　　　　　年　月　日</td></tr>
</table>

参 考 文 献

[1] 中华人民共和国交通部.港口建设项目环境影响评价规范(JTJ 226—1997)
[2] 中华人民共和国交通部.港口工程环境保护设计规范(GTS 149—1—2007)
[3] 中华人民共和国交通部.内河航运建设项目环境影响评价规范(JTJ 227—2001)
[4] 中华人民共和国交通部.公路工程技术标准(JTG B01—2003)
[5] 中华人民共和国交通部.公路路基施工技术规范(JTG F10—2006)
[6] 中华人民共和国交通部.公路路面基层施工技术规范(JTJ 034—2000)
[7] 中华人民共和国交通部.公路桥涵施工技术规范(JTJ 041—2000)
[8] 中华人民共和国交通部.公路环境保护设计规范(JTJ/T 006—1998)
[9] 中华人民共和国交通部.公路建设项目环境影响评价规范(JTG B03—2006)
[10] 国家环境保护局.环境影响评价技术导则 总则(HJ/T2.1—1993)
[11] 国家环境保护局.环境影响评价技术导则 地面水环境(HJ/T2.3—1993)
[12] 环境保护部.环境影响评价技术导则 大气环境 (HJ2.2—2008)
[13] 环境保护部.环境影响评价技术导则 声环境(HJ/T2.4—2009)
[14] 国家环境保护局.环境影响评价技术导则非污染生态影响(HJ/T19—1997)
[15] 国家环境保护局.建设项目环境风险评价技术导则(HJ/T 169—2004)
[16] 环境保护部.建设项目竣工环境保护验收技术规范 港口(HJ 436—2008)
[17] 环境保护部.建设项目竣工环境保护验收技术规范公路(HJ 552—2010)
[18] 国家环保总局.建设项目竣工环境保护验收技术规范 生态影响类(HJ/T 394—2007)
[19] 国家环保总局.城市轨道交通建设项目竣工环境保护验收技术规范(HJ/T 403—2007)
[20] 环境保护部.城市轨道交通环境影响评价技术导则(HJ 453—2008)
[21] 国家环境保护局.500kV超高压送变电工电磁辐射环境影响评价技术规范(HJ/T24—1998)
[22] 国家环境保护局.辐射环境保护管理导则电磁辐射环境影响评价方法和与准则(HJ/T10.3—1996)
[23] 国家环境保护总局环境影响评价管理司.建设项目竣工环境保护验收监测培训教材[J].北京:中国环境科学出版社,2004
[24] 高速公路丛书编委会高速公路运营管理[M].北京:人民交通出版社,2004
[25] 戴明新,等.公路环境保护手册[M].北京:人民交通出版社,2004
[26] 袁宇.试论我国建设项目环境保护管理现状及改进方向[J].环境保护科学.2002
[27] 李进,等.建设项目执行环保"三同时"制度存在的问题与对策[J].中国资源综合利用.2006
[28] 刘长兵、林宇,等.交通建设项目竣工环境保护调查方法研究[J].水道港口.2004
[29] 梁佩珩.港口的环境保护与可持续性发展[J].珠江水运.2006
[30] 潘岳.环境保护与公众参与[J].文明.2005

[31] 刘长兵,林宇,等.港口环保竣工验收发现的主要问题及预防对策〔J〕.水道港口.2007
[32] 林宇,等.航运枢纽工程环境影响调查方法研究〔J〕.交通环保.2003
[33] 吴世红,余乐.如何做好交通建设项目竣工环保验收调查〔J〕.环境保护. 2009
[34] 刘长兵,林宇,等. 试论港口工程环境保护管理规范体系的建立〔J〕.水道港口.2008
[35] 李德恭.重视港区环境问题加强港口环境保护〔J〕.中国环境管理.2002(增刊)
[36] 曹广华.公路建设项目全程环境管理技术方法体系研究〔D〕.长安大学.2006
[37] 刘殊.公路建设项目竣工环境保护验收调查有效性分析〔J〕.中国环境监测.2007
[38] 李亚娟,刘长兵,等.高速公路竣工验收环境影响调查方法初探〔J〕.水道港口.2003
[39] 余乐,吴世红.公路建设项目环保投资的问题与对策〔J〕. 交通科技. 2006
[40] 陈旭华.建设项目环境保护设施竣工验收监测方案的编写〔J〕.中国环境管理.2003
[41] 罗彬,等.浅谈高速公路竣工环保验收调查的重点和特点〔J〕.四川环境.2006
[42] 吴世红,余乐.公路建设项目的环保投资分析〔J〕.交通科技与经济.2006
[43] 洪宗辉,等.环境噪声控制工程〔M〕.北京:高等教育出版社,2002
[44] 董小林.公路建设项目社会环境评价〔M〕.北京:人民交通出版社,2000
[45] 李娇娜.公路建设项目全程环境管理公众参与机制与方法研究〔D〕.长安大学.2006
[46] 居华.试论建设项目竣工环境保护验收中的公众意见调查〔J〕.青海环境.2007
[47] 董博昶.公路建设项目环境保护投资界定〔J〕.交通环保.1999
[48] 董小林,等.公路建设项目全程环境管理〔M〕.北京:人民交通出版社 2008
[49] 鲁垠涛,董德明,李海生,等.建设项目竣工环境保护验收中公众参与的探讨〔J〕.重庆环境科学.2003
[50] 余乐,李广涛,等.港口建设项目环境影响经济损益分析方法〔J〕. 水道港口. 2007
[51] 白晓军,等. 铁路建设项目竣工环境保护验收调查中应关注的问题〔J〕.铁道劳动安全卫生与环保. 2007
[52] 宫宇韬. 浅淡港口开发建设对环境影响的特点及对策〔J〕.交通环保,1995